アラブ古典音楽の旋法体系

アレッポの歌謡の
伝統に基づく
旋法名称の記号論的解釈

飯野りさ

Stylenote

はじめに

本書は、2016年2月末に東京大学大学院総合文化研究科から学位が授与された博士論文『アラブ古典音楽の旋法体系に関する考察――アレッポの歌謡の伝統に基づく旋法名称の記号論的解釈――』に若干の修正を加え、出版用に体裁を整えて印刷に付したものである。博士論文として執筆されたため、アラブ音楽の紹介書や入門書の類でないことをまず断っておきたい。そうした向きに興味のおありの方には、近く刊行予定の『やさしいアラブ音楽入門（仮題）』を手に取って頂きたいと思う。本書は入門書の執筆以前に行われた、アラブ音楽の旋法体系を理解するためになされた試行錯誤の産物である。

今日の日本で我々が慣れ親しんでいる和声に基づく音楽とは異なり、アラブの伝統的な音楽は旋法音楽である。旋法とは英語でmodeというが、アラブ音楽では、より正確にはmelodic modeすなわち旋律様式と言われ、その様式感の違いから諸旋法にはそれぞれに名前、すなわち名称がついている。今日では理論的には譜面を使って説明するものの、この体系はもっぱら口伝で発達してきた。そこで、まずは時間を若干巻き戻し、言葉も含めた文化的背景から説き起こして考察を始め、さらに音楽学的に議論し詳解しているのが本書である。

それを可能にしてくれたのが、シリアの古都アレッポの歌謡の伝統であった。歌手サバーフ・ファフリーらの活躍によりアラブ世界でも知られてきたが、元々は、日々の暮らしの中で、また慶事の際に、そしてスーフィーの修行場で当然のごとく歌い継がれ、この都市の生活に根差してきた伝統である。歌は歌い継がれ、必要な知識は受け継がれてきたが、言葉の文法が当事者たちには必ずしもつまびらかにされないように、この歌謡の伝統に関わる、特に旋法体系に関わる知識や決まりごとも理路整然とは説明されない、そのようなことに筆者はフィールドワークの現場であったアレッポで耳を傾けた。その結果が本書であるとも言える。整然とは語られない知識や体系をいかに説明するのか、フィールドワークを一通り終えた後に残った課題はフィールドワークと同様に複雑で難儀であったが、ここに一つの成果が残り、安堵しているというのが現在の心境である。

ここに至るまでの調査・研究および執筆には、アレッポ、日本、そして世界各地で多くの方々の協力と助言を得た。すべての方々の名前を挙げ心からの謝意を表したいが、その数はあまりにも多い。そこで、ここではその中でも最も重要かつ不可欠な存在であったムハンマド・カドリー・ダラール氏の名前のみを挙げることでお許し願いたい。同氏はアレッポの旧市街ハディード門街区で生まれ育った生粋のアレッポ人で、今日、アレッポを代表するウード奏者でかつ、かの地に伝わる伝承歌謡の膨大なレパートリーを記憶する歌の師匠でもある。同氏から筆者はもっぱら伝承歌謡を学んだが、その知識量の膨大さと国内外での演奏活動経験の豊富さに基づく氏の教えは、稽古の枠をこえて本論文に多大な貢献をしている。アレッポでも、そして世界のどこにいても、惜しみなく多くを与えてくれた同氏に最大限の感謝を捧げる。

2017年1月　　飯野りさ

目　次

はじめに……3
凡例……9
図・表・譜例・図像参考資料一覧……15
アレッポ旧市街の略地図……19

序　章

第１節　本研究の目的および問題の所在：
　　　　アラブの音文化が培った名称による旋律様式の体系……21
第２節　先行研究群の歴史社会的背景と方法論的問題点……30
第３節　課題と方法：音文化を重視した方法論的枠組み……53
第４節　資料と研究手法および本論の構成……61

第１部

ナガムをめぐる文化内在的枠組み

第１章　歌謡の伝統の社会文化的構造
**　　　　――名士とムンシドから成る歌謡文化共同体**

はじめに……70
第１節　ムスリム社会における歌謡の位置付け……74
第２節　ムンシドたちと社会における活躍の場……80
第３節　名士の庇護と中庭式邸宅におけるサフラ……86
第４節　実践者たちの自己認識：敬意と尊敬の念に値する技芸の徒……96
おわりに……101

第２章　音楽の情緒的体験
――タラブの文化内在的構造

はじめに……103
第１節　古典歌謡文化におけるタラブ……106
第２節　タラブの意味構造：情緒を重視する文化的概念……115
第３節　情緒を感じさせる旋律としてのナガム……120
おわりに……125

第３章　実践者の音楽知
――記号としてのナガム体系

はじめに……127
第１節　音声と記憶に基づく稽古……129
第２節　技芸の伝授を支える伝承の系譜……136
第３節　響きに名前を付ける：音高名としての名称……141
第４節　響きと情緒的記憶を結ぶ記号としての名称……149
おわりに……158

第２部
旋法の名称とその音楽学的機能

第４章　一音の響きとしての名称
――旋律の開始部と支配音の概念

はじめに……162
第１節　文化内在的認識から音楽学的理解へ……166
第２節　一音の響き：旋律の開始部と支配音としての名称……169
第３節　アレッポの実践と『会議の書』における旋法分類の整合性……176
おわりに……181

第５章　狭旋律の響きとしての名称
──核音と小音階
はじめに……183
第１節　小音階（ジンス）の音楽学的定義：核音とジンスの関係……185
第２節　小音階と支配音による狭旋律：名称を持つ小音階の音楽学的機能……191
第３節　旋律的響きとしての小音階（１）：
テトラコード型（バヤーティー旋法タイプ）……198
第４節　旋律的響きとしての小音階（２）：
トリコード型（スィーカー旋法タイプ）……204
第５節　響きを左右する旋律の方向性：
ペンタコード型（ラースト旋法タイプ）……208
おわりに……215

第６章　名称を付与されている旋律と名称の記号論
はじめに……217
第１節　旋律行程の概念と歌謡形式に見られる共通した特徴……219
第２節　一般的な旋律行程と二つの構成単位ＡとＢ：
低・中音域から始まる旋律の例……223
第３節　旋法名が付与されている支配的響き：
高音域から始まる旋律の例……230
第４節　「名称旋律」と新古典歌謡の事例……238
おわりに……246

終　章……249

用語集……263
基本旋法リスト……269
参考文献……278
参考録音資料（DVD を含む）……305
索　引……308

凡例

アラビア語のラテン文字転写と片仮名表記

1．ラテン文字転写

International Journal of Middle East Studies（IJMES）の転写法に基本的には従っている。詳細は以下の通り。

- アラビア語のラテン文字転写は、アラビア語の字母の配列順に、’、b、t、th、j、ḥ、kh、d、dh、r、z、s、sh、ṣ、ḍ、ṭ、ẓ、‘、gh、f、q、k、l、m、n、h、w、y を用いる。
- 語頭のハムザ（hamza: ء）、語末のター・マルブータ（tā’ marbuṭa: ة）は、原則として省略する。ただし、ター・マルブータで終了する単語に続く名詞が属格の場合は t を残す。

  例：ahl（’ahl としない）

  Rāḥat al-Arwāḥ（Rāḥa al-Arwāḥ としない）
- 母音に関しては、短母音は a、i、u、長母音は ā、ī、ū、二重母音は ay、aw と転写する。シャッダ（二重子音符号）の付いたワーウ（wāw: و）やヤー（yā’: ي）は -uww, -iyy と転写する（-ūw, -īy とはしない）。

  例：takiyya, dīniyya
- 定冠詞は常に al- と転写し、後続太陽文字と l との同化は反映させない。

  例：al-Shaykh
- 名詞・形容詞等の格語尾は転写しない。ただし詩文の転写についてはこの限りではない。

2．片仮名表記

- 片仮名表記には、ラテン文字転写の音に近い片仮名をあてる。

- 定冠詞は常に「アル＝」と表記し、後続の太陽文字と「l」との同化は反映させない。

  例：「アル＝シャイフ」（「アッ＝シャイフ」とはしない）

- 語末のハムザは短母音の後では「ウ」とし、長母音の後では表記しない。

  例：muqri’「ムクリウ」、Wafā’「ワファー」、‘ulamā’「ウラマー」

- 語末のアインは表記しない。

  例：samā‘「サマー」、īqā‘「イーカー」

- 語中の無母音のアインは「ア」と表記する。

  例：ka‘ba「カアバ」

- 語末のḥ、hは「フ」と表記する。

  例：‘Abduh「アブドゥフ」、Allāh「アッラーフ」、muwashshaḥ「ムワッシャフ」

- 語末のター・マルブータは表記しない。

  例：「カルア・シャリーフ」「ザーウィヤ・ヒラーリーヤ」

- 片仮名表記では、アラビア語の固有名詞（旋法名称も含む）中の定冠詞は原則として省略する。

  例：Hārūn al-Rashīd「ハールーン・ラシード」
  Riyāḍ al-Ṣunbāṭī「リヤード・スンバーティー」
  Rāḥat al-Arwāḥ「ラーハ・アルワーフ」

  ただし、‘abdあるいはdīnを含む属格構造の場合は全体を一語として扱い、定冠詞の発音を（後続の太陽文字へのlの同化も含め）反映させる。その際、「＝」は省略する。

  例：‘Abd al-Qādir al-Marāghī「アブドゥルカーディル・マラーギー」
  Khayr al-Dīn al-Asadī「ハイルッディーン・アサディー」
  Muḥammad ‘Abd al-Wahhāb「ムハンマド・アブドゥルワッハーブ」

- Allāhを属格として含む人名は、全体を一語として扱う。

  例：Sa‘d Allāh「サアドゥッラーフ」
  Khayr Allāh「ハイルッラーフ」

- 人名が二単語からなる場合、「＝」で接続して表記する。但し、上記のように二単語を一語の日本語として表記する場合を除く。

例：Āghā al-Qal‘a「アーガー＝カルア」

Kurd ‘Alī「クルド＝アリー」

- abū/abī を含む属格構造の名前は、「＝」で接続して表記する。

例：「アブー＝バクル」「アビー＝バクル」「アブー＝ワファー」

「アブー＝マーディー」

- 系譜を表す ibn は「ブン」と表記する。ただし、人名の冒頭では「イブン」とする。

例：「アブー＝バクル・ブン・アフマド・ヒラーリー」

「イブン＝ファーリド」

以上のような原則に当てはまらない場合は、脚注などで補足的な説明を適宜行う。

本文および注に関連する凡例

1．人名・地名

- 本研究で取り上げる人物については、初出個所（必要に応じて説明注）に原綴りと、必要な場合は西暦により生没年等を記す。

例：「(1928-2007)」「(在位 1892-1924)」「(在職 1919-53)」

- アラビア語の地名等の片仮名表記は原則としてアラビア語名を用いる。ただし、日本語で一般化している名称がある場合はそれを優先する。

例：Ḥalab「アレッポ」(「ハラブ」としない。)

- 英語などのヨーロッパ言語の名前や地名の片仮名表記は可能な限り当該言語の音に近い表記とするが、一般化している訳語がある場合はそれを優先する。

例：Alexander「アレクサンダー」(「アリグザンダー」としない。)

- 英語やフランス語、ドイツ語などの人名（アラビア語起源のものも含む）が、独立した二単語で綴られている場合、「＝」で接続して表記する。

例：Al Faruqi「アル＝ファールーキー」

2．注

- 出典注は本文中に組み込み、説明注は脚注とする。脚注は章ごとに通し番号を振る。
- 出典注中のラテン文字表記では、アラビア語の定冠詞「al-」は省略する。

  例：参考文献一覧の al-Ghazzī, Kāmil. 1999. ⇨ 出典注では［Ghazzī 1999］

3．引用

- 引用を本文中に組み込む場合は「　」を用いる。長い引用の場合は、地の文から左右に二字下げ、前後一行空きで表記する。
- 引用文中の（　）内は、特に断らない限り引用者による補足である。
- 引用原文自体の省略記号は、欧文脈では「...」を用いる。
- 引用文中の語句を引用者が省略する場合は、（前略）・（中略）・（後略）を用いる。
- 丸括弧内にさらに丸括弧が入る場合は、後者を亀甲パーレン〔　〕に替える。

4．記号・番号・略語

- 年代表記で使用されるスラッシュは「もしくは」を意味する。

  例：1890?/1910
- 図表および譜例の通し番号は、章ごとに振る。
- 頁番号や年代の範囲は、数値の異なる桁のみを繰り返す形で表示する。但し、生没年に関しては省略しない。巻末の文献表等に関しても省略しない。

  例：65-7（65 頁から 67 頁）

  1981-8（1981 年から 1988 年）

  111-44（111 頁から 144 頁）

  13-4 世紀（13 世紀から 14 世紀）

  キンディー（al-Kindī, c. 801-873）
- 主な略語および記号の意味は以下の通り。

  b.：born in「生年」

  c.：circa「約」または「頃」

d.：died in「没年」

n. d.：not dated「刊行年表示なし」

n. p.：no place/publisher「出版地名／出版社名表示なし」

pl.：plural「複数形」

?：数字に後続して不確かさを示す

5．術語・概念

- 術語や概念は初出個所において、あるいは強調のために鍵括弧を用いる場合がある。

  例：「『わび』」「『さび』」「『タラブ ṭarab』」
  「『ファンヌ』（芸術）」「『イルム』（知識）」

- 鍵括弧を用いない場合、仮名表記、原綴り、日本語訳は以下のように表示する。

  a）日本語訳または仮名表記＋原綴り
  例：「楽音 musical tone」「東洋精神 rūḥ sharqiyya」
  「マグリブ maghrib」「ギナー ghinā'」

  b）日本語訳＋仮名表記
  例：「葦笛（ナーイ）」「伝承歌謡（ムワッシャフ）」
  「恋愛詩（ガザル）」「小音階（ジンス）」

  c）仮名表記＋原綴り＋日本語訳
  例：「ムクリウ muqri'（クルアーン朗誦者）」
  「ハーッサ al-khāṣṣa（特別な人々）」
  「イーカー īqā'（リズム様式）」「ムンシド munshid（宗教歌手）」

以上のような原則に当てはまらない場合は、脚注などで補足的な説明を適宜行う。

音楽関連の凡例

イタリア式音名	ソ$^-$	ラ$^-$	シ$^-$	ド	レ	ミ	ファ	ソ	ラ	シ	ド$^+$	レ$^+$	ミ$^+$	ファ$^+$	ソ$^+$
英米式音名	GG	AA	BB	C	D	E	F	G	A	B	c	d	e	f	g

- 本書では上記凡例のように、二通りの方式で音名を表記する。イタリア式音名は片仮名表記、英米式音名はラテン文字表記とし、前者は文中でそのまま使用し、後者はそれに続けて括弧に入れて使用している（下記の例を参照）。ただし、同じ音名が近接する個所で使用されている場合は、後続する個所では英米式音名の表記を省くこともある。イタリア式音名に関しては、日本では広く普及していることから採用することとした。

  例：レ音（D)、ミ𝄳音（E𝄳）
- 中立音程を表す 𝄳（四分の一音低いことを示す）などの臨時記号も使用するが、音程は相対的な理解に基づいており固定的ではない。

図・表・譜例・図像参考資料一覧

図０．１：東アラブ地域の都市における音楽環境の変化
図０．２：現代における音楽用語としての「マカーム」
図０．３：「旋法」と二つの認識領域
図０．４：単語「犬」の意味作用
図１．１：クルアーン朗誦を中心としたアレッポにおける歌謡ジャンルの関係図
図２．１：「声や音の芸術」という共通項を中心に考察した場合の意味構造
図２．２：タラブを中心に考察した場合の意味構造
図２．３：タラブの意味構造
図２．４：ナガムの音楽学上の意味
図２．５：ナガム概念の意味構造
図２．６：旋法としてのナガムの意味構造
図３．１：主要なムンシド・音楽家たちの伝承の連鎖
図３．２：ラーストの五音音階の53コンマ制による音程関係
図３．３：名称ラーストの意味構造
図３．４：ムワッシャフの基本的な旋律構造
図４．１：「ラースト旋法」をめぐる二つの認識様式
図４．２：名称「ラースト」と対応する音楽的要素
図４．３：名称「ラースト」が持つ指示内容の階層性
図４．４：名称「フサイニー」が持つ指示内容の階層性
図５．１：小音階（ジンス）の相関関係表
図５．２：「記号」の恣意性
図６．１：即興サイル論のムワッシャフ的解釈
図６．２：名称「ムハイヤル」の意味構造
図６．３：名称「ヒジャーズ・カール」の記号作用
図６．４：『廃墟』から、旋律進行過程の構造

図６．５：響きの階層的把握
図７．１：ブルダ音階の支配音としての記号作用
図７．２：巻末基本旋法リストに掲載の旋法の使用範囲
図７．３：習熟度レベルに関する図解
図７．４：「旋法」の数をめぐる諸要素、アレッポをモデルとした図解
図７．５：旋法に関する文化内在的領域と音楽学的領域

表０．１：主な理論用語
表１．１：言語および歌唱形態による歌の分類
表３．１：代表的なナガムの名称
表４．１：各旋法の支配音とみなしうる強調音とその位置
表４．２：カッドに見られる旋法別開始部の特徴
表５．１：旋法の使用音階の構成要素
表５．２：旋法名と支配的ジンス名および支配音名の相関関係
表５．３：フサイニー旋法にみる二つの分類
表６．１：名称に由来するイメージの連鎖、「ヒジャーズ」の例
表６．２：ムワッシャフ aḥinnu shawqan の詩行と旋律の関係
表６．３：aḥinnu shawqan の旋律行程およびジンスの変化
表６．４：譜例６．２のムハイヤル旋法による旋律の進行過程

譜例０．１：小音階二例
譜例３．１：基本音階（ブルダ音階主要部分）の音高名
譜例３．２：楽音ラーストと小音階ラースト
譜例３．３：バヤーティー、ヒジャーズおよびサバーの小音階
譜例３．４：ラースト旋法使用音階の小音階構造
譜例４．１：ムハイヤル旋法の使用音階
譜例４．２：バヤーティー旋法およびフサイニー旋法の使用音階とその小音階構成
譜例４．３：バヤーティー旋法のカッドの冒頭
譜例４．４：フサイニー旋法のカッドの冒頭
譜例４．５：フサイニー旋法のムワッシャフの冒頭

譜例４．６：ムハイヤル旋法のカッドの冒頭
譜例４．７：ムハイヤル旋法のタクスィームの冒頭
譜例４．８：ウッシャーク・トゥルキー旋法のムワッシャフの冒頭
譜例５．１：ナワー旋法の旋律の例
譜例５．２：バヤーティー旋法の器楽曲冒頭部分
譜例５．３：使用音階中の核音の位置（バヤーティー旋法）
譜例５．４：ナワー音（ソ音、G）と中立音程の関係
譜例５．５：主な小音階（ジンス）の種類と形態
譜例５．６：使用音階の小音階構成と支配音
譜例５．７：フサイニー旋法の使用音階の小音階構成
譜例５．８：譜例４．５のムワッシャフの中間部分の一部
譜例５．９：クルド・フサイニー旋法の使用音階
譜例５．10：文化的な響き概念によるサバー旋法の使用音階と小音階構成
譜例５．11：サバー旋法の核音構成に基づく使用音階解釈
譜例５．12：サバー旋法のカッド mā as‘adak ṣubḥiyya（筆者による採譜）
譜例５．13：スィーカー旋法の使用音階
譜例５．14：フザーム旋法の使用音階
譜例５．15：フザーム旋法のカッド subḥāna man asrā bihi
譜例５．16：ラースト・カビール旋法の使用音階
譜例５．17：ラースト・カビール旋法のカッド yā ṣāḥib al-wajh al-malīḥ
譜例５．18：ヴィロトー採譜のアザーンの冒頭部分
譜例５．19：ラースト旋法の使用音階
譜例５．20：ムワッシャフ aḥinnu shawqan より冒頭部分
譜例５．21：マーフール旋法の使用音階
譜例５．22：ナハーワンド旋法の使用音階
譜例５．23：al-bint al-shalabiyya（筆者による採譜）
譜例６．１：ムワッシャフ aḥinnu shawqan
譜例６．２：ムハイヤル旋法のカッド maḥbūbī qaṣad
譜例６．３：ムハイヤル旋法の使用音階
譜例６．４：ヒジャーズ・カール旋法の使用音階
譜例６．５：フザーム旋法とラーハ・アルワーフ旋法の使用音階

譜例６．６：使用音階および、第二ジンスの主要な展開
譜例６．７：『廃墟』から、第二ジンスがヒジャーズ（DE♭F♯G）の例
譜例６．８：『廃墟』から、第二ジンスがサバー（DE𝄳FG♭）の例
譜例６．９：『廃墟』から、第二ジンスがナハーワンド（DEFGA）の例
譜例６.10：『廃墟』から、詩節ごとの旋法名と名称旋律（支配的響き）

図像参考資料１．１：アレッポのホシュの一例
図像参考資料１．２：ラッセルの『アレッポ博物誌』にある楽師たちの挿絵
図像参考資料３．１：アレッポの伝承系音楽家の集合写真

アレッポ旧市街の略地図

A. Marcus［1989, 280］などを参考に筆者作成、本書に登場する街区を主に示す、太線は城壁。

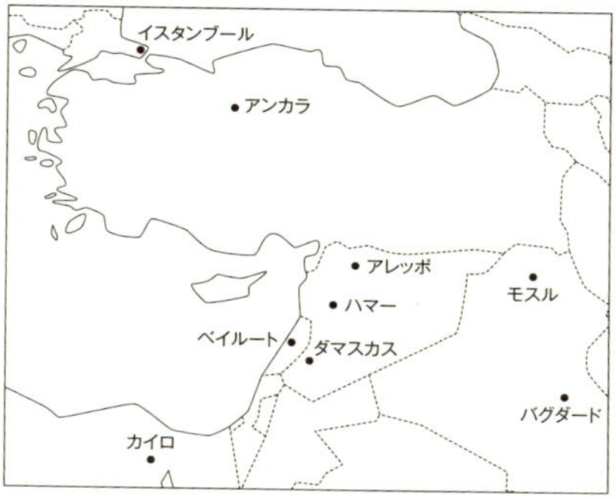

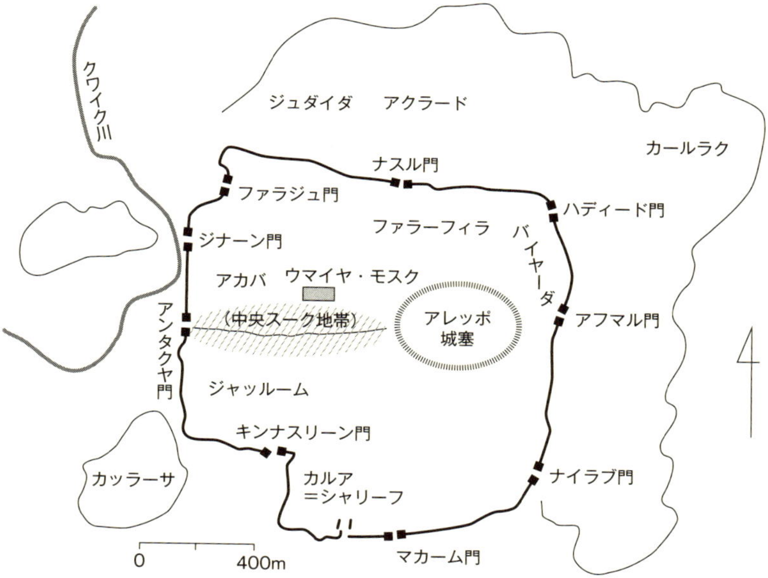

序 章

アラブ古典音楽では様々な旋律様式を用い、それぞれに固有の名称を付して分類してきた。本論文は、シリアの古都アレッポの歌謡の伝統を事例として、これら旋律様式の名称群およびその背景にある音（おん）文化[1]を分析し、アラブ古典音楽における旋律様式体系の解明を試みることを目的としている。序章では、まず第１節で本研究の目的と対象を述べ、本研究が取り組む問題系の概略を提示する。第２節ではこうした一連の問題系が生じた経緯と検討すべき課題を先行研究および歴史・社会・文化的な背景に照らして考察する。続く第３節ではこれらの課題を解決するための方法論的枠組みを検討し、第４節で調査地アレッポの歌謡の伝統についての概略を示し、本研究で使用する資料等と本論の構成を説明する。

第１節　本研究の目的および問題の所在：アラブの音文化が培った名称による旋律様式の体系

アラブ古典音楽には、現在、30から40程度の旋律様式が存在すると言われ、この音楽の伝統を担う者たちの間で共有され、口伝で世代から世代へと受け継がれてきた。これらの様式群にはラースト rāst やバヤーティー bayātī などの名称があり、各様式の情緒感の差異や微妙なニュアンスの違いを大切にするこの音楽

1　この概念については本文23頁を参照。

の実践者たちの間で長く使われ続けてきた。音楽実践に文字が介在しない音のみの環境下で、旋律様式群はその一つ一つに付けられた名称とともに一つの体系を作り上げ、今日にまで残る音楽の伝統の礎となってきたのである。

この旋律様式は、音楽学では旋法（英語で mode）と呼ばれている[2]。これまで理論に関する研究が多くなされ、現在、音楽学的には各旋法はそれぞれの使用音階と旋律モデルで説明され分類される。その一方で旋律様式の名前である名称群に関しては、今日まで、その存在意義さえほとんど問われずにきた。人や物にとって名前は重要でありかつ言語には音声が伴う。音楽実践においては、旋律様式は聴かれ分類されるとともに、呼び名である名称で区別されてきた。しかし、今日、音楽と定義される音的現象を扱う音楽学的理論研究では、旋法の名称は研究対象範囲の埒外（らちがい）にあり、取り立てて注目されることもなかったのである。このような状況を顧みて、本研究では狭い意味での音楽だけでなく音声としての言語も含めた音（おと）の文化を研究の射程に入れる必要があると筆者は考えた。この枠組みの中でこそ、その存在を問われることもなかった名称群を旋律様式体系の一部として積極的に評価でき、当該文化そのものの視点を重視する文化内在的[3]な視点でもこの旋律様式の体系について考察することができるだろう。その結果、旋律様式体系に関して文化的文脈を基にした理解が得られるならば、既存の音楽学の理論研究とも何らかの接点が見出され、理論体系の整備もさらに進むことが期待される。このように、アラブ古典音楽の旋律様式の体系をめぐり文化的な背景を尊重して考察を深め、それに基づき従来の音楽学による理論研究も再検討する研究姿勢が本研究の特徴である。旋律様式という一つの対象に複数の視点で取り組むことは、この音楽の伝統に対する我々の理解を多面的にし、豊かなものにして

---

2 本研究では旋律様式 melodic mode と旋法 mode は相互に置換可能な用語として用いている。音楽学的厳密さが必要な場合は「旋法」、より一般的な表現で語義がわかりやすい用語として「旋律様式」を用いる傾向があることをここに断っておく。なお、音楽学上の定義は H. パワーズらの概説に基づいている［H. Powers & Wiering 2001, 775-7］。

3 「文化内在的な」ないしは「文化内的な」：英語イーミック emic の翻訳、対になる単語としてエティック etic がある。イーミックとは「言語学や文化人類学などで、ある現象を分析する方法の一つ。人々が現象をどう意識・識別しているかを内側から分析するもの。phonemic（音素論の）という語の後の部分を取って作られた言葉で、etic と対をなす」。エティックとは「言語学や文化人類学などで、ある現象を分析する方法の一つ。外部の観察者の視点から客観的に分析を行うもので、アメリカの言語学者 K. L. パイクによって提唱された。phonetic（音声学の）という語の後の部分を取って作られた言葉で、emic と対をなす」。［デジタル大辞泉 2015.05.22 閲覧］

くれるであろう。

さて、本研究は音楽に関する研究ではあるが、先に述べた通り、「音楽文化」ではなく、そのさらに基層にある音(おと)や声をも包摂する音(おん)文化[4]の視座から旋律様式体系に関する考察を始める。音楽文化と言えば、今日広く普及している近代西洋的概念の「音楽」とみなされている現象とそれに関わる文化を指す。これに対し、音文化はそうした狭い意味での音楽だけでなく、声や言語の音声としての側面なども含めた音(おと)に対する人の感性など、裾野のより広い音の世界を扱っている。

この「音文化」とは、文化人類学者の川田順造が提唱した概念であり、音(おと)や音(おん)的現象を一種のコミュニケーションとして捉え、社会や歴史、政治など様々な脈絡の中で考察・分析する方法論的な姿勢に特徴がある［川田 2004b, 161-2］。川田の代表的な研究の一つに西アフリカのモシ族の音文化に関する研究『サバンナの音の世界』［川田 1988a］があるが、同著作で川田は、モシ族の音の世界には我々がイメージするような「音楽」と「それ以外」という概念はなく、音として意味のあるメッセージか否かが彼らの文化に存在する音的現象の分類の基準となっていることを明らかにしている［ibid., 11］。異文化の観察者は、このように、自らの既成概念とは異なる概念区分や分類体系にその文化の言語表現の中で出会う［山口 1988, 190］。アラブの音文化にも、既成の音楽学上の理論的枠組みでは捉えることのできない、音に対する感性を土台とした音の世界があり、そこでは音は音として存在するだけでなく、人との関係が重視され、人に与える心理的で情緒的な影響が何よりも大切にされている。そうした環境下で旋律様式群は五線譜などの書記的記録手段を介さずに口伝で維持され、その際には名称群もラーストやバヤーティーなどの諸旋律様式を指し示す呼称として、記憶に留まり、この伝統の存続に寄与してきたのである。これゆえ、こうした音声としての言葉も含めた音文化の考察から始めることは、非常に重要であると筆者は考えた。

そこで、まず本研究が対象としている旋律様式の体系を擁するアラブ古典音楽について定義し、この音楽の伝統に関して概説する。本研究の対象となっている

---

4 川田によると、彼が音文化（おんぶんか）というキーワードを使い始めたのは1980年代であり、刊行された形では1988年の論考での使用［川田 1988c, 145］が最初である［川田 2000, 1］。2000年に発表された論文の冒頭［ibid.］で、この熟語は「おんぶんか」と読むように指定されている。

アラブ古典音楽とは、19世紀末以前に起源を持ち、カイロやアレッポなど東アラブ地域[5]の都市で発展した歌や音楽の伝統を指す。一般に歌手と少数の器楽奏者からなるアンサンブルによって演奏され、声楽と器楽のそれぞれの分野に固定旋律によるレパートリー[6]があり、演奏の際にはそれらと歌の即興歌唱や器楽の即興演奏を組み合わせて組曲形式で演奏されることが多かった。

この古典音楽の伝統は、地域差はあるが19世紀後半から20世紀前半にかけては都市の名士層などがパトロンとなり、宗教歌手であるムンシド munshid たちや世俗歌手であるムトリブ muṭrib たちによって受け継がれてきた。そのレパートリーは、今日、カイロやベイルートなどの都市では近代的な音楽学校で教授され、公的教育機関などで維持されている一方で、本研究の調査地であるシリアの古都アレッポでは近代以前の形態で引き続き継承されてきた [Racy 2003, 25–31]。古くから東西交易の都市として栄えたアレッポの旧市街には、パトロンとして経済的にも社会的にもこの伝統を支える名士階層がいて、伝統を維持するための社会構造が20世紀後半まで残っていたのである。こうした背景ゆえにアレッポは、今日でもムワッシャフ muwashshaḥ[7]と呼ばれる伝承歌謡の都市として知られている。この歌謡の伝統には古典音楽の旋律様式が巧みに使われ、この音楽をよく知る聴き手は旋律様式ごとの特徴に敏感で、ある旋律様式には心軽くなり、その一方である旋律様式にはしみじみと感涙することもあると言う。このような音楽がもたらす心理的影響をアラビア語でタラブ ṭarab と言い、アレッポは「タラブの母 umm al-ṭarab」[ibid., 19] として知られ、歌い継がれてきたムワッシャフのレパートリーは今日、古典となっている。

このアラブ古典音楽の伝統は、20世紀に入って近代的な音楽産業の展開とと

---

5 アラビア語で「陽の昇るところ」という意味のマシュリク mashriq と呼ばれる地域を指す。その範囲は歴史的に変動するため定義が難しいが、ここでは歌謡の伝統のレパートリーなどにおいて共通性が高い、エジプト、パレスチナ、レバノン、シリア、およびイラクの一部を示す。対になる単語としてマグリブ maghrib があり、リビア以西の北アフリカ諸国を指す。

6 「その演奏家が、演奏したり演じたりすることのできる曲目や芸の種類。[大辞林 2006, 2705]」。演奏家や音楽実践者の集団が演奏するために常に保持している歌や曲の集合体を示している。

7 pl. muwashshaḥāt：今日のマグリブ地域においては、中世アンダルシア地方で発達し、その後、マグリブ地域にもたらされた詩形式および歌の形式を示すが、ここではマシュリク地域においてカイロやアレッポなどを中心として歌われてきた歌の形式を示す。古典アラビア語の歌詞を持ちかつ一曲ごとに旋法およびリズム様式（リズム型）が指定されている。近代以前の作品の作者は基本的には不詳であるが、19世紀末以降は作者名が判明していることが大半である。歌としての形式などに関しては第３章と第６章で触れる。

もにレコード、ラジオ、映画、さらにはテレビで演奏され、レパートリーに大きな変化が見られた。本研究が対象とする「古典音楽」に対して、これらの新しい音楽は「新古典」、「大衆古典」などと位置付けられている [S. Marcus 1992, 171]。20 世紀エジプトを代表する歌手ウンム＝クルスーム（Umm Kulthūm, c. 1904–1975）や歌手としても人気を博し作曲家でもあったムハンマド・アブドゥルワッハーブ（Muḥammad ʻAbd al-Wahhāb, c. 1902–1991）らはこの流れの中核的な推進役であった。こうした新古典歌謡においても旋律様式群自体は使用され続け、ラジオやテレビを媒体に多くの人々を魅了してきた。

特にウンム＝クルスームは近代アラブ歌謡の世界では欠くことのできない存在であり、彼女の歌が人々の感情に激しく訴え、タラブを呼び起こし、ある人は喜びに打ち震え、またある人は激情に駈られるなどした様は現在では伝説となっている。音楽と感情は、この音文化においてはこれほどまでに重要で密接な関係にある。人々に心理的に影響してタラブをもたらすのはウンム＝クルスームの場合、当然ながら彼女の歌唱であるが、その一方で彼女が歌う歌の音楽的礎である旋律様式でもある。聴き手を魅惑するこれらの旋律様式群は、伝統的にはアラビア語でナガム nagham やナガマ naghama[8] と呼ばれ、それぞれの様式の違いから独自の名称を持ち、この音文化の枠組みの中で用いられ、この伝統の屋台骨を長く支えてきたのであった。

こうしてこのアラブ古典音楽の伝統は、新古典という異なる流れを生みながらも今日まで受け継がれてきた。しかしながらその起源はというと、19 世紀半ばごろまでたどれると推測されているが、それ以前に関しては確かなことはわかっていない。19 世紀以前の音楽に関しては、理論的考察も含むアラビア語による写本文献などが存在するものの、以下のような理由から本研究では対象としていないことをここで断っておく。まず、本研究が対象とする伝統との歴史的連続性や地理的関連性が必ずしも明瞭でないことが挙げられる。旋法の名称は、古くから多く知られているが、時代や場所が異なると、同じ名称でも実際には異なる旋

8 アラビア語。nagham ないしは naghm/naghama/naghma など、これらはほぼ同じ意味で用いられる。20 世紀半ばまでは広く使用されていた。旋法を意味するマカームと意味としては重複する部分があるものの、完全に相互互換的とは言えない。基本的性質や概念に関しては第 2 章および第 3 章で議論する。

法であることがあり、その歴史的一貫性や地理的一貫性は必ずしも保障されていない［マルム 1971, 68］。また、写本にある諸旋法群は、それらすべてがその時代にその土地で使用されていたかについても、判断が難しい[9]。その時代の旋法体系を知るには、その体系を使用している共同体内で保持してきた楽曲群を検討することが不可欠であるが、近代以前の写本群の場合、そうした詳細を知ることも、残念ながら極めて難しいのが現状である。

こうした事実は、次のようなことへの配慮もこの研究には欠かせないことを示唆している。同じ名称でも異なる旋法を指し示していたり、後述するマカームという言葉にもあるように、同じ用語でも指し示すものが異なっていたりすることは、今日でもある。その一方で、一つの音楽の伝統を成員間で共有する共同体には、その内側で機能している音楽実践の体系があり、喩（たと）えるならばそれは一つの小宇宙であると言えるだろう。この意味ではそれぞれが独自の存在であるが、他方、歴史的にそして地理的にも緩やかにつながりながら、さらに広範な伝統を形成していると捉えるのが妥当ではあるまいか。こうした状況下で研究者にできることは、まずは一つの伝統を徹底して学び、そのレパートリー群を覚えかつ知識を増やし、伝統全体を吸収し、反芻（はんすう）して、全体像の把握に努めることである。アラブ音楽を大海と捉えるならば、こうした営みは取るに足らない小さな試みであろう。しかし、大海原の中にある小さな海を徹底して学び、覚え、言葉を覚えるように身体化してゆくという実践の積み重ねのみが、大海の一滴を聴き、さらにもう一滴との違いを聴き分ける能力を与えてくれるのではあるまいか。その後に、将来的には時間と空間の広がりを越えた何かを示唆する研究へと発展する可能性は残されているが、それは膨大な研究蓄積によってなされるゆえに、一人の研究者の手に余る仕事であり、またこの論文の主旨でもなければ、筆者の力量を超え、方法論的にも逸脱しているゆえに、残念ながらここで探求できるテーマではない。また、こうした状況は、逆に言えば、本研究が対象を今日も続くアレッポの伝統に絞っている理由でもある。

---

9 アラビア語による音楽写本文献の研究に長く携わってきたO. ライト（b. 1938）は、そうした写本群にある諸旋法は先行する時代から保持されてきたが当時は廃れていた可能性のあるものだったり、新しく考案されたものだったり、また他からの伝播だったりなどして、実際に主だって使用されたのはどれかなどの線引きが事実上不可能であることを指摘している［O. Wright 2000, 420］。

旋律様式の名称群に対する無関心と「マカーム」問題

さて、こうした中で本研究が着目しているのは前述のようにナガムと呼ばれ、それぞれに名称を持つ旋律様式（旋法）であり、理論的考察や説明は多くの研究者によってこれまで続けられてきたが、様々な理由で、現在でも必ずしも十全と言える状況ではない。

理由はいくつかあるものの、その一つに名称群を中心とした口伝の伝統に対する研究者の関心の低さがあった。旋律様式に関する先行研究においては、音楽は音楽学的な理論研究の対象として扱われるのみであり、音文化に対する関心はあまり高くなく、それゆえ旋律様式の名称群は分析されるどころか一瞥（いちべつ）されることもなく添え物程度の扱いしか受けてこなかった。また、これらの名称自体がアラビア語起源の単語では必ずしもなかったり、部族名・地方名・数詞など語源も様々であったりするため意味内容に何らかの法則性を見出すことが難しく、文化研究としても単なる語源論で終わることが多い。さらにその数の多さも問題視され、20 世紀に入って西洋式五線譜を用いた音階を中心にした説明が導入されると、近代化や簡素化の名の下で名称のいくつかは使用されなくなるなどし、数が減ったりもしている。さらに、五線譜という視覚に訴える書記手段などが 20 世紀に入り重要性を増すと、単なる「名前」の羅列にも思える名称群に関心が寄せられるような機会はほとんどなかったのである。ゆえに、こうした名称群に関しては、旋律様式の体系における役割などの文化内在的な存在意味は未だに明らかにされていない。

なるほど、名称に対する関心の低さは、この旋律様式体系に関する研究の進展を遅滞させてきた要因の一つであった。しかし、さらに大きな問題は、現在、一般的に使用されている「マカーム maqām」という術語をめぐる混乱から生じている。

「マカーム」は、音楽教育や実践の場で使用されかつ一般にも広く知られ、また民族音楽学的研究においてもその重要性が認められている、アラブ音楽にとって今日では欠くことのできない術語である。動詞 qāma「立つ」と同語根[10]を持

10 語根：ヘブライ語、シリア語、アラビア語などのセム系言語の専門用語。これらの言語では動詞は一般に三つの文字（ないしは子音）から成り、この文字／子音を単語の根幹と考え、語根と呼ぶ。単語の基本は動詞であり、動詞の派生形だけでなく名詞や形容詞なども動詞から導き出され基となる動詞と

つ名詞であるため、最も基本的な意味は「立つ場所」「立つ位置」などとなっている。西洋における研究では一般に旋法 mode（英）などと翻訳され、欧米の音楽学者は「マカームとは旋律モデルの名称である［Gerson-Kiwi 1967, 544］」と解釈し、先に述べたように、音楽学的には旋法を使用音階と旋律モデルの二要件によって説明するのが今日の主流である。

しかし、東アラブ地域ではマカームという単語にはさらに異なる指示対象がある。2000 年代にカイロで調査を行ったアメリカの民族音楽学者トーマスは、マカームという単語が実際には旋法だけでなく音階 scale をも示すことを指摘している［Thomas 2006, 31］。アラブ人研究者や演奏家は音階という意味で使用している場合も多く、「マカームとは情緒（ないしは雰囲気）mizāj でありかつ音階 sullam である［Saḥḥāb 2001, 346］」というレバノンの批評家サッハーブ[11]による説明はその端的な例である。確かに、この説明からは「音階」が指示対象であることは明らかであるが、同時に更なる疑問も生じる。サッハーブにとりマカームとは、音楽学的意味合いを含むだけでなく、「情緒」という感情や心理に関連したイメージをも抱かせる言葉なのである。

こうした説明をまとめてみると、アラブ音楽における「マカーム」とは欧米の音楽学者が言うように旋律モデルの名称なのか、それとも五線譜上に記された音階なのか、はたまた情緒的な特徴を持つ旋律なのかが釈然とせず、指示内容が混沌（こんとん）としその定義は未だ宙吊り（ちゅうづり）状態であることがわかる。マカームの指示対象が多様なこの状態は、厳密な定義付けを必要とする理論研究を混乱させる一因となってきた。この混沌とした状況をもってマカームなのであると語ることは可能であろうが、意味を文脈にそって解きほぐさなければ厳密な議論は不可能である。このような混乱状態をまずは整理してそれぞれの言葉の背後にある認識を確かめ、研究方法を検討し直す必要があるだろう。

語根を共有する。たとえばアラビア語の動詞「書く」は kataba であり、k-t-b の文字（子音）から成っている。動詞 qāma「立つ」の語根は q-w-m で変則的ではあるものの、接頭辞 ma- を付けた単語は名詞 maqām となり、基本的な意味は「立つ所、場所」となる［W. ライト 1987, 上 192］。

11 Fiktūr（Victor）Saḥḥāb：レバノン人、音楽学者ではないが、近代アラブ音楽の歴史家、音楽研究者として著名。兄サリーム（Salīm Saḥḥāb, b. 1941）はエジプトの国立アラブ音楽アンサンブルの指揮者で指導者。

東アラブ世界の近代：
研究者の依って立つ位置に影響を与える歴史社会的背景

マカームをめぐる様々な認識のずれは、今日的な問題であると同時に歴史的背景によって醸成されてきた問題でもある。後続する節で詳述するが、現在キーワードとなっているマカームという単語の普及は西洋からの近代音楽学の導入・受容、それに続く歴史的展開と密接に関わっている。先に紹介したマカームをめぐる意味内容の多様性は「人が音楽をいかに認識するか」が焦点となっているが、さらに注目したいのは、異なる歴史的背景を持つ集団が他者と出会い関わるとき、他者および自分たちをいかに認識し位置付けるかというもう一つの認識問題である。

旋法研究に関連する分野でのこの問題は、19世紀後半から20世紀初めにドイツを中心にして始まった比較音楽学によってもたらされた。ヨーロッパの研究者たちのそもそもの関心は音楽の起源と結びついており、非西洋音楽をその構造的特徴から遅れた文明の遅れた音楽とみなす傾向があった［シュトゥンプ 1995］。このような姿勢はアラブ世界におけるアラブ人研究者に影響し、遅れを取り戻すために進歩・進化しなければならないという思想的流れとなった。こうしてアラブ音楽の近代化や西洋化が一部の影響力のある研究者や教育者の間で絶対視されるようになったのである［Thomas 2006; S. Marcus 1989b; Racy 1991 など］。他方、20世紀後半の欧米の研究者の間では、比較音楽学者の歴史政治的に偏った観察態度は問題視されていく。これゆえ、比較音楽学の後継である民族音楽学ではインサイダーの視点を重視し、現地の文脈に寄り添い、西洋との比較ではなく相対化した視点で観察・研究するという姿勢が主流となっていった［Nettl 2005, 12–3］。

こうした中で、北米やヨーロッパで活躍するアラブ系研究者も現れ、さらに異なる認識の方向性も明らかになる。彼らの背後にあるアラブ世界の歴史観は、東地中海地域におけるオスマン帝国の文化的影響に対し必ずしも肯定的でなく、近代的な民族主義が興隆する以前の歴史を軽視する傾向があるとも、近代以前のアラビア語音楽文献に詳しいイギリスの研究者 O. ライトは指摘している［O. Wright 2000, 427］。このように、研究に関わる人々の視座はその方向性において多種多様であり、さながら万華鏡のような様態をあらわにしているかにも思える。こうした状況はアラブ音楽以外にも当てはまり、現地の文脈に寄り添い、相対的な視点を重視するという姿勢だけでは全体像の把握はもはや不可能であるという現実が、文化人類学者のストークスによって議論されている［Stokes 2001, 386–7］。

現地の文脈を重視しできる限りその文脈にそって観察を行うという姿勢は、サイードが提起した中東世界に対する西洋側の偏見、支配の言説であるオリエンタリズムが持つ問題［サイード 1986］を重く受け止め、適切な対処法を模索する真摯な態度である。しかし、今日我々が直面している世界は、オリエンタリズム的な二項対立をはるかに超えた複雑に入り組んだ多面的な現実によって構築されているのではないか。いかなる文化的な出自であれ、観察者たちは常に相互に影響し合いながらも、異なる歴史社会的背景に立って調査研究の現場に立ち会っているのである。

様々な背景を基にして依って立つ位置の異なる研究者たちの目には、近代、西洋、アラブ、非アラブ、書かれることのない口伝の伝統、理論指向の書記文化などの様々なプリズムを通して対象の姿が映し出される。歴史に起因する近代化の問題であれ、文化変容に基づく認識の問題であれ、単なる「立つ位置」ではなく、時間や空間、社会や文化の変遷・変化に翻弄され絡み合う問題系の中での観察者の「立ち位置[12]」を十分に洗い出し整理しなければ議論は成立しない。次節では近代化と認識の変容などに留意しながら先行研究群の流れと問題点を詳しく検討し、本研究の課題を考える。

第２節　先行研究群の歴史社会的背景と方法論的問題点

本研究のテーマに関連する先行研究は、すでに述べたように近代化や文化変容などに伴う音文化の変化や認識の混乱、そして研究者間の立ち位置の違いなど、様々な要素が入り乱れ一元的には捉えられない構造で成立している。したがっ

12　立ち位置：「周囲の状況の中でその人が取る立場。立脚点。」［デジタル大辞泉 2015.05.22 閲覧］と説明されている。常に変化する状況の中で人が取る立場や立脚点をより構造化して表現するニュアンスがある。

て、以下本節ではまず、近代化・西洋化がマカームという言葉の使用やその意味内容に与えた影響をたどる。次にそうした中で起こった方法論的に新しい試みを検討して文化内在的な視点による研究の可能性を示し、それを踏まえてこれまでの理論的な分析に残されている課題を整理する。

1．「マカーム」と近代化：音文化の変容に伴う認識の混乱

19 世紀後半から 20 世紀前半にかけて、アラブ社会では政治・経済・社会・文化の様々な側面で変動があった。音楽の分野での著しい変化は、西洋の音楽および音楽学や教育形態などの受容によって起きている。中でも五線譜を用いて旋法の構成音を音階の形で説明する形態は、教育分野などにおいて一定の成果を生んだ一方で、そもそも非書記的な音楽に従来とは異なる書記的で視覚的な認識様態を出現させた。以下では、様々な文化変容が進行する中で、キーワードとして出現した「マカーム」という単語がどのような歴史的過程を経て何を指し示すようになったのかに特に注目しながら議論を進めていく。

近代化・西洋化の影響：
アラブの音文化に導入された書記性と芸術の概念

現在、アラブ古典音楽とみなされている伝統は、かつては宗教的な環境、端的に言えば宗教歌手たちの活動に大きく依存し、その出自が宗教的である点は多くの研究者が認めている。その一方で、今日、カイロやベイルートなどにおいて古典音楽とは、主に公的教育機関で教えられ、音楽学校を中心とした環境で演奏されかつ聴かれる音楽であることが多い点は既に触れた通りである。この二つの環境の変化に関して簡単に考察してみよう。

過度な単純化が許されるならば、ある音楽が維持され継承される環境を成立させている要素には実践者と享受者（聴き手）、演奏されるレパートリー（即興も含む）、それを聴く場、そしてその再生産を支える教育の仕組みなどがある。西洋化や近代化の影響が少ない旧来の音楽環境を原型モデルと考え、20 世紀カイロに出現した新しい環境と比較すると、図０．１に見るような変化が観察できる。図中の左側は旧来の音楽環境である原型モデルである。この環境は宗教と世俗の

間を横断して行き来する実践者たちと享受者たる街の名士たちなどで構成され、教育形態も具体的なレパートリーの記憶に基づく口伝の伝統である。これに対して図中右側の新しいモデルは、西洋モデルの模倣により宗教との関連性が薄い。教育には近代的な学校組織が導入され、楽譜などの新しい書記媒体、また旋法体系の教育には五線譜上に書かれた音階などが紹介され、さらにはレパートリーも新しいものが加わっている[13]。すなわち、今日、古典音楽を取り巻く環境は旧来のそれとは多くの点で異なり、文化的な変容過程を経ていることがわかるのである。

図０．１：東アラブ地域の都市における音楽環境の変化

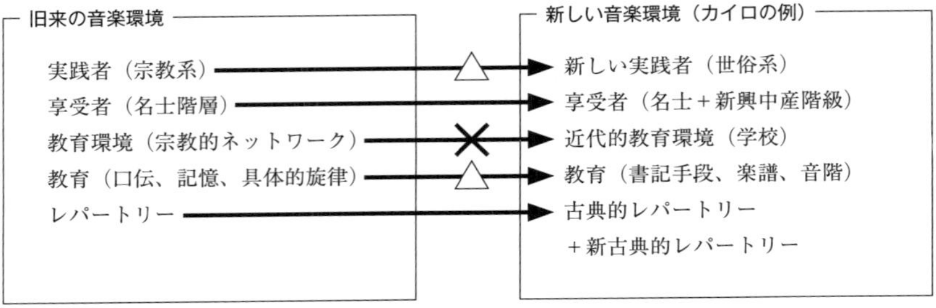

図中の記号：×は関係が途絶えている、△は薄い、特に記号のない線は連続していることを示す。

文化変容の過程は概念的変化を伴うことも多い。この時期の音楽環境の変化を、音楽を解釈する者と音楽に対する概念の変化とに関連付けてフランスの研究者ポシェ[14]は次のように説明している［Poché 1994］。近代化の過程で、音楽の

---

13 新しいレパートリーとは、20世紀半ばに成立し、レコードやラジオなどでアラブ世界中に普及したエジプト人歌手や作曲家によるもので、本文中で先に紹介した新古典ないしは大衆古典にあたる。代表例である女性歌手ウンム＝クルスームに関しては、ダニエルソン［Danielson 1997］や水野［水野 2004］が詳しい。

14 Christian Poché, 1938-2010：アレッポ生まれ、パリで活躍した民族音楽学者で作曲家。彼の家系は元々はオーストリア出自であるため、本来ならば苗字はドイツ語式にポへと表記でき、アラビア語でもそれに近い表記であるが、フランスで活躍しフランス語式の読みも定着していることを考慮して、日本語表記はポシェとした。

解釈者は宗教諸学に通じスーフィー[15]でもあった文化人[16]から、西洋の事物や事情に通じ近代的で世俗的な教養人[17]へと変化した。それに伴い知識の輸入も始まり、近代西洋から導入された概念は既存のアラビア語の単語に外来の概念が接ぎ木される形で浸透した。ポシェが指摘しているアラビア語ファンヌ fann の意味概念の変化や分化はまさにその一例である [ibid., 62]。旧来の環境ではファンヌは職人の技に近い意味合いがあったが、他方、近代的教養人たちの間では近代西洋における世俗的な「芸術」に近い意味を帯びるようになったのである[18]。

こうした変化は東アラブ世界においては、文化の担い手の変化とも呼応していた。この点を考慮してポシェの解釈を敷衍（ふえん）すると、この領域における文化の解釈者や担い手は宗教諸学に通じたオスマン系文化人[19]から、次にアラブ系で同様の資質を持った人々へと移行した。両者はいずれもその知識への敬意からシャイフ[20]とも呼ばれた人々である。しかしながらさらに変化を遂げ、最終的にはアラブ系教養人や西洋経験のある人物へと変わっていった[21]。この担い手の変化およ

---

15 神との合一を目指して修行に励む人々を本来指し、イスラーム神秘主義者と翻訳されることが多い。しかし、文脈によって本文中にあるように宗教諸学および派生的な学問に通じている人物を指したり、修行の一環として歌や身体動作を伴いながら神の名を唱える儀礼であるズィクルに参加する人を指したりするなど、この単語が指示する人物の属性はさまざまである。

16 礼儀作法だけでなくアラビア語の知識や文芸、そして宗教諸学なども含めた教養一般をアラブ伝統文化では「アダブ adab」と呼ぶが、ここでいう文化人とは前近代においてそのような素養を持った知識人を指す。脚注 17 および 18 も参照。

17 アラビア語でムサッカフ muthaqqaf と言う。文化 thaqāfa と語根を同じくする単語で、近代において一定の教育や教養を持つ人物、特に近代西洋に起源を持つ教育・教養を得た人物を示す。1932 年のアラブ音楽会議では、参加者には宗教的出自が明らかである人々もいたが、当時エフェンディー（口語 efendī, 古典語 afandī）と呼ばれた近代的教育を受けた人々も多かった [Kitāb 1933]。

18 次の例も参考に挙げておく。20 世紀前半のアレッポにおける新興中産階級に関する議論で歴史家のウォーテンポーは、西洋的で近代中産階級的な「立派な立ち居振る舞い respectability」という新しい概念が、アラブ伝統文化におけるアダブの概念に接ぎ木されて生成した可能性に関して述べている [Watenpaugh 2006, 23]。

19 19 世紀の東アラブ地域は支配レベルの差こそあれ、基本的にオスマン帝国の支配下にあり、オスマン帝国の文化的影響は書記言語（オスマン語）など様々な形態で各地の支配階層に浸透していた。たとえば、アレッポの音楽家アリー・ダルウィーシュ（'Alī al-Darwīsh, 1884-1952）は生まれも育ちもアレッポでアラブであるものの、トルコ語やオスマン系音楽の伝統にも精通していたため、1910 年代にオスマン政府による師範試験に音楽分野で合格し、アンカラに近い内地の都市カスタモヌの学校で教鞭を執っていた [M. Darwīsh 2001]。

20 shaykh という単語は字義的には年配者を示すが、一般的には敬意の対象となる人物に対して使用する [赤堀 2002, 446]。歌謡の伝統においても同様であるが、近代的文脈においては特に宗教歌謡を基礎としている人物や宗教歌謡に近い人物に使用されることが多い。

21 1932 年に開催されたアラブ音楽会議はこの点でも分水嶺とみなすことができる。同会議のマカーム委員会ではイスタンブールから参加したトルコの音楽学者イェクター（Rauf Yektâ, 1871-1935）が委員長を務めた。彼はオスマン帝国末期から共和国初期に活躍し、現在トルコで古典音楽とされているオスマン文

び音楽に対する理解の変化を経た環境においては、非近代的で非西洋的なもの、特に口頭伝承を中心とした伝統などは排除の対象となり、1930年代およびそれ以降、公式の議論に組み込まれることなく今日に至っているのである[22]。

西洋化の希求：類似性の模索と書記性の重視

東アラブ地域の中でも特にカイロでは、ヨーロッパとの歴史的関係ゆえに、西洋から流入する思想や文化、そして音楽の影響は大きい。20世紀の音楽実践や音楽認識の変化に関しては、いわゆる近代マカーム理論に関するS. マーカスの研究［S. Marcus 1989a］で既に基本的事実は明らかにされている。これに続くトーマスの研究［Thomas 2006］では、ミッチェル［Mitchell 1988］などのポスト・コロニアル理論を援用して、植民地主義のもたらした影響、すなわち被植民者が植民者の価値観をモデルとして内在化する傾向が音楽分野にも及んでいると指摘されている。東洋は遅れた文明であるという西洋の言説は、1932年にカイロで開催されたアラブ音楽会議でも、文明的な遅れを取り戻すための西洋化や近代化をアラブ側の参加者が熱心に支持するという傾向として表れていた［Racy 1991］。

このようなカイロの音楽関係者たちが依拠しようとしていたのは西洋から輸入された近代音楽学であり、特にその象徴は五線譜の使用と五線譜上に記された音階であった。宗教歌手であるムンシドたちによって維持されてきた旧来の口伝を基にした教育や音楽実践は顧みられず、書くことを前提とする近代的な音楽慣行への移行が重視されたのである[23]。しかし、この移行が厳密に行われたかに関しては判断が難しい。比較音楽学者ラッハマン（Robert Lachmann, 1892-1939）による1930年代の指摘にあるように[24]、西洋音楽の特徴や理論体系を熟知した上で開

化の系譜をひく音楽の伝統に属しながらもヨーロッパの音楽学にも通じていた［ベハール 1994, 91, 322］。同委員会の構成員であったアリー・ダルウィーシュは脚注19で紹介したようにオスマン系の伝統に精通していた一人であるが、同時にアラブ系の伝統にも通じていたシャイフの例である。世俗的教養人は、この後にカイロの音楽教育界で活躍する脚注24で紹介するマフムード・ヒフニーなどがその例である。

22 当時の公的音楽環境において前近代的なものを排除する思想に関しては、『アラブ音楽会議の書』［Kitāb 1933］が第一級の史料である。スーフィー嫌悪などに見られる当時のカイロにおける社会的傾向に関しては、マグラーウィー［Maghraoui 2006, 87–117］が詳しい。

23 五線譜に記譜できることの重要性は、1932年のアラブ音楽会議でも出席者の多くが関心を寄せていた。その一例が脚注21で紹介した同会議のイスタンブールからの出席者であるイェクターの発言にも見られる［Kitāb 1933, 426］。

24 1932年のアラブ音楽会議で事務局長を務めたマフムード・ヒフニー（Maḥmūd al-Ḥifnī, 1896–1973）は、1920年代に当初は医学生として、後に音楽を学ぶ学生としてベルリンに滞在し、イブン＝シー

始されたわけではないようである。こうした環境下で正当とみなされたのは、シリアの学者であるアーガー＝カルア[25]が指摘しているような「西洋の伝統との近接性」[Āghā Qal‘a 2002, 105]、すなわち表面的な近似性や類似性が進歩や近代化の判断基準となる傾向である。彼は作曲分野における西洋かぶれを指摘してこのようにコメントしているが、古典音楽に関する理論の領域においても進歩や近代化とは、アラブの音楽関係者たちの基準では西洋との近接性を確認できる事象に限定されていたのだった。

「西洋に近い」ことを好ましいとする判断基準は19世紀末頃から確認でき、最初にその判断基準とされたのは音程や音階である。近代西洋音楽の音階は一オクターブを全音と半音に均等に分割した平均律音程に基づいている。他方、アラブ古典音楽に関して言うと、近代西洋的な平均律ではなくピタゴラス音律[26]との関連性が言及されることが多い。さらには、アラブ古典音楽では旋法ごとに使用音階が異なり、その中には全音と半音以外に中立音程[27]を用いるものもあったり、また、微妙な音程に関しては地域差や地方差などもあったりする。さらに、卓越した演奏家の場合、演奏時の条件や環境によっても音程が微妙に変化したりもす

ナーの『治癒の書』に関する文献学的研究をベルリン大学（現在のフンボルト・ベルリン大学）で行い博士号を取得している。ラッハマンは当時の彼を知っており、彼の和声理解の欠如に関して1930年代にエルサレムで行った講演会でコメントしている［R. Katz 2003, 383-4］。

25　Sa‘d Allāh Āghā al-Qal‘a, b. 1950：サアドゥッラーフ・アーガー＝カルア。アレッポ出身、理系の学者で元ダマスカス大学教授、シリア国営放送でコンピューター関連および音楽に関する番組の制作に携わり、2002年以降は現政権下で観光大臣を務めた［Shannon 2006, 93-4］。

26　周波数比が3：2となる完全五度を基にした音律で、古代ギリシアのピタゴラスによる発案と言われている。ピタゴラス音律に関しては笠原・徳丸［笠原・徳丸 2007, 14, 46-9］などを参照。余談であるが、アラブの伝統楽器であるウードは、ピタゴラス音律を前提とした構造をしている。アラブ音楽で使用されるウードの調弦は、伝統的には高音域からド$^{+}$音（c）・ソ音（G）・レ音（D）・ラ$^{-}$音（AA）などの四度間隔が多い。調弦には当然ながら演奏者の音感が非常に重要であるが、その一方で一弦の音高を確定すれば、ピタゴラス音律の性質を利用して五度の転回形である完全四度を導き出すことがウードの構造上、可能になっている。その方法は以下の通り。ウードのナット（ネック〔棹〕部分の糸巻き手前で弦を固定している部分）からブリッジ（胴体上で弦が固定してある部分）までの長さを一単位と考えた場合、ネックと胴体の境目はナットからブリッジまでの長さを1：2に分ける分岐点に当たる。たとえば、ソ音（G）を基準として一弦下の弦のレ音（D）を得るには、次のような方法が用いられる。基準となる弦をソ音（G）に合わせ、この弦で上記の分岐点に当たる部分を押さえると五度高いレ$^{+}$音（d）が得られる。このレ$^{+}$音（d）を基に、ソ音（G）の弦より一弦低い弦をオクターブ下のレ音（D）に合わせる。但し、調弦に関しては地方差や演奏家の好みによる個人差など様々な違いがある。

27　近現代の西洋音楽では平均律に基づく全音程と半音程が基本であるが、アラブ音楽ではその中間に当たる音程（一般には四分の三音程とみなされている）も用い、それは一般に中立音程とか、中間音程などと言われている。第３章第３節で概説し、旋律形成上の特徴に関しては第５章で論じる。

る。こうした実態にもかかわらず音程の平均律化が理想とされ、20 世紀初めにカイロで出版されたフライーの音楽案内書［Khula'ī 2000, 28–30］には、音程の最小単位を四分の一音程として固定化して捉える解釈が掲載されている[28]。この方式では中立音程は四分の三音程とみなされ、その後、四分の一音を最小単位とした平均律による説明が主流となっていった［Maalouf 2003: 粟倉 1987a, 85］。音階の数に関しても近代化イコール西洋化と解した傾向は続き、使用音階の数を西洋のように二つにまで減らすといった「類似」に基づく近代化が重視されていた。こうした音階数の削減などに関する議論は、1964 年にバグダードで開催されたアラブ音楽会議でも中心的議題になっている［Thomas 2006, 130–1］。

今日では、音程や音階の問題にかかわる近代化志向をめぐっては、特に 1932 年のアラブ音楽会議での議論などに関してアラブ人研究者の間でもその行きすぎが指摘されている［Fākhūrī 2008, 125–6; Qaṭṭāṭ 2008, 9–10］。そうした議論では中立音程を四分の三音程に固定化したことを理論的には改めるなどしているが、議論はやはり音階や音程に関する研究に集中することが多い。また、アラビア語による古典的音楽文献も重視されるが、その際にも音程・音階、すなわち「マカーム（音階）」が議論の中心になるのだった［Qaṭṭāṭ 2003］。

近代における術語マカームの登場と名称群の重要性の低下

さて、旋法に関する理論的研究と言えば、アラブ音楽の場合、前近代の写本による考察が音楽史の一部として知られている。アラブ音楽理論史のいわゆる黄金期は 10 世紀から 13 世紀で、キンディー（al-Kindī, 801–c. 873）からファーラービー（al-Fārābī, c. 872–950）、そしてウルマウィー（Ṣafī al-Dīn al-Urmawī, 1216–1294）、さらには 15 世紀頃の写本まで続く。しかし、それ以降から約 400 年間は写本の有無からその歴史的年代特定まで様々な問題があり、文献学的な研究も必ずしも進んでいない［O. Wright 2000, 407, 415］。用語に関しても判断の難しい問題がある。先に触れたように、今日、旋法を代表する用語として知られて

---

28 四分の一音程に基づく二十四平均律の発案は、一般的にはレバノン出身でダマスカスに長く居住しイギリス領事のドラコマン（通詞）などをしたミシャーカ（Mīkhā'īl Mishāqa, 1800–1888）に帰されるが、彼自身はこのシステムを優れたものであるとはみなしていなかった可能性をマールーフが指摘している［Maalouf 2002, 213］。

いるアラビア語は「マカーム」であるが、アラビア語による音楽写本の文献カタログ［Shiloah 1979］では、写本のタイトルに使用されている旋法ないしはそれに近いと思われる用語はナガムやラフン laḥn およびそれらの複数形であり、マカームではなかった[29]。

今日では、「マカーム」はアラブ音楽の旋法を代表する言葉であるが、こうした傾向から判断すると、この言葉は中世から連綿と使用されてきたとは必ずしも言えないのではないか。近代東アラブ地域では、先に紹介した20世紀初めのフライーの著作には旋法に当たる単語にマカームが登場するものの、説明にはラフンやナガマなども使用され［Khula'ī 2000, 37-41］、その重要度が今日と同じほどなのかは必ずしもはっきりしない。マカームという単語が公的に権威を得るのは1932年のアラブ音楽会議および翌年に出版された『アラブ音楽会議の書』［Kitāb 1933］（以下『会議の書』とする）での使用とみなすのが目下のところ妥当であり、その普及には時間がかかっていることをいくつかの資料から読み取ることができる。たとえば、先にも紹介した1967年発行のドイツ語の音楽辞典には「トルコではマカーム、エジプトではナガム」［Gerson-Kiwi 1967, 544］とあり、エジプトではあくまでナガムが主流であると記している。また、1970年代末にカイロで発行された音楽案内書には、専門用語としてナガムではなくマカームを使用するようにわざわざ推奨している記述があり、当時でもマカームは必ずしも広く使用されていたわけではないことが読み取れる［Kāmil 1979, 50］。今日の状況からは想像が難しいが、これらの例やその他の様々な例[30]から推測すると、マカームは

29　マカームという術語の使用は13世紀までの文献にはないことをトゥーマーは指摘し［Touma 1976b, 11］、音楽用語としての本格的な使用は13-4世紀のシーラーズィー（Quṭb al-Dīn al-Shīrāzī, 1236-1311）による文献であるとする研究者は多い［Poché 2005, 256; Al Faruqi 1981, 169-70; Shiloah 1979, 329］。なお、マカームという単語の語源からの類推でこの音楽用語の起源を「音楽を行う場所」や「（聴衆の前で）歌手が立つ場所」と解釈する向きもあるが［Poché 2005, 256; 水野 1988, 275; Al Faruqi 1981, 170; Touma 1976b, 11］、第1章で説明するように、今日に残る伝統では、人が集まり会話や音楽を楽しむ場所には古典語ではマジュリス（「座る場所」の意）という単語を使用し、そうした集まりを口語ではサフラというなど、マカームという単語は使用されていない。

30　S. マーカスも、19世紀末のアラビア語では旋法に当たる単語はマカームよりもナガムないしはナガマなどが一般的であり、現在、最も流布している術語マカームへの移行は20世紀半ば以降であることを様々な例を引きながら示している［S. Marcus 1989a, 323-8］。次のような傾向があることが筆者によっても確認されている。カイロでは1930年代以降の『会議の書』やヒフニーによる教科書などの公式出版物［Kitāb 1933; Ḥifnī c. 1946］でマカームが使用される一方で、1940年代においても歌謡と音楽に関する雑誌ではナガムが使用されている［Rizq c. 1940］。アレッポにおいては1950年代の出版物ではマカーム［N. Darwīsh & Rajā'ī c. 1956］とナガム［Ṣabbāgh 1950; Āl Jundī 1954］の双方が使用されており、

19 世紀後半から末にかけて音楽用語として注目され始めたものの、20 世紀後半になってから新しい専門用語として普及した可能性が高い。恐らく、音楽学校や五線譜の普及とともに、マカームという単語は近代的な音楽理論に不可欠な術語となったのであろう。

このようにマカームが普及する一方で、旋法の名称群に関しては、民族主義的感情からトルコ語・ペルシア語起源の古典音楽用語の使用に否定的であるゆえにその使用を止め、音楽用語の完全な西洋化を提唱する者もいるなど [Ṭannūs 2007, 73, 77, 79]、進歩主義的アラブ人研究者たちの間では否定的に扱われてきた。その顕著な例が、1958 年にアラブ連合共和国[31]の芸術と文芸擁護のための高等委員会が下した決定である。同委員会は、諸名称の中でも基本的なマカームに用いる名称以外は使用しない、すなわち使用音階が同じ旋法は最も基本的な音階（マカーム）の名で呼ぶことで「立証できない名称の複数性」[Baṣrī 1993, 106] を防ぎ、「マカーム」数を削減する方向で決定を下している [ibid.]。数ある旋法の中でも、ほぼ同じ音程関係で成立している使用音階を持つ旋法、すなわち使用音階がほぼ同じながらも旋律様式が異なるゆえに名称が違う旋法はいくつかある。たとえばバヤーティー旋法群[32]やラースト旋法群はその端的な例である。複数の旋律様式が、すなわち複数の名称の異なる旋法が同じ使用音階を持つ理由が「立証されていない」ことを根拠に、アラブ連合の芸術と文芸擁護のための高等委員会はこうした名称の使用を差し控えるように決議したのである。

この議論から明らかなのは、旧来の旋法名などに代表される口伝の伝統は「学術的に裏付けがない」とみなされそもそも議論の俎上（そじょう）に載っていず、近代西洋への依存派は西洋式五線譜の「書記性」に信頼を寄せ、「書かれないもの」には非

筆者のインフォーマントであるダラールの師匠で宗教歌手兼作曲家のバクリー・クルディー（Bakrī al-Kurdī, 1909–1978）はナガムを使用していたとダラールは語っている。次に音楽関連以外の例を挙げてみよう。アラブ史家として著名なヒッティ（Philip Hitti, 1886–1978）は 1937 年初刊の英語による著書『アラブの歴史』でナガムを使用している [ヒッティ 1983, 158]。また、時代的にさらにさかのぼると、19 世紀後半のレバノンのナフダ（文芸復興）期を代表する知識人の一人ブスターニー（Buṭrus al-Bustānī, 1819–1883）が編纂し、1867–70 年に初刊された辞典では単語マカームには音楽に関連した意味はない [Bustānī 1987, 763-4]。

31 1958 年に成立したエジプトとシリアの連合国家を示す。1961 年にシリアが連合を離脱することで事実上解体した。

32 ここでは使用音階を同じくする諸旋法を一つの旋法群（グループ）として扱っている。旋法群のさらに詳しい分類に関しては、第 5 章で説明する。

常に否定的である点である[33]。20世紀以前から続く口伝の伝統を支えてきた名称群は、アラブ人研究者たちからは近代的な音楽の知識に反するものとみなされ有用性は認められず、公式の議論から排除されたのであった。

多元なイメージ：「マカーム」の意味構造

学校や公的機関で使用されることによりマカームという単語は普及し、それに加えて視覚的具体性から五線譜による音階表記は歓迎され、術語マカームの指示対象が音階となったと推測される。そして20世紀半ばには新古典歌謡などの紹介を、前述の1958年の決定にあるような基本音階に基づく分類で行う慣行によって、音階としてのマカームという術語が定着した可能性は高い。アメリカの研究者であるS. マーカスが1980年代に出会った、使用音階が同じ旋法に関しては音階分類をする演奏家たちの認識［S. Marcus 1989a, 640］はまさにこの過程で生じたと言えるのではないか。その一方で、先に見たサッハーブの定義のように、五線譜上の音階という認識から離れるとマカームからイメージされるのは情緒や感情でもあり、さらには旋律様式という意味での旋法でもあることから、音楽を語っているときでも指示対象は様々に変化するのである。

このような傾向のために、アメリカで教鞭（きょうべん）を執るレバノン出身の研究者ラースィー[34]やドイツで活躍したパレスチナ人のトゥーマー[35]による英語やドイツ語による研究でも、彼らが使用する「マカーム・バヤーティー」や「マカーム・ラースト」という言葉は、敢えて言えばまず音階を指し示しているように見うけられることが多い[36]。しかし、使用音階を共有しながらも特徴の異なる旋律様

33 脚注23で触れたように五線譜に書けることは重視されていた。これは、19世紀から20世紀前半にかけて、国によってはそれ以降も識字率が低く、識字者であることが非常に重視されてきたアラブ世界の言語に関する状況と似ている。

34 Ali Jihad Racy, b. 1943：アリー・ジハード・ラースィー。ラスィーやラシーと表記されることもあるが、本研究ではアラビア語表記 rāsī に近い日本語表記を採用した。アメリカ在住、アラブ音楽研究者でありかつアラブ楽器（ウードなど）の演奏家として北米では知られている。カリフォルニア大学ロサンゼルス校教授。アラブ音楽に関する論文・著書が多数あり、アメリカにおけるアラブ音楽研究の第一人者である。

35 Habib Hassan Touma, 1934–1998：ハビーブ・ハサン・トゥーマー。トゥーマと表記されることもあるが、本研究ではアラビア語表記 tūmā に近い日本語表記を採用した。ドイツ語圏で活躍した。アラブ音楽研究者であり、大学で教鞭を執っていた。

36 ラースィーの説明によるマカーム・バヤーティーはバヤーティー音階を使用した複数の旋法に分類でき［Racy 2003］、トゥーマーが説明するマカーム・バヤーティーも同様である［Touma 1976b］。また、

図0．2：現代における音楽用語としての「マカーム」

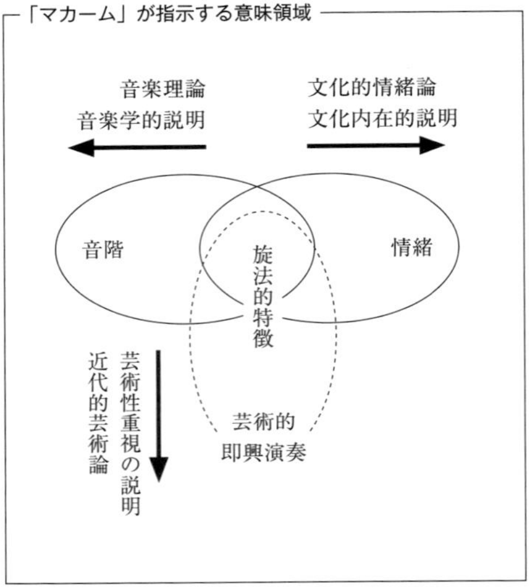

式をイメージしていることもあり、解釈に戸惑う。さらには西洋クラシック音楽にも匹敵する芸術といったニュアンスを持たせようとしているかにも見え[37]、「マカーム」に関する言葉のニュアンスやイメージは、厳密な定義からはすり抜けてむしろ拡散していく傾向がある。

このように、端的に言って現在使われているマカームという単語は文脈によって、また意味を生成する領域によってイメージや指示対象が変わるのであると了解すると、「マカーム」に関する異なる複数の説明やコメントが存在するのにも合点がいく。図0．2はこうした意味領域を考慮に入れてマカームが指示する内容を図に表したものである。図における「音階」と「情緒」と「芸術的即興演奏」の三つの意味領域は決して相互排他的ではなく、重複しながらいわば意味的連続性とでもいうべきものを成立させている。ゆえに、サッハーブやラースィー、トゥーマーなど個々人の中では連続性のあるものとして了解されているのであろう。特に重複する部分には、すべての意味内容を包摂した旋律のイメージ、すなわち旋法のイメージがあると解釈することにより、この三つは極端な分裂を免れ、整合性を保っているのである。

この状態はこの文化を共有する者や自家薬籠中のものとしている演奏家などには自明であるのだろう。しかし、この文化を共有していない文化的な他者がそのまま受け入れることは極めて難しく、また既に指摘しているように、指示内容の

アラブ古典音楽では、ラースト旋法による旋律であるものの、使用音階はスーズナーク旋法と同じものもある。トゥーマーは同様の例をマカーム・スーズナーク（スーズナーク音階）として紹介している[Touma 1971]。

37 トゥーマーは「マカーム」の芸術性を強調することが多い［Touma 1971; 1976b, 91］。

複数性は理論的分析に混乱をもたらす。分析の際の混乱を避けるためにはこうした意味領域の差異を努めて意識し、できる限りその領域内のルールにそって理解を深める必要があるだろう。

2．民族音楽学による代替策の模索：音文化的ないしいは文化内在的研究

マカームに関する議論が難解になる一方で、欧米および日本の民族音楽学者はアラブ音楽の旋法に関する研究や関連する研究において、対象に対するアプローチを多様化させていった。ここでは異なる方法論によって音楽を捉え直そうとする試みを検討し、音楽そのものの研究よりも音楽の背景にある音文化の研究がかつて以上に重要性を増していることを確認する。

代替戦略としてのアラベスク論：音文化を視覚的に解釈する

聴覚による芸術である音楽と視覚による芸術である美術は同じように芸術と言われるものの、表現手段の差異に由来する違いは大きい。その一方で、ある民族の文化の枠内では共通した特徴が見出されることもあるだろう。こうした利点を生かして、音楽の分析に美術的な手法を借用したのがアル＝ファールーキー[38]と水野である。前者は、イスラーム美術の唐草模様ないしはアラベスクの分析にヒントを得て、「アラベスク的」と称されるアラブ音楽の性質を古典音楽の歌謡形式や組曲形式などを通して分析した［Al Faruqi 1975; 1985b］。この分析手法を大衆に広く親しまれている新古典アラブ歌謡に応用したものが水野の研究［水野 2004, 134-80］である。彼の研究は、20世紀のエジプトを代表する歌手ウンム＝クルスームの歌唱をアラベスク様式に関する美術的な分析タームによって説明し、美術と音楽という異なる芸術の枠を越えてこの文化の特性を明らかにしている。

アル＝ファールーキーは音楽の流れや進行をアラベスク模様に見立てて視覚的に捉え、アラブ音楽に一種のモチーフ展開的な要素がある点を指摘した。水野はさらに彼女の印象論を敷衍して、アラベスクのモチーフの特徴とウンム＝クル

---

38 Lois Ibsen Al Faruqi, 1926-1986：アメリカのアラブ音楽・美術研究者。夫はパレスチナ系アメリカ人でイスラーム研究者の Isma‘il Al Faruqi（1921-1986）。

スームの歌唱様式との類似性を論じ、両者はそうした音楽様式に高い抽象性を見出している点で共通している［Al Faruqi 1985b, 61; 1975, 6–12; 水野 2004, 174–5］。確かに、アラベスクの図柄を構成するモチーフにも似た旋律の使い方や繰り返しの多用などは水野が指摘しているように没個性的な要素が強く、距離を置いて対象を観察する美術論的な解釈では抽象的と判断できよう。その一方で、音による繰り返しは聴き手を否応なく音楽の世界に引き込んでゆくため、対象と距離を取りながらの判断が難しく、視覚芸術に用いる表現によるアナロジーが適切か否かは判断が難しいところである。アラベスク模様に限って言うならば、音楽を美術的に捉えるよりもむしろ、逆方向に考え、アラベスク模様が音の芸術の特性を帯びているように思えなくもない。繰り返しの多用は見ている者を引き込み、対象と人との間に何らかの関係を成立させているのではないのだろうか。

このように芸術がその享受者に与える影響を考えるとき、アラブの音文化において音楽が聴き手に与える心理的影響「タラブ」の概念は以下に見るように考慮に値するだろう。

文化的なキーワード「タラブ」

民族音楽学者のラースィーや文化人類学者のシャノンによるタラブ研究［Racy 2003, 120–46; Shannon 2006, 158–87］は、まさしく音楽学的な旋律把握以外の音の世界、この文化に内在する音楽の捉え方に関する議論の可能性を示した。タラブとは、音楽分野では歌や音楽を聴いたときに覚える感情や情緒感であり、一般には、何かの美しさに同調し、感動したり圧倒されたりする心理的状態を示す概念である。美を感じるもの一般に使いうるが、特に音や声に関係する現象と深いかかわりがある。音楽に関する議論で使用される場合、音楽を聴くという行為に伴って到達する感覚であり、各旋法に独特の雰囲気や音程の微妙な差異が創出する陰影に、さらにはその場の状況に左右されながらも聴き手の感性が動員され、旋律と情緒的に一体化することによってもたらされる状態でもある。これゆえに、こうした状態をもたらす音楽自体をタラブと言うこともある。これほどに音楽に没入するためには、聴き手と音楽との間に文化的な親和性が必要であり、それは感性のあり様に左右される極めて文化に根差した音楽的経験とも解釈できよう。こうした音楽経験のあり方は理論的な研究では扱いきれず、むしろ文化の中からの視点、すなわち文化内在的な視点による研究が何らかの形で探求されるべきだと筆者は考える。

たとえば、既に紹介したポシェの説明が示すように、芸術を示すファンヌなどの術語は代替可能な西洋の概念が影響した結果、その意味に変化や分化が生じた。しかし、タラブに関してはラースィーが指摘するように [Racy 2003, 5]、欧米の言語にはこれに相当する言葉や概念を見つけることが難しかったため、近年まで英語等の言葉に置換されず、概念的な変容もほとんど経ずに残った。音楽実践における感性の役割、特に旋法をめぐる感性の役割に焦点を当てることは、論理的厳密さの上に成立している音楽学用語では捉えきれない領域を認め、まだ説明しきれていない領域に踏み出すこととなろう。そのためには、ファンヌやマカームの例で確認したような言葉の意味構造に細心の注意を払い、この音文化の特徴を探ることから始める必要がある。

声の文化と文字の文化：境界線の意識化

アメリカにおけるアラブ旋法理論研究の第一人者であるS. マーカスは、音楽実践のための視座として文化人類学で用いられるイーミック emic とエティック etic の概念を使い、フィールドワークの現場におけるインフォーマントの混沌(こんとん)とした発言や説明の整理を試みた [S. Marcus 1992]。1980年代に博士論文執筆のために行ったカイロでのフィールドワークにおいて彼は、インフォーマントの説明が必ずしも音楽学的語法においては一貫していないことや実践者としての視点に基づく言語表現においても多種多様であることを観察している [S. Marcus 1989a; 1989b]。文化に内在するイーミックな視点を得るべくこの文化の保持者たちの説明を重視しようとしたのである。しかし、彼らの説明は既に近代音楽学の影響を強く受けていたため、予期せずして音文化の本来の領域である文化内在的（イーミック）な体系と、近代音楽学による認識に基づく理論的（エティック）な体系の両者が交錯した領域に踏み込まざるを得なくなったのである。このような研究条件の下では、インフォーマントからの情報は分析者による一定の取捨選択がなければ一貫性をもって理解することができない。彼が結果として取った戦略は、インフォーマントの説明を重視しつつも音楽実践例を積み上げ、音楽学的に実証していくという手法であった。

文化内在的体系と理論的体系の交差を認めたS. マーカスであったが、結果としては音楽学的分析のみに着目することになった。これに対し、イラン音楽研究者の谷は、既存の音楽学とは認識の異なる領域により意識的であり、そこに踏み込んだと言える。谷の論考は、オング[39]による「声の文化と文字の文化[40]」論の枠組みを援用することによって［谷 2007］、口伝の伝統を基にしているイラン音楽の即興を近代音楽学的でエティックな文字の文化の心性で論じる先行研究に疑問を呈し、イラン音楽を声の文化として捉え直そうとした試みである。S. マーカスと谷の分析手法は、一つの研究対象をめぐり、明らかに認識の異なる二つの視点があることを前提としており、この意味で音楽実践が二つの視点、二つの分析手法、ないしは二つの認識土台の上で分析されうることを示している。この二つの分析手法あるは認識土台に関しては、第３節で再度検討する。

３．近代における理論的研究：
エティックな枠組みによる研究の再考

前項では文化内在的な枠組み、すなわち音文化論やオングによる議論の枠組みである「声の文化」論での研究が重要になりつつあることを確認した。次に、まだ検討していない文字の文化ないしはエティックな枠組みである理論的考察に視点を移してみよう。近現代の理論的枠組みに関してはS. マーカスによる研究が詳しいが、ここではまず1932年のアラブ音楽会議を中心に20世紀前半の動向を確認し、その後にS. マーカスに代表される20世紀末から今世紀に入っての研究を検討する。

使用音階と旋律モデル：用語の整理

先に述べたように、今日、旋法は音楽学的には使用音階と旋律モデルで説明される。音楽学者たちは、旋法すなわち旋律様式を音楽学的に説明するために、ま

39 Walter Ong, 1912-2003：アメリカの英文学者でかつイエズス会士。
40 オングは著書『声の文化と文字の文化』［オング 1991］において、書記手段の介在しない、ないしは意思疎通の手段を声による言葉に大きく依存する人々（集団ないしは文化）と、書記手段を既に前提としている人々の間の認識過程や認識形態の違いに関して論じている［ibid., 107-24］。「声の文化」は orality、「文字の文化」は literacy に対応している。本章第３節を参照。

ずはその旋法で使用される音を音階の形で示し、次に旋律モデルを用いて、その旋法がどのような特徴を持っているのかを明らかにする。その旋法独自の旋律となるためには、使用音階の構成音中に旋律形成に重要な役割を果たす音があり、そうした音の情報なども音楽学の理論では研究されている。この試みは以下で紹介するように今日に至るまで行われているが、用語が必ずしも統一されておらず混乱をきたす恐れがあるため、ここで主な用語の意味を整理した後で先行研究の説明に入りたい。

音楽学の理論研究で使用される用語は、三つに分類でき、第一に音階に関する用語、第二に使用音階中の構成音の機能に関する用語、そして第三として旋律モデルに関する用語の三種類がある（**表0．1**）。

表0．1：主な理論用語

使用音階に関する用語
小音階：ジンス、アクド
使用音階中の構成音に関する用語
基　音：カラール
支配音：ガンマーズなど
核　音：主要音、軸音、マルカズなど
旋律モデルや旋律行程に関する用語
サイル、マサールなど

まず、第一の音階についての用語から説明すると、旋法の使用音階はオクターブで示されることが多く、その構成音はさらに三音音階（英語で trichord）、四音音階（英語で tetrachord[41]）、五音音階（英語で pentachord）などの小音階に分けられる。**表0．1**にあるように、アラビア語ではそれらの小音階をジンス jins[42] と言うことが多いが、アクド ‘aqd[43] と呼ぶこともある。本研究ではこれらすべてを

41　厳密な意味では四音から成る音階を示すが、本文中の三音音階、四音音階および五音音階の総称としても用いられる。

42　pl. ajnās：一般には数種類ある三音・四音・五音音階を示すと説明される。しかし、この単語の基本的な意味は「種類」に関連し、音楽学的には音階の種類に関する用語とも、これらの音階に基づく旋律の種類に関する用語とも解釈できる。文化人類学者であるシャノンは後者と解釈している［Shannon 2006, 228］。

43　pl. ‘uqūd：ジンスとほぼ同じ意味であるが、「繋がり、結び目」などの基本的な意味から推察すると

小音階と呼ぶこととし、必要な場合はジンスという単語も使用する。

次に、使用音階中の構成音の機能を示す用語であるが、主なものは三つある。第一に、最終的に旋律が収束する、アラビア語でカラール qarār と呼ばれる音がある。この音は使用音階の第一音として示されるのが普通である。本研究ではこの音を示す用語カラールの邦訳として基音[44]を用いる。次に、一般の音楽の学習などではあまり使用されないが、理論では用いられる用語に支配音[45]と核音がある。前者の支配音とは旋律モデルの開始部で使用されその他の構成音に影響を与える音であり、第4章で議論する。後者の核音は基音や支配音など使用音階の中で核となって旋律形成に影響を与える音の総称であり、第5章で主に議論する。なお、核音という用語は、日本の民族音楽学では小泉文夫の日本伝統音楽に関する研究によって広く知られている[46]。支配音はアラビア語でガンマーズ ghammāz[47]、核音については後述するように、ドイツ語で主要音 Hauptton とか軸 Achse などと呼ぶ研究があり、アラビア語でマルカズ markaz と呼ぶ仏語の研究もあるが、いずれも一般的でないため、本研究ではそれぞれ支配音、核音と呼んでいる。

第三の旋律モデルに関する用語としては、アラビア語でサイル sayr やマサール masār などがある。これらは「移動」や「前進」を意味するアラビア語の動詞 sāra の名詞形で、英語では melodic path などと翻訳されており、本論の邦訳では旋律行程とする。旋律行程とは、所与の旋法に関してその使用音階を用いてどのような旋律が形成されるのかを説明する概念で、具体的な旋律を用いて説明するならばそれは旋律モデルとなり、旋法に関する議論では上述の諸要素同様に不可欠である。

「音階」の意味合いが強い。ジンスを三音音階・四音音階、アクドを五音音階と定義することもあるが一般的でない。

44 英語では tonic と言う。tonic は音楽用語としては日本語では「主音」と訳されることが多いが、後述する dominant に「主」に当たるニュアンスがある一方で、tonic は「主」よりも「基」のニュアンスの方が強い。また、音の機能としても同様のニュアンスがあることも考慮して、本研究では tonic を基音、dominant を支配音とした。

45 英語では dominant と言う。和声法では属音と翻訳されているが、単語のニュアンスおよび旋法音楽における音の機能を考慮して、脚注 44 にもあるように本研究では支配音とした。

46 詳しくは第5章を参照。

47 ghammāz はアラビア語であるものの、広く普及している音楽用語ではない。ghamza（ウインク、目配せ）から派生した単語と考えられている［Al Faruqi 1981, 78］。

比較音楽学者による説明：核音と小音階

1932年にカイロで開催されたアラブ音楽会議は、当時一流のヨーロッパの研究者とアラブの研究者や演奏家、そして教育者が一堂に会した画期的な国際会議であった。ヨーロッパの学者によるアラブ音楽研究は、18世紀末の現地調査を含めたフランスのヴィロトーによる研究[48]や、19世紀半ばにアラビア語文献を東洋学者と協力して研究したオーストリアのキーゼヴェターによる研究[49]などで本格的に始まっており、ヨーロッパからのこの会議の参加者は、そうした研究の系譜に連なる学者たちであった。

同会議に参加したラッハマンもその一人で、彼は、20世紀前半にベルリンで発展した比較音楽学の流れを汲む研究者である。1929年出版の著書『東洋の音楽』［ラッハマン 1960］の中で彼は、アラビア語の古典文献にある音楽理論などを紹介する一方で、同時代の録音や現地調査における成果を基に、アラブ音楽も含めた非西洋音楽における旋律形成の基本原理に関して「主要音 Hauptton[50]」という概念を用いて説明した［ibid., 24-6, 68-9］。この主要音という概念は、旋法の使用音階中に四度や五度などの間隔で存在し、周囲の構成音に影響を与え、旋律形成にある種の方向性を与える中核的な音を意味し、先に紹介したように本研究では核音と呼んでいる。続いてドイツの研究者ベルナー[51]がアラブ音楽の旋法に関して、カイロにおける現地調査と録音を使用して博士論文［Berner 1937］を発表した。ベルナーの論文では、三音音階や四音音階などの小音階の概念であるジンスが紹介され、この概念を用いて主要な旋法の使用音階の説明がなされ、当時の

---

48 Guillaume André Villoteau, 1759-1839：ナポレオンのエジプト遠征（1798年）に従軍した学者団の一員で、実質的にはアラブ音楽に関して近代ヨーロッパ人初の現地調査を行ったとみなせる人物である。その成果は『エジプト誌』（Description de l'Égypte）の中の第14巻［Villoteau 1826］となった。

49 Raphael Georg Kiesewetter, 1773-1850：オーストリアの西洋音楽史家。東洋学者ハンマー＝プルクシュタル（Joseph von Hammer-Purgstall, 1774-1856）の協力により『アラブの音楽』（Die Musik der Araber）［Kiesewetter 1983］（初刊は1842年）を著した。このような19世紀西洋における中東の音楽研究に関しては、ボールマンが批判的に考察している［Bohlman 1986; 1987］。音楽学者ではないが、イギリス人医師であるラッセル（Alexander Russell, c. 1715-1768）や同じくイギリス人東洋学者のレイン（Edward Lane, 1801-1876）が、それぞれ18世紀後半のアレッポ［Russell 1794］や19世紀前半のカイロ［Lane 1986］に滞在し、音楽文化や習俗に関して記録を残している。近代における民族誌的研究の先駆けと言える。

50「主要音」という訳語は『東洋の音楽』［ラッハマン 1960］中の岸辺成雄の翻訳に従っている。

51 Alfred Berner, 1910-2007：第二次世界大戦後にベルリン楽器博物館 Musikinstrumenten-Museum Berlin 館長（在職期間 1945-1975）となる。

演奏家たちによる演奏の採譜が旋律モデルとしての役割を果たしている。

ドイツ系比較音楽学者らと同時代の研究に、フランス貴族でアラブ音楽に造詣の深いデルランジェ男爵[52]によるものがある。彼の『アラブ音楽第5巻』[d'Erlanger 1949]は刊行こそ1949年だが、実質的な研究は主に1920年代から彼の死の直前、1932年までに行われたと推測され、ラッハマンなどの比較音楽学者たちの研究と同時代である。同書では旋法の使用音階の内部構成を三音、四音、五音からなる音階概念であるジンスによって説明するだけでなく、旋律形成過程をジンスからジンスへの動きとして説明する方法が採用された。しかし、音階が抽象概念であるように、このような説明方法も理論的な枠組みを示しているに過ぎない。そのため、アレッポ出身の音楽家アリー・ダルウィーシュによるタクスィーム（器楽の即興演奏）の採譜が具体例、すなわち旋律モデルとして掲載されている。

ラッハマン同様にデルランジェも、使用音階中の構成音に関して考察している。彼は比較音楽学者たちが導入した主要音、本研究では核音と呼んでいる音とほぼ同じ機能のある音をアラビア語でマルカズ（「中心、中央」などの意）と呼んで紹介し、三音、四音、五音のまとまりで捉えられてきた小音階（ジンス）群の最低音はマルカズ、すなわち核音であるとの見解を残している[ibid., 108]。小音階に関しては、その最低音と最高音が何によって規定されているかについて言及されることがまずなく、小音階の最低音は核音であるとした彼の指摘は類書にはない特徴である。また、先に紹介した「支配音」の概念にも触れ、各旋法の旋律の開始部において旋律形成の中心となる音の意味があるとしている。彼の研究は、一般的な旋法概念を成立させる二大要件である使用音階と旋律モデルを旋法ごとに示しただけでなく、アラブの旋法実践に関する説明で使用されうる要素をほぼカバーしており、現在の旋法概説の基礎を示している点で重要である。

---

52 Baron Rodolphe d'Erlanger, 1872–1932：チュニスに移り住み、アラブ音楽を愛好、研究したフランスの貴族[I. Katz 2015, 120–3]。デルランジェの研究は、古典文献学、同時代の旋法研究、さらには歌や器楽のレパートリーの採譜などを含み、その成果は6巻からなる大著として出版された。1・2巻以降は、彼の死後、刊行されている。

今日の枠組み：
近代における研究の起点としての1932年アラブ音楽会議

デルランジェの研究は、アラブ音楽会議の翌年である1933年に出版された『会議の書』［Kitāb 1933］中のマカームに関する章に反映されている。先にも簡単に触れたが、アラブ音楽会議[53]とは1932年にカイロで開催され、アラブ人専門家だけでなくヨーロッパからも専門家が招聘（しょうへい）され、アラブ音楽の様々な問題に関して討議した国際的な会議である。アラブ世界における古典音楽の衰退を憂えたデルランジェが、当時のエジプト国王にアラブ音楽保護のための会議開催を勧めた結果であり、『会議の書』は同会議の成果をまとめた一種の会議録である。

デルランジェなどの個人的な研究は別として、音楽文化史的な意味において同会議は近代における旋法研究の起点とみなせる。その理由として、まず、近代においてマカームという単語が東アラブ地域で音楽用語として公式に使用されたのはこの会議が最初であるとみなしうることが挙げられる。これ以前、またこれ以後も20世紀後半まで、先に触れたように旋法に当たる単語はマカームよりもナガムが主に使われていた。こうした中で国家が主催する公式会議の場で導入され、マカームは近代的な術語としての地位を固め始めたのである。また、同会議では旋法研究のためにマカーム委員会 lajnat al-maqāmāt が設置され、使用音階や旋律モデルに関する議論がなされ公式の記録が残ったことも重要である。

しかしながら留意すべき点もあり、ここで指摘しておこう。旋法の使用音階や旋律モデルに関する分析で議論のたたき台となったのは会議の提案者であったデルランジェが用意したもので、それゆえ『会議の書』［Kitāb 1933］のマカームの章と旋法に関する彼の研究書［d'Erlanger 1949］は掲載内容に関して大筋で重複している。その一方で、デルランジェの研究書では検討されている特定の音の機能などに関する議論の大半が、『会議の書』には掲載されていない。すなわち、使用音階中の音の機能などに関する議論にはあまり関心が持たれなかったのであ

53 同会議に関しては、日本語では柘植［柘植 1996, 171］や水野［水野 2008, 206-13］が概説している。英語ではラースィー［Racy 1991, 68-98］やトーマス［Thomas 2006, 53-115］が会議の一側面である近代化主義や進歩主義的な性質に関して論じている。また、同会議の参加者であるファーマーの個人的な記録を利用して会議の参加者や委員会の様子を描いているI. カッツの研究［I. Katz 2015］もある。アラビア語でも、関連する資料について紹介している論文［Qaṭṭāṭ 2008］や当時の雑誌報道などに基づく史料集［Saḥḥāb 1997］などがある一方で、後述するように近年は、この会議の進歩主義的な性質を再考する傾向の研究もある。

る。この音楽会議に出席したエジプト人の研究者兼教育者であるヒフニーはこの後、教科書として『理論的音楽』[Ḥifnī c. 1946] を出版し、同書はその後、版を重ねたが、そこで紹介される理論は音階を中心とした説明であり、マカームは音階を意味する傾向を強めていったのである。

音楽学的アプローチの再考

このように、現在、東アラブ地域ではマカームという単語は音階を意味する場合も多く、今日も継続して使用されているバヤーティーなどの名称は旋法名というよりもむしろ使用音階名として用いられる傾向がある[54]。このような現状から、ポシェは音階を重視するカイロの傾向を音階学派、他方、旋律形成や旋律モデルの概念を重視する欧米の研究を形成学派と呼んでいるが [Poché 2005, 256–7]、この二分法は必ずしも適切ではない。なぜならば、1970 年代以降の欧米の旋法研究も基本においては東アラブ地域で一般に流布している見解にそって実践分析を行っているためであり、本章第 2 節の**図０．２**でも示したように、「マカーム」の指示内容は音階と旋法の間を逡巡（しゅんじゅん）し、厳密には区別されていないのである。以下では、20 世紀後半から今日の研究を代表する S. マーカスとトゥーマーの研究を概観・整理し、研究・分析の過程で未だに解決されていない問題点を提示してみたい。

20 世紀前半と同様に、今日においても旋法は東アラブ音楽研究において主要なテーマであり続けてきた。旋法の二大要件である使用音階と旋律モデルに関する考察は 20 世紀後半にも引き継がれ、1970 年代以降にはこの二つの要件に関する具体的な考察が行われ、音組織上の異なる要素を重視する二系統の研究が存在する。

その一つはドイツで研究を行ったトゥーマーによるもので、器楽の即興演奏を主な分析素材とし、旋律形成時に一種の軸となって周囲の音の動きに影響する中核的な音の存在が示された [Touma 1976b; 1971]。彼はこの音をドイツ語で軸 Achse と呼び（以下「軸音」とする）、この軸音が三度、四度、五度音程など

54　この傾向は、1980 年代にアメリカの S. マーカス [S. Marcus 1989a]、それ以前には筆者のインフォーマントであるダラールが経験している。1960 年代にカイロのアズハル大学アラビア語学部の学生であったダラールは音楽学校にも出入りしており、これはその時の体験に基づく。

の間隔で旋律形成時に出現し、旋律行程と呼びうるものを形成する点を指摘した。この軸音概念に見るように、彼の旋法分析は基本的に20世紀前半の比較音楽学者と同じ手法で行われているが、その一方でアラブの音楽関係者が使用しているジンスの概念を使用せず、代わりに軸音周辺に創出される音域を軸空間Achsenräumeという単語で説明している点にも特徴がある。トゥーマーは20世紀前半の研究との関連性を示していないが、彼の軸音概念は比較音楽学では主要音と呼ばれた音と基本的には同じである。

こうしたトゥーマーの手法を近代音楽学的と呼ぶならば、アメリカでは文化人類学的参与観察がより重視され、先に述べたように徹底したインフォーマント中心主義がS. マーカスの旋法研究［S. Marcus 1989a; 1992］では採用された。先行研究にあまり注意を払わなかったトゥーマーの研究とは異なり、彼の研究ではアラビア語、フランス語、英語の主要な先行研究も子細に検討され、使用音階やそのジンス構造のみならず、特定の機能を持つ音や構成音間の関係性、また旋法の転調の際に重要な音などが検討されている。インフォーマントの視点を重視した結果、カイロでは「マカーム」実践に変化が見られることも明らかにした［S. Marcus 1989b］。旋法に関する説明では、使用音階をまず示し、その後に必要な場合は旋律モデルのアラビア語版であるサイルsayr（旋律行程）に関する情報を補うという、一般的な説明手法を踏襲している［S. Marcus 2007; 2002a］。使用音階だけでなくサイルの説明においても、核音ではなく小音階（ジンス）を重視し、現在のアラブ世界で主流な解釈を尊重している点がトゥーマーとの最大の違いである。

理論研究上の音楽学的課題

この二人の研究にはいずれも音楽学的な観点から説明されていない点がいくつかある。第一は、核音と小音階（ジンス）の関係である。その解明の一助となるのは、小音階の定義を音楽学的に明瞭にすることであろう。現時点では小音階は、三音、四音、五音からなる音階を意味する用語として慣用的に使用されているに過ぎない。また、各小音階は異なる名称を付されることで区別されているが、各小音階の起点や終点、すなわち最低音と最高音を規定するのは何か、換言すると各小音階の構成音数はなぜ決まっているのかは明らかにされていない。例

譜例０．１：小音階二例

としてバヤーティーという名称の小音階とスィーカーという名称の小音階を考えてみよう。**譜例０．１**に見るように、この二種類の小音階は構成音の音程関係を見ると、最低音以外は共通している。よって、これらを単なる音の並びとみなした場合、バヤーティーの小音階の中にはスィーカーの小音階が入れ子状に内包されていることになるが、そのような解釈は一般的ではない。すなわち、それぞれの小音階は構成音間の音程関係だけでなく、構成音の数を規定する要素、すなわちその最低音と最高音を決定する要素があるはずなのである。この点で、先に示したような、デルランジェによるジンス（小音階）の最低音は核音であるという解釈や、核音と類似した機能を持つ支配音に関する議論などは、彼の死後80年以上の時を経て、再考されるべき時期に来ている。

第二の点として、二人がともに重視しているサイルの概念に関しても同様の指摘ができよう。これは、上述のように旋律モデルに相当するアラビア語の概念であるが、二人の研究ではバヤーティー旋法やラースト旋法などの具体例で示されることが多く、音楽学的な意味での抽象化、すなわち各旋法に応用可能な一般化がなされていないのである。これは彼らが各旋法の分類基準を未だに明瞭に示していないこと、すなわち次に述べる第三の不明瞭な点とも関係がある。

第三の点は旋法の分類基準である。この点についても彼らの説明は必ずしも有用でない。なぜならば、彼らは基本的に20世紀後半のカイロの音楽実践を理論的説明の素材としているため、旋法の「名称」は音階分類と関連付けて認識されていることが多く、旋法分類の基準を考察するには不適切なのである。たとえば1958年にアラブ連合政府の芸術と文化擁護のための高等委員会が問題視した、使用音階が同じだが異なる名称を持つ旋法が存在するという現象に対して、未だにそれらの旋法としての差異を明らかにする音楽学的な分析がなされていない。さらに言えば、旋律様式とその名前である名称群に関する考察は未だ始まっておらず、その重要性や役割に関しても明らかになってはいないのである。こうした現状を鑑み、未だに残されている音楽学上の諸問題に取り組むためには、近代以降、マカームという用語によって生じた混乱からは距離を置き、音階概念が導入される以前の音楽実践やその土台となっている名称が構築してきた旋法体系を擁する音文化に注目する必要がある。これは、旋律様式に対して名称が持っていた文化的な役割を理解・考察するだけでなく、音楽学上の諸問題を検討するためにも必要な手続きなのではあるまいか。

第３節　課題と方法：音文化を重視した方法論的枠組み

さて、ここまでの議論で本研究にとり重要なのは、マカームではなくむしろ名称群による実践を育んできた音文化の研究であり、また音文化研究は、音楽学の理論研究で未だに課題として残っている問題の考察のためにも必要であることが明らかになった。このように本研究では音文化研究を重視し、それは理論研究に先行すると考える。しかしながら、どちらも旋法に関する研究であるという点では変わりはなく、現実に演奏され聴かれる旋律が結節点となりながらも、それぞれに異なる方法論的枠組みで対象を扱っていると考えうるのではないか。そこで本節では、この二つの方法論的枠組みを使ってどのように旋法に関する研究が可能であるかを検討・提示し、後続の節で本論の進め方を述べることとする。

理論的枠組み：イーミックとエティック

すでに検討したように、旋法は、タラブ研究に見るように情緒や心理面を重視した音文化的な領域、言い換えると文化内在的領域と、理論的枠組みにそって旋律を識別する音楽学的領域という、二つの異なる認識領域で理解・解釈されうる。二つの認識領域を想定した研究には、先に紹介した、S. マーカスが利用したイーミックとエティックの枠組みと、谷が利用したオングによる声の文化と文字の文化に関する議論がある。これら二つの枠組みは全く同じものではないものの、対象の捉え方には近似性があり親和性も高い。本研究ではこの二つの有用性を認め、理論的枠組みを提示したいと思う。そこで、まずは谷の発想の基になったオングの「声の文化と文字の文化」論から検討してみよう。

オングは著書『声の文化と文字の文化』［オング 1991］において、書記手段の介在しない、ないしは意思疎通の手段を声による言葉に大きく依存する人々（集団ないしは文化）と書記手段を既に前提としている人々の間には、「知識がどのように取り扱われ、またどのようにことばに表されるかという点で、ある基本的な違いがある [ibid., 5]」ことを論じている。声の文化と文字の文化には、認識過程や認識形態において基本的かつ根本的な差異があり、同書の第三章は両者の比較に当てられている [ibid., 107–24]。以下は同章の内容の要約である。

オングが特に注目しているのは、1930 年代にウズベキスタンでソ連の学者ルリア[55]が行った研究である。その中でルリアは、非識字者である「声の文化の人々」と多少なりとも読み書きの能力のある「文字の文化の人々」では次のような違いがあったと説明している。認識の差異に関する聞き取り調査で彼は、幾何学的図形の認識、物の分類、三段論法、物の定義、自己分析などのテーマを、被験者に対話形式で質問していく。文字の文化の人々はたとえそれが単なる識字教育だったり二年ほどの教育であったりしても、円を見れば円という概念を使って端的に答え、物の分類を用途に従って行ったりする。これに対して声の文化の人々は円を見てリンゴ（林檎）など身近なもので説明しようとし、分類はより実践的な状況に当てはめて使えるか否かで判断を行い、定義に関してはその必要すら感じず、自己分析は自己の評価・分析よりも所属する集団による評価にすり替わってしまう。そもそも、近代の発明である知能テストにも似たこうした質問自体が文字の文化の論理で構成されているのであり、声の文化の人々にはなじまないとオングは述べている。つまり、認識し、それを表現する言葉を統御するルールが二つの文化の間では異なるのである。こうした状況下ではそれぞれのルールに従って分析することによって初めて、個々の文化がいかなる意味世界を成立させているかがわかる。

このような捉え方の違いは、前節の S. マーカスの議論で紹介したイーミックとエティックの概念に近い。再度、文化人類学者の言葉を借りて説明すると、「イーミックは個別文化の内側において意味のある概念を見出す視点であり、エティックとはあらゆる文化に適用可能な概念を研究者側が見出す視点である」［高

55 Alexander Luria, 1902–1977：旧ソ連邦の心理学者。オングの著作の邦訳『声の文化と文字の文化』［オング 1991］中では苗字はルリアと紹介されているが、心理学関係のロシア語からの邦訳ではルリヤとされている。オングが引用している著作には邦訳（『認識の史的発達』［ルリヤ 1976］）がある。

倉 2009, 723]。本章冒頭で紹介した川田の音文化論は、音の世界を川田の訳語で言うと文化内的 emic に検討することであり、アラブ古典音楽の旋法の名称群は言語や文化を背景としたイーミックな（文化内在的な）認識に基づき成立している。他方、エティックとはまさに抽象性を高めることによって、他の文化でも使用できる概念で事象を説明する態度であり、他の文化との比較も射程に入れうる音楽学的理論研究の土台である。

二つの領域の関連性を加味して図化すれば、**図０．３**のような理解が得られよう。音楽学用語では旋法と呼ばれる音的現象をめぐり、異なる認識様式が存在し、一つは理論を中心とした音楽学的領域であり、もう一つはそれとは異なる文化内在的な認識によって語られる領域である。これら二つの認識は捉え方が異なるために異なる表現様式で対象を説明するが、対象としている音的現象は同じであるゆえに図の中央は共有されている。

図０．３：「旋法」と二つの認識領域

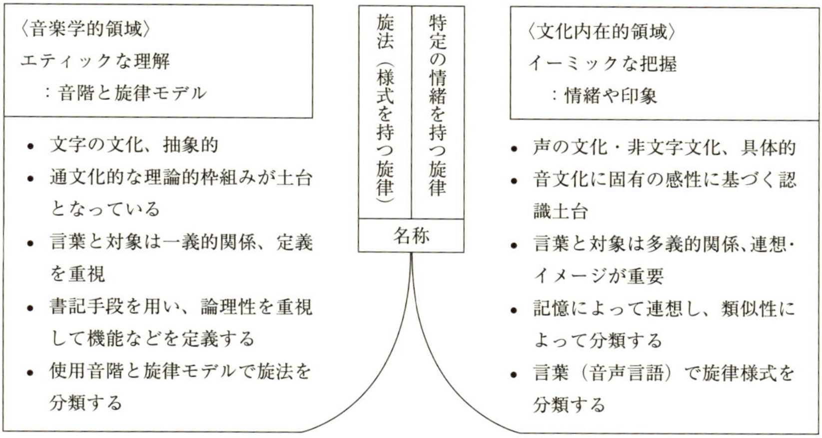
〈音楽学的領域〉
エティックな理解
：音階と旋律モデル
• 文字の文化、抽象的
• 通文化的な理論的枠組みが土台となっている
• 言葉と対象は一義的関係、定義を重視
• 書記手段を用い、論理性を重視して機能などを定義する
• 使用音階と旋律モデルで旋法を分類する
特定の情緒を持つ旋律
旋法（様式を持つ旋律）
名称
〈文化内在的領域〉
イーミックな把握
：情緒や印象
• 声の文化・非文字文化、具体的
• 音文化に固有の感性に基づく認識土台
• 言葉と対象は多義的関係、連想・イメージが重要
• 記憶によって連想し、類似性によって分類する
• 言葉（音声言語）で旋律様式を分類する

ここで、これら二つの認識領域の性質の違いに関して確認してみよう。図中の細部についての説明も兼ねて、それぞれの領域に関係する基本的な了解事項を、まず音楽学的領域で、次に文化内在的領域で明らかにする。

旋法理解の音楽学的領域：理論化を目指す認識の枠組み

ところで、説明に入る前にここで使用している「音楽学的」という形容辞に関する補足的な説明が必要であろう。現在、音楽学 musicology と一般に呼ばれている学問は主に近代西洋において発達し、音楽史から、音律論、音響学、音楽理論、音楽教育論まで様々な方法論によって成立している下位分野が存在する学問領域である。本研究では、音楽の理論的分析を主とする研究を近代音楽学的ないしは単に音楽学的研究と呼んでいる。

旋法に関して理論的な分析の際にまず検討される要素は、対象となる音楽で使用される諸音（構成音）であり、それらを実際の音楽から抽出し、五線譜上に提示した音の並びが音階である。通常は、低い音から高い音へ、ないしは逆の形で整然と並べられ非常にわかりやすい。その視覚上の簡潔さゆえに、一見すると具体的な何かであるように見えるものの、音階自体は実際に耳にする音楽の具体例ではなく、具体例（実際に耳にする旋律）で使用される構成音を、重複をなくし極度に合理化した形で示す、一種の理論操作上の概念である。敢えて喩えるならば、ラテン文字アルファベットの A やアラビア文字の ا（アリフ）から始まる文字一覧は、各言語で使用する音を視覚化し整理した先人たちの発明であるが、単語や文章そのものではないという、アルファベット一覧と言語そのものとの関係に似ている。

このような性質ゆえに、音階のみでは音楽は進行しないため、音階そのものは音楽の静的な理解といえるだろう。動きのない音階から、音楽が響き進行する現象へと変化するとき、その原動力となるのは音階を構成する諸音間の関係を利用した音の秩序である。複数の旋律が交差する多声音楽の場合、それは対位法と呼ばれ、また現在、我々が日常的に耳にする調性音楽の場合には、特定の旋律を他の構成音が下支えする形態を取り、それは和声法と呼ばれている[56]。これらは、絵画のようには静止状態ではない音楽の流れを特定の音や関係する諸音が有機的に機能することによって作り出す音の仕組みなのである。

56　単声の旋法音楽と和声法が基盤の調性音楽の差異を、前者が水平的で後者が垂直的であるとジャルジーは説明しているが［Jargy 1971, 45-6］、これは端的に言うと、和声法が複数の音を同時に響かせる、すなわち垂直方向の調和に重心のある作法であるのに対して、単声による旋法にはそうした特徴がないことを意味している。類似した見解を、バッハの和声的対位法による旋律と単旋律の旋法による旋律とを比較して小田も述べている［小田 2010, 234］。

旋法音楽に関しても、使用音階を構成する諸音には旋律を進行させる音の秩序が備わっており、それを踏まえてどのような旋律が成立するかを示すのが各旋法を説明する際に示される旋律モデルである。それゆえ、現在の旋法に関する音楽学的理解では、旋法を成立させる要件は、使用される音を抽出した音階（使用音階）とその音階を基とした音の体系が具体化された旋律モデルの二つで [H. Powers & Wiering 2001, 775–7]、この要件を満たした具体的な旋律がバヤーティー旋法とかラースト旋法とかと呼ばれることとなる。ここで留意すべき点は、この手法はあくまで音楽のみを対象としその一般化や抽象化を目指す音楽学的体系の中で論じられており、文化的な理解、すなわち旋律を聴いたときどのように感じるのかといった問題は、議論の対象からは除外されていることである。

旋法理解の文化内在的領域：文化に根差す認識下の枠組み

では次に、文化内在的な領域に関して考察してみよう。音楽学的領域においては、旋法は使用音階と旋律モデルで説明されるが、より文化に根差す枠組み、すなわち文化内在的な枠組みではどのように説明されるのだろうか。

再度、オングが注目したルリアの研究で、声の文化に属する人々が見せた反応を思い出してみよう。幾何学的図形に関して説明を求めても、彼らは円や三角形などの概念を使ったりはせず、自分と接点のある何かで対象を説明する傾向があった。彼らにとっては概念による定義はさしたる重要性がなく、身近な状況に対象を置いてイメージし説明する。これを旋法に関する理解に当てはめると、文化に内在する旋法理解も概念的な定義よりもそのものに対するイメージが重要なのである。

先に引用したサッハーブは、「マカーム」の意味として「音階」と「情緒」という、性質の全く異なる言葉を挙げていた。マカームに対するイメージが、音階という音楽学的概念であるだけでなく、情緒でもあるというサッハーブの見解は、文化内在的領域では抽象的な概念よりも感性や心理に訴えるような身近な体験が重要になることをまさに示している。たとえば、音楽自体は熟知していても音楽学的専門用語を日常的に使用していない場合、クルアーン朗誦者の研究で小杉麻李亜が示したように、個々の旋法をそれぞれに特徴的な情緒感などで記憶していたり [小杉（麻）2010, 159-60]、また、パレスチナ民謡に基づく旋法に関する研究でコーヘンとカッツが示しているように、旋律のタイプないしは種類として具体的に分類し旋法的特徴を認識していたりしている例［Cohen & R. Katz 2006, 28-9］が報告されている。このような場合は、小杉の例では特定の旋法が何をイメージさせ連想させるかが鍵であり、他方、コーヘンとカッツの例ではどの旋律と似ているか、違うかという類似性が重要になる。すべては書かれることなく記憶されている点も重要だろう。こうした認識過程を経て、これらの事例のインフォーマントたちは個々の旋法をバヤーティーとかラーストなどの名称で認識し、区別しているのである。

この認識過程は、ワインのテイスティングや日本酒の利き酒にも似ている。いくつかの銘柄のワインが試されるとき、ソムリエは個々の銘柄の持つ香りを舌触りや味などの情報も加味してイメージし、時には連想されるイメージを、たとえば甘いとか優しい、またカシスのような酸味のある芳香などの言葉で言語化して記憶に留め、識別に用いている。個々の銘柄の特徴は、イメージ可能な言葉や各銘柄間の類似性や近似性で記憶されるのである。この場合、ワイン文化と言語を共有していれば、ソムリエや専門家たちの言葉は実態ある香りや味として追体験が可能であるが、前提条件を満たしていない第三者には想像が難しい。他方、各種ワインを精密な測定機器によって厳密に検査・分析すれば、個性があると言われるワインの香りや味は、様々な匂い物質や食品を構成する物質の要素として数値化され差別化される。この際には、データの読み方を理解している者ならば個々の差異は判別可能であるが、読み方を習得していない場合は識別は不可能なのである。

記号論：記号としての名称群

さて、前述のように音楽学的領域においては既存の方法論が存在するが、他方、文化内在的な領域ではどのような方法論で検討すればよいのであろうか。先に示したように、20世紀後半の民族音楽学は従来の音楽分析以外に様々な方法を模索してきた。特に参与観察による民族誌的手法によって、調査者が参加体験しインフォーマント自身に語ってもらう点は重視されている。しかし、今やインフォーマントの説明も歴史的にも文化的にも様々な認識が交錯し、この音文化の代表者として特権的に扱うことはできない。その際に重要なのはインフォーマントがいかに説明するかではなく、むしろ日常的実践において説明されないものなのではないか。今日、アラブ音楽の学習にも実践にもバヤーティーやラーストなどの名称群は使用されるものの、それらは単なる名前とみなされ説明されず、マカーム以前に旋法を意味していたナガムという言葉も音楽実践では廃れている。こうした、廃れてしまったためにつまびらかにされないナガムや名称群などは、音楽学では説明されないタラブの概念とともに音文化研究の重要な手掛かりとなりうる。また、さらに重要なのは、マカームをめぐる問題で明らかになったように、ナガムとは何かというような定義を考えるのではなく、数多く存在するナガムの名称群は何を指し示しているのか、すなわちその指示対象を解き明かし、声の文化の中でいかに機能しているかを検討することであろう。

言葉とそれを指し示す「モノ」ないしは現象とのこのような関係を考察するために、本研究は方法論として記号論の基本概念を用いたい。記号論 semiotics は、広義にはいくつかに派生する分野を持つ学問体系であるが、ここではウンベルト・エーコ[57]による概説など［エコ 1997］を参考にする。特に記号論の基礎となっている「意味作用の要素としての記号」に関する議論、すなわち「言葉とその内容とそれが指し示す対象」に関する議論を援用する［ibid., 22–36］。

たとえば「犬」という単語について考えてみよう。ここに二人の対話者がいて、犬を話題にしている。二人の間では、「犬」という単語は実際に目にする「犬」を指し示すために使われ、また犬がその場にいない場合でも脳裏で「犬」がイメージされ会話は成立する。この対応関係は 20 世紀初めのソシュールによる言語学に照らして説明すると、「犬」という単語はシニフィアン signifiant（指し示す言葉）であり、その心的イメージはシニフィエ signifié（指し示される概念）に対応している。言語の作用という観点からは、このようにシニフィアンとシニフィエの二項が成立していればコミュニケーションは成り立つため、ソシュール言語学の場合は実際に存在する「犬」は言及されない[58]。しかし、エーコや他の記号論者の多くは指し示される対象も加えて、図０．４のような三項による関係

57　Umberto Eco, 1932–2016：専門家の間では記号論や中世ヨーロッパ研究などで著名で、かつ一般には小説家として有名なイタリアの学者。姓の日本語表記は翻訳者によって異なり、エーコとエコの二種類があるが、前者の方が一般的と思われるため本研究では前者を採用した。

58　ソシュールが想定していた言語の作用とはあくまで心的イメージであるため、現実に存在する「犬」に当たる要素は議論されていない［Chandler 2007, 14］。

を提案している [ibid., 26–31]。このような言葉と意味の関係は、記号論、意味論、そして論理学などの学者が議論しており、これら三項に関して、シニフィアンやシニフィエだけでなく、それぞれに適切と思われる用語を編み出し使用している [ibid., 29]。その中でも、本論では特にシニフィエと指示対象の二項目に関してそれぞれ論理学用語の「内包と外延[59]」という用語を当て、それらを指し示すための道具であるシニフィアンは「記号」と呼ぶ予定である。

図０．４：単語「犬」の意味作用

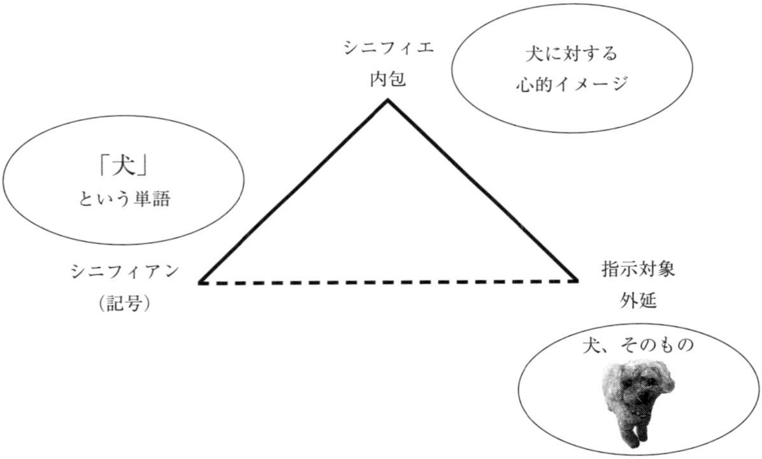

アレッポ旧市街に根付く歌謡の伝統の実践者たちの共同体に今も残る名称群は、音楽学的に言うところの旋法や関連する音的現象を指し示す記号として長らく流通してきた。すなわち、実践者たちは音階ではなく記号であるところの言葉を使って音楽実践を行ってきたのである。滞りなく流通するためには、これらの言葉、名称群は、共同体の合意に基づくある種の意味体系を持っているはずであ

59 内包 intention と外延 extension：ものごとの定義に関する論理学・哲学用語。外延とは「概念が適用される対象の集合。たとえば、すべての人間は〈人間〉という概念の外延である。これに対し、集合の成員である対象のすべてに共通な性質を、その対象をあらわす概念の内包という。」[『哲学・論理用語辞典』1995, 44]

る。このような意味体系は集団に属し、民族誌的研究で引用されるインフォーマントの発言よりも個人的性質が弱く、恣意性にも左右されにくいため、この音文化共同体の構成員が分かち合っている自らの音楽に対する解釈の重要な側面を明らかにしてくれるだろう。

ここまでの過程から得られる知見により、逆に音楽学的分析は厳密さを増すことが期待される。なぜならば、音階概念導入以前の、文化に内在する音楽の知識体系が可視化され、音楽学的分析はそれを基に自らの認識領域において分析の精度を高めることが可能となるからである。音楽学という体系も、五線譜という特殊な記号を用いながらも言葉と概念によって成立しているゆえに一つの記号の体系である。文化内在的な記号体系が明らかになれば、それに基づき記号の体系を変換して理論化することが容易になり、結果として理論研究にも役立つであろう。

第４節　資料と研究手法および本論の構成

以上のような枠組みを用いて古典アラブ音楽の旋法体系の考察に取り組むために、本研究ではアレッポの歌謡の伝統を参照する。まずは、この研究でアレッポの歌謡の伝統を取り上げる意義を説明し、次に研究手法と使用する資料に関して概略を示して、最後に本論の構成を述べて序章を締めくくる。

アレッポの歌謡の伝統：ムンシドたちの音文化

20 世紀に入り、新しい音楽媒体であるレコードやラジオ、さらにはテレビを通して、ウンム＝クルスームに代表されるエジプトの新古典歌謡はアラブ世界中で人気を博した。その一方でアレッポでは、20 世紀半ばまで伝承歌謡であるムワッシャフなどが伝統に則った形で創作され続け、20 世紀アレッポを代表する伝承系作曲家[60]ウマル・バトシュ（'Umar al-Baṭsh, 1885–1950）のムワッシャフは

60　伝承系作曲家とは、伝統に基づく歌謡形式や旋法体系にそって作曲を行う者を指す。ウマル・バトシュはその典型例である。これと対になる、ないしは参照される言葉は近代的作曲家。伝承系作曲家は五線譜のような書記手段を用いて作曲行為を行うのではなく、あくまで記憶を基にして創作活動を行い彼ら

今日でも歌われている。1932年のアラブ音楽会議ではアレッポ出身の音楽家であるアリー・ダルウィーシュが活躍し、彼の知識を基にした旋律様式に関する研究なども残っている。これ以降も歌謡の伝統は続き、20世紀半ばから活躍してきた今日のシリアを代表する歌手サバーフ・ファフリー（Ṣabāḥ Fakhrī, b. 1933）やサブリー・ムダッラル（Ṣabrī Mudallal, 1918–2006）らはバトシュの弟子筋にあたる。筆者の主要なインフォーマントであるムハンマド・カドリー・ダラール[61]もこの系譜の末裔（まつえい）にあたる音楽家である。

これまで議論したように、19世紀後半から20世紀のカイロでは西洋化や近代化の影響が音楽分野でも色濃い。他方、本研究の対象となっているシリアの古都アレッポの伝統は、こうした状況に過度にさらされることもなく今日まで残った。当然ながらアレッポに関しても近代化や西洋化の影響から完全に免れることはないが、外来の文化や思想の影響も小さく、公的機関での音楽教育も未だ限定的である[62]。また、古典音楽の伝統がほとんど世俗化しているカイロと比すると、アレッポは宗教歌手（ムンシド）の活躍が継続していたことが知られ、20世紀末から21世紀冒頭にかけても音楽活動における世俗領域と宗教領域の分離度が低いことが指摘されている［Shannon 2006, 37; Poché 1978, 70］。この意味においても旧来の伝統との強い連続性が認められる。さらには、オスマン帝国支配下の東アラブ地域で交易都市として繁栄し、通商面ではカイロに次ぐ重要性を保持していたアレッポの歴史［Faroqhi 2000, 44］は、歌謡文化の自立性や独自性の維持とこの伝統内部での文化の再生産を可能とし、20世紀以前に起源のある旧来の環

の作品は口頭で伝授されるが、西洋式の五線譜が普及した現在ではその限りでない。

61 Muḥammad Qadrī Dalāl, b. 1946：アレッポを代表するウード奏者でムワッシャフの師匠、器楽と声楽の両分野におけるレパートリーの記憶量の豊富さで知られている。基本的に世俗系音楽家であるが、系譜的には宗教歌手たちの伝統に属する。1989年にフランスのレーベルから発売されたLP盤の *Improvisations* に対してフランスでは権威ある Académie Charles Cros（シャルル・クロ・アカデミー）から賞を授与され、さらに仏政府から文化功労賞も受けた。

62 エジプトでは1920年代に政府が公式に音楽教育に関与し始めたが、シリアでの同様の動きは1950年代からで、当時は様々な事情により政府系の音楽学校は開校と閉鎖を繰り返した［Sharīf 1991, 148–51］。1960年代にダマスカスとアレッポに政府系音楽学校である「音楽のためのアラブ学院」al-ma‘had al-‘arabī lil-mūsīqā が開設され現在に至っているが、これらは西洋音楽教育を主とし、アラブ音楽に関しては付加的取り扱いになっている。また、教育対象は初等・中等教育レベルの児童生徒たちである。高等教育レベルに関しては1990年に「高等音楽院」al-ma‘had al-‘ālī lil-mūsīqā がダマスカスに設立されたが、やはり西洋音楽の教育が主眼である。同音楽院の教師たちを中心として1992年には国立シリア交響楽団が結成された。このオーケストラの始動には、日本政府の文化無償援助プログラムによる楽器の無償供与が多大な貢献をしている。

境下で保持され続けた歌の伝統を今日まで残したのである。本研究が注目している名称群を駆使した旋律様式体系が旧来の伝統に属していることを考えれば、名称群を使用する集団は誰か、口伝の伝統はいかにして連続性を持ち得たのか、音や音楽に対する感性にはどのような特徴があるのかといった音文化に関わる議論が音楽学的な分析にまず先行する。アレッポの旧市街に残る伝統はこの考察にふさわしい素材であり、音文化の考察から得た知見は理論の再検討の際に極めて重要となるだろう。

カイロと比すると文献による資料だけでなく録音による資料も必ずしも十分ではない。しかし、近代音楽理論では説明されてこなかった名称による旋律様式体系のメカニズムを解き明かす作業は、これまで注目されずに埋もれていた音楽の知識体系に関するある意味での考古学的な作業であり、アレッポは適切な舞台なのである。また、2011年の春以来続くシリア内戦でアレッポも甚大な被害を被っていることを考えるならば、名称が介在することにより成立してきた体系というこの伝統が残した知のあり様を記録に残すことは、今日、喫緊の課題となっている。

資料に関して

アレッポにおける歌謡の伝統は、カイロの商業化された新古典音楽や公的機関に編入された古典音楽と比較すると文献資料が圧倒的に少ない。使用しているアラビア語の一次資料は、アレッポの伝承歌謡の採譜集や歌手の列伝などとして出版された文献である。採譜集として特筆すべきは1956年に出版されたムワッシャフ集『我らが宝庫から』[N. Darwīsh & Rajā'ī c. 1956]、および2006年に出版されたカッド[63]集『宗教的カッド』[Dalāl 2006b] の二冊である。他にもアレッポのレパートリーの採譜集と言えるものは存在するが、採譜の精度に多少なりとも問題があり、参照する程度に留まっている。これらを補う資料として、主に20世紀前半の音楽実践を基にしているフランス語、英語、ドイツ語などで刊行され

63 qadd：pl. qudūd. シャーム地方（シリア・レバノン）に広く流布している口語ないしは古典語による歌詞を持つ短い歌で、アレッポはその数の多さで知られている。ジャバクジーの採譜集 [Jabaqjī 1970?] には168曲が収められている。歌詞には世俗的なものと宗教的なものが存在する。宗教的なカッドに関してはダラールによる採譜 [Dalāl 2006b] がある。

た採譜集や旋法研究書が一次文献として存在する。一方、主に19世紀から現在に至るまでの歴史や文化、東アラブ地域の音楽一般に関する資料としてはアラビア語による列伝などの他に、英語、フランス語、日本語による二次的資料がある。特に重要なものに関しては、各章で個別に紹介する。また、印刷された資料に加えて録音資料も利用しているが、それらは著作権法が整備されている欧米および日本の市場で商業的に流通しているものから、発売元などの詳細な情報の不明なシリアの市場で入手したもの、さらには知人から譲り受けた録音まで様々である。このような音声の資料はそれ自体が資料であるとともに、フィールドワークで得た体験を補完する役割を果たしている。

資料収集および参与観察のための主なフィールドワークは2003年10月から2005年9月まで、アレッポおよびダマスカスで行った。中心になったのは、アレッポの伝承歌謡のレパートリー保持者でありかつウード奏者のムハンマド・カドリー・ダラールから受けた歌の伝承指導である。彼からはウードの奏法の初歩的な手ほどきも受けた。アレッポにおいて歌を伴うスーフィーの儀礼（ズィクル）に参加するとともに、政府系音楽学校（中学・高等学校レベルの生徒が在籍する）の教師たちおよびプロとして活躍している演奏家たちからも教示を得た。さらにダマスカスおよびベイルート在住の批評家や、音楽学者、演奏家などからも若干の情報を得ている。先行研究においては、書かれた資料やこの文化の保持者としてのインフォーマントの発言が、歴史的経緯や認識の差異を考慮されずに解釈される傾向があった点を反省し、資料や発言が何を意味しているのかだけでなく、どのような背景から発せられているのかにも注目した。

さて、ここでいくつかの点に関して断っておきたい。元々、民族誌的研究を目指していたのではないため、また本論の趣旨からも、インフォーマントの発言を直接引用する記述形態はとっていない。伝承指導に関して言えば、それが旋法実践理解のための重要な要素となっているものの、外国人であるということ以外には指導に特別な配慮があったのではない点も強調しておきたい。谷も指摘しているように［谷 2007, 208–11］、また第1部でも触れるように、音楽実践を積むという行為、特に本研究のような旋法実践に関する理解を深めるという行為は、教育的効果を狙った体系的なメソッドによって行われるのではなく、多くのレパートリーを習得していく中で行われており、教えられる側の気づきが重要になっている。ダラールからは上記期間以降もフォローアップとしてアレッポを訪れた際に指導を受け、また、それ以外には電子メールなどのやりとりで助言を得ることができた。これらが、気づきから得たものを思考の中で具体化する際に非常に有益であったことも追記する。

さらに蛇足ながら次のような点も指摘しておきたい。上記の「気づき」はこの音文化に根差した文化内在的な経験の意識化を意味し、言葉を覚え、歴史や社会を知り、歌を習い記憶し、日常の様々な出来事を体験した上で得られる認識である。そうした過程を経て、旋律の一つ一つが文化内在的な文脈にそって意味を持って聴こえるようになり、それにまつわる言語表現だけでなく非言語的表現も身体化されていく。当然ながらそうした体験も外国人ゆえのバイアスを免れえないが、有形・無形のこうした体験の蓄積も本研究で最も重要な資料の一つとなっている。

本論の構成

先に述べたように二つの異なる方法論で考察するため、本論は二部構成とする。第１部を「ナガムをめぐる文化内在的枠組み」とし、多くのナガムの名称群を使用してきた音文化の背景を探り、その環境下で名称体系の仕組みを考察する。続く第２部を「旋法の名称とその音楽学的機能」とし、第１部で得た知見を基にして音楽学的分析を行う。

第１部では、第１章でアレッポ社会の中でこの体系を培ってきた伝統の実践者や享受者の集団を明らかにするとともに、その社会文化的性質を考え、音文化の文化的な素地やその性質を確認する。ここで注目されるのは、実践者としての宗教歌手（ムンシド）と聴き手としての街の名士たち、彼らを結びつけている宗教社会的背景、そして実践の場としての夕べの会などであり、18 世紀から 20 世紀前半の記録に基づいて検討する。

第２章では、前章で明らかになった文化の構成員の中でも聴き手の側に焦点を当て、聴くという行為と密接な関係のあるアラブ音楽のキーワード「タラブ」の概念を考察する。聴き手である名士たちの残した文献や観察者たちによる記録などを整理・検討することにより、音的現象に心理的に影響されるという感性に基づく中核概念と、この概念の延長線上に様々な外延現象が展開するタラブの構造が明らかになる。次に、これまでマカームという用語以上に一般的に使用されていた音楽用語のナガムの意味構造がこのタラブ概念の構造と類似している点を指摘し、名称群が何を指し示しているかについて考える。

第３章では、実践者のナガム学習の過程やその内容に焦点を当て、音楽的訓練のあり様、口伝の伝統の性質やそのアレッポにおける連続性、そして彼らが実際に学んだ知識に関して検討する。特に感性に基づくタラブの意味構造をナガムの概念構造にも応用して考察し、旋律様式であるナガムをめぐり、近代音楽学とは異なる分類方法が機能していることを指摘する。この章における考察過程を通して、旋律様式の分類とその体系の成立を可能にしているのは、実践者たちの間に共有されている名称群であることが明らかになる。

続く第２部では、第４章の冒頭においてまず、文化内在的な体系と音楽学的体系に関してナガムをめぐる認識の差異を確認する。同じ音的現象を、前者は情緒感などで認識し、後者は音楽学的な要素で分析するように、二つの認識様式は認識様態や判断基準が異なっている。それは、一つのナガムの名称が音楽学的には異なる三つの要素、音名、小音階名、旋法名を指し示しているという前章で明らかになる特徴に端的に表れている。こうした対応関係に記号論的解釈を当てはめて指示対象を特定していき、音楽実践の場で名称群がいかに機能しているかを考える。そこで第４章では旋法名が音名であるとき、第５章では小音階名であるとき、そして第６章ではそのどちらでもなく旋法名として存在するときに、名称はそれぞれに何を指し示しているのか、その過程でイメージされる音的現象にはいかなる音楽学的な説明が可能なのかをアレッポの伝承歌謡のレパートリーを基に検討する。この過程でこれまで明瞭に定義されてこなかった支配音の概念や機能、小音階と核音の関係、また旋律行程概念の一般化などの本章第２節第３項で確認した諸課題に取り組み、文化内在的な名称の体系の整合性が音楽学的にも検討され、最終的にはこの音文化が育んだ名称による旋法体系の構造が明らかになる。

既に発表している論文・論考に関して

本論に先駆けて、既に以下の論文などが発表されている。主に第１章、第２章、第４章、第５章がこれらに基づいているが、適宜、改定・修正されている。

また、旋法名称の記号論的解釈などに関する中核的アイデアは、その一部が学会の年次大会等で発表されている。

〈論文等〉

Lisa Iino. 2009. “Inheriting the Ghammāz-oriented Tradition: Aleppine Maqām Practice Observed,” *Ethnomusicology Forum*, 19(2).

飯野りさ. 2010年.「アレッポの伝統に基づく東アラブの古典的マカーム現象入門」、西尾哲夫・堀内正樹・水野信男編『アラブの音文化：グローバル・コミュニケーションへのいざない』、国分寺：スタイルノート。

———. 2010年.「共有されるマカーム美意識：アレッポの事例」、西尾哲夫・堀内正樹・水野信男編、前掲書。

———. 2013年.「第61章　シリアの古典音楽：タラブの母アレッポの伝統」、黒木英充編『シリア・レバノンを知るための64章』、東京：明石書店。

———. 2014年.「アレッポにおける歌謡の伝統の社会文化的構造：旧市街のムンシドと名士の関係に注目して」、『日本中東学会年報』29(2)。

———. 2015年.「『タラブ』と『ナガム』の文化内在的構造：アラブ文化における音楽と情緒の関係に着目して」、『イスラム世界』82。

〈研究発表等〉

飯野りさ. 2009年10月18日. 研究発表『アラブ音楽における核音とテトラコードの機能』、東洋音楽学会第60回大会、沖縄県立芸術大学にて。

Lisa Iino. 8th April 2010. “How They Differed in Musical Understanding: Two Musical Intellectuals in Cairo in the First Half of the Twentieth Century,” paper presented at the annual conference of the British Forum for Ethnomusicology at Oxford University, U.K.

飯野りさ. 2010年11月14日. 研究発表『アラブ音楽における旋法の名称：感性による分類の体系』、東洋音楽学会第61回大会、東京学芸大学にて。

———. 2012年6月24日. 研究発表『アラブ古典音楽における旋法名称の記号論的解釈：音楽学的説明から文化内在的システムへ』、日本文化人類学会第47回大会、広島大学にて。

――――. 2013年11月3日. 研究発表『アラブ歌謡にみる音楽的語り：歌詞表現を補完する旋法の記号的特性を中心に』、日本音楽学会第64回全国大会、慶応大学にて。
――――. 2015年11月1日. 研究発表『旋法体系の構造：アラブ・中東の歴史・社会・文化などを加味した多元的文脈で考える』、東洋音楽学会第66回大会、東京芸術大学にて。
――――. 2016年11月6日. 研究発表『アレッポの伝承歌謡カッド：音楽的および詩的内容とその特徴』、東洋音楽学会第67回大会、放送大学東京文京学習センターにて。

第1部
ナガムをめぐる文化内在的枠組み

第1章　歌謡の伝統の社会文化的構造
——名士とムンシドから成る歌謡文化共同体

はじめに

シリアの古都アレッポには、旧市街を中心に古くから存続してきた歌謡の伝統がある。それは東アラブ地域に流布してきた伝承歌謡であるムワッシャフなどを主なレパートリーとし、その中核的伝承者であるムンシド（宗教歌手）たちと彼らのパトロンである名士たちによって育まれ、近代的な音楽学校やメディアの発展とは一線を画しながらも今日まで存続してきた。本章では、アレッポ社会における歌謡文化の位置付けや歌手と名士たちとの関係に関する議論を通して、近代以前から続いてきたこの伝統の成立背景や諸特徴をその社会文化的な構造に着目して検討する。

本研究が対象とする歌謡と音楽の伝統を擁するアレッポは、西アジアないしは中東と呼ばれる地域に位置し、その地理的条件により、古くから交易都市として栄えてきた。東はバグダード、西はイスタンブール、南はダマスカスやカイロを結び、北に控えるアナトリア地方との関係も深く、東地中海地域、特に東アラブ地域においてカイロに次いで通商面で重要性の高かった都市である。現在は大多数の住民がイスラーム教徒（ムスリム）であるが、7世紀のイスラーム興隆以前から存在する堅固な城塞（じょうさい）を中心に都市として発展し、城壁と九つの門[1]に守られ

1　門の数は時代によって異なるが、今日、主な九つの門は以下の通り：ファラジュ門、ナスル門（旧ヤフード門）、ハディード門、ナイラブ門、アフマル門、ジナーン門、マカーム門、キンナスリーン門、

た市街や街区が人々の生活の場として機能し、長らくその暮らしを支えてきた。町の中心では多くの商店が軒を連ねるスーク（市場）が賑（にぎ）わいを見せる一方で、モスクからは礼拝の時刻を告げるアザーン[2]が聞きなれた節[3]回しを伴い、日々、人々を礼拝へと誘う。それは人生の節目となる祝いの場では歌へと変わり、その旋律の多くは日々のくつろぎの時をも飾ってきた。これらの歌は宗教的なものであれ世俗的なものであれ、ムンシドたちが歌い継ぎ、今日に至っている。

このように、本研究の対象である歌謡の伝統は旧市街の生活に根差した伝統であった。そこで本章では、この伝統の背景となる音文化を支えてきた旧市街を中心に、主に次の二点に関して考察し、本研究にとって重要な名称群などの音楽の知識を伝えてきた集団についての理解を深める。旧来の音楽知を温存してきたのは、ウマル・バトシュやアリー・ダルウィーシュらを系譜に含むムンシドたちが中心の集団であった。それゆえに、宗教的な要素を重視するものの、先行研究では宗教か世俗かという枠を越えて活躍する彼らの様子が指摘されている［Poché 1978, 70; Shannon 2006, 37］。そこでまずは、宗教対世俗という分別的ないしは対立的枠組みの見直しに配慮しながら、この伝統が置かれている音文化の背景や文脈を考える。

次に注目したい点は、旧市街において聖俗が必ずしも分離・対立していない環境下におけるムンシド自身の自覚的な社会文化的位置付けである。この点に関しては、背景ではなく集団を位置付ける社会構造がより重要であり、特にパトロンである名士階層の存在および彼らと歌手たちとの関係に光を当てる。パトロンによる文化・文芸の庇護（ひご）に関する考察は、イスラーム・中東世界においてはエリー

アンターキヤ門。

2 adhān：イスラームにおいて日に五回の礼拝時間の前に行われる礼拝への参加を促すモスクからの呼びかけ。定型句に旋律様式（旋法）に基づく節が付いている。

3 徳丸によると「旋律は、時間の流れの中で、音高が組み合わされて生まれ」［徳丸 2007a, 87］それぞれの音高が時間的な前後関係の中で何らかの役割を持ち、まとまりとして捉えられる音的現象である［ibid.］。このような音的現象に対して、今日では音楽用語としては「旋律」を使用するのが一般的であるが、日本語の「旋律」は英語 melody の訳語で［高田・渡・大浜 1982,（Ⅲ）1346］、他方、日本語には対応する言葉として「節」が近代以前からあり、これは歌の旋律、すなわち言葉を伴った音高の組み合わせを意味し［徳丸 2007a, 87-8］、両者の意味領域には、近代からかそれともそれ以前から使用されているのか、また音高の組み合わせそのものを指すのか、言葉も伴った性質を持つものを指すのかなど微妙なずれがある。上述の定義に従えば、アザーンの定型句に付いている音高の組み合わせは旋律であり、旋律に言葉が付いているゆえに節でもあるが、抑揚などの言葉としての性質を重視し、かつ伝統的な文脈で披露されている点に注目し節と表現した。

ト層との結びつきの強い文化の発展には欠かすことができない。たとえば音楽とのかかわりでは、アッバース朝期を舞台としたイスファハーニーの『歌謡の書』[4]（ないしは『歌書』）に登場する歌手たちを歴史学の立場から分析し、歌手たちの伝承の連鎖や宮廷との関わりから社会的地位を論じている中野［中野 2012］の議論がある。また古典詩の世界に関しては、トルコの社会史家イナルジュクの著書を宮下が紹介しているが、同書では詩人とパトロンの関係が社会学的観点から論じられ、その関係の双方向性が指摘されている［宮下 2005, 144］。本章ではこうした方向性の動的な作用に着目して、歌手の社会的地位を受け身ではなくパトロンとの関係から生成される主体的な位置付けの例として考え、レパートリーや音楽知の伝承を確実にする自覚的な集団の存在を確認する。本章に続く第２章および第３章では、パトロンとしての名士層も含めてこの集団が残した記録や伝承されてきた音楽実践に基づいて議論する予定である。

ここで本章の内容の主な議論に入る前に、本章および後続する第２章と第３章で使用する主だった資料に関して簡単に紹介しよう。記録資料としては、アラビア語による歌手音楽家列伝などや英語による 18 世紀から 19 世紀の一次資料などが存在し、ごく簡単に言えば前者が文化に内在する視点を、後者が文化的他者の観察を提供している。後者の外国人の記録で代表的なものは、18 世紀中頃にイギリス人居留民の医師としてアレッポに駐在したアレクサンダー・ラッセル[5]による『アレッポ博物誌』［Russell 1794］である。また、ラッセルの後、19 世紀前半にイギリス領事としてアレッポに滞在したジョン・バーカー（John Barker, 1771-1849）もアレッポに関する記録［Barker 1973］を残している[6]。どちらも音楽や音楽文化に関する観察が限定的ではあるが掲載されており、異文化観察の視点で当時の様子を再現してくれる貴重な記録である。

外国人による観察記録に対して、現地側の資料としては 18 世紀末頃からの口

4 *kitāb al-aghānī*：イスファハーニー（al-Iṣfahānī, 897-967）ないしはイスバハーニー al-Iṣbahānī によるアッバース朝期の歌や音楽に関する文献。

5 序章脚注 49 にあるように、イギリス人居留民の医師として 18 世紀中頃にアレッポに居住した人物。『アレッポ博物誌』は滞在中の体験や見聞、調査をまとめたものであるが、現在、流通している版は彼の滞在後にアレッポに赴任した弟パトリック・ラッセル（Patrick Russell, 1726-1805）が修正・加筆して 1794 年に出版した第二版である。

6 同書『先のトルコ・スルタン五人の支配下でのシリアとエジプト』は、彼の死後、1876 年に息子が編纂し出版している。

頭伝承が残っているが、これらがアラビア語の資料として実際に記録され始めるのは20世紀に入ってからである。主な資料としては、20世紀の初め、中葉、終わりのそれぞれの時期を代表する記録があり、いずれも歌手や演奏家の列伝形式で叙述されている。最も新しいものは、アレッポで歌手としても活躍していた理系技術者のヌール・マハンナーによる『アレッポとアラブ諸国におけるタラブの民』[Mahannā c. 1998] である。近い過去である20世紀後半に関する同書の記述は、執筆者と執筆協力者[7]が直接見聞きした話と言える。20世紀中頃に出版された『文芸と芸術の著名人たち』[Āl Jundī 1954] は、ハマー[8]の地主階層出身、すなわち名士階層の一員であったアドハム・アール＝ジュンディー（Adham Āl al-Jundī, 1902–1977?）によるものである。当時まだ存命であったアレッポの伝承系作曲家ウマル・バトシュと彼が懇意にしていた経緯から、アレッポに関する記述はバトシュからの伝聞および直接の体験と推測できる内容となっている。この二つよりもさらに重要な資料は、アレッポの歴史家カーミル・ガッズィー[9]による19世紀後半から20世紀初めの歌謡文化に関する論考『アレッポの音楽と音楽家たち』[Ghazzī 1925] であり、同時代人の証言として最も貴重であろう。これは1918年にダマスカスで設立されたアラブ学術院[10]の会誌に1925年に発表された7頁ほどの短い論考であるものの、彼の記述で使用されている単語のニュアンスを汲み取ると、当時の知識人がいかに庶民と名士階層を社会的に区別していたかも読み取ることができ、庶民の歌謡文化とは異なる、名士がパトロンである歌謡文化の存在が確認できる稀な記録となっている。

---

7 『アレッポとアラブ諸国におけるタラブの民』はマハンナーの著作となっているが、執筆協力者としてムハンマド・カドリー・ダラールなどの名前が挙がっている [Mahannā c. 1998, 16]。

8 アレッポから南へ200キロほどの中核都市で、ダマスカスとアレッポを結ぶ南北に走る街道のおおよその中間地点に位置する。

9 Kāmil al-Ghazzī, 1852–1933：アレッポ生まれ。アレッポがオスマン帝国の支配下にあった時代から文化人として知られ、続くフランス委任統治下ではダマスカスに設立されたアラブ学術院の会員にも選出され、1926年にアレッポ史『アレッポ史に関する黄金の川の書』[Ghazzī 1999] を出版。1930年に設立されたアレッポ考古協会（jam'iyyat al-'ādiyyāt, 仏語名 la Société Archéologique d'Alep）の初代会長を務めた [Ḥallāq 1983, 247–8]。

10 al-majma' al-'ilmī al-'arabī：アラブ学術院は、ファイサル一世がシリアを治めていた時代（1918–20年）の1918年に、正しいアラビア語の普及などを目指して政府によって設立された団体 [Kurd 'Alī 1983, (VI) 342]。ナセルのエジプトとともにアラブ連合共和国をシリアが形成していた時期（1958–61年）に、アラビア語アカデミー majma' al-lugha al-'arabiyya と改名した [シリア・アラビア語アカデミーの公式HP: http://www.arabacademy.gov.sy/ を2013年8月9日に閲覧]。

第1節　ムスリム社会における歌謡の位置付け

ムスリム社会は宗教的見地から歌や音楽に対してあまり寛容ではないという見解がある。この問題については中世から現代に至るまで議論は多数あり、これまでに多くの研究者が紹介してきた [Farmer 1994, 20-38; Al Faruqi 1985a; Nelson 1985, 32-51; Shiloah 1995, 31-44: Nasr 1997 など]。こうした議論から明らかなのは、歌や音楽に対する不寛容な態度はあくまで宗教倫理上好ましからざる効果に対する判断に基づき、音楽自体を問題視しているのではないことである。むしろ、宗教としてのイスラームの社会における影響力や中心性を考慮すると、宗教歌謡や宗教に関連した音文化を高く位置付ける文化的な枠組みがこの社会に存在することが明らかになってくる。第1節では、この枠組みがアレッポ歌謡文化の中心的実践者であるムンシドたちに音楽を実践する上での融通性を与え、彼らが宗教と世俗の二つの領域を横断する存在であることをも許容し、彼らの活動を多様なものとしてきたことを確認する。

宗教を中心とした音文化

歌や音楽に対するムスリム社会の容認度が低いことは、法解釈上もそして社会通念上もあらゆる時代と地域を越えて指摘されている。それゆえ、イスラームは歌や音楽に敵対的であると判断されがちである。その反面、聖典クルアーンの朗誦や日に五回の礼拝へといざなうアザーンは、文化的他者の耳には明らかに音楽的な旋律に聴こえる。こうした観察からは、音楽を忌避するというムスリム社会の価値判断がいったい何を根拠にしているのかが釈然としない。この疑問に答えるために、まずは逆説的ながらも、人々の暮らしにおいて歌や音楽が積極的に組み込まれてきた機会を概観してみよう。そして次に何が許容され何が不適切とみなされているのかについて、音楽に関する宗教的な解釈などから考察したい。

先に述べたように、日々の礼拝におけるアザーンやクルアーンの朗誦はムスリムが常に耳にする音楽的な響きである。特にクルアーンの朗誦は、子供の誕生祝い、婚約・結婚、その他の慶事、さらには葬式に至るまで付き添う響きであり、その延長線上に宗教歌謡は位置している。たとえば、かつては男児が初等教育での最初の学習課程を終えたとき、祝いの行事が行われていた。ガッズィーによると、この学習過程修了とはクルアーン全文の暗記を終えたことを意味する[Ghazzī 1999, 194]。

> 修了の祝賀の日には皆のための祝いの席が設けられ、男児たちは新しい着物を着る。祝いの席には親族・知人たちなど大勢が会し、その催しは（クルアーンの）開章といくつかの短い章で始まる。さらに、預言者生誕祭の語り物が宗教歌謡を盛り込まれて行われる。（中略）
> 男児生徒の親族たちは、クッターブ[11]の同級生たちやシャイフたち、そして街の顔役何人かのためにナシーダ nashīda という名で知られている宴席を用意する。それより先に、歌手たちないしはマウラウィーのダルウィーシュ[12]たちによる一団が、サマーフのナウバ[13]を執り行うのである。（後略）[Mahmalāt 1994, 51]

引用にあるように、祝いの席はクルアーンの朗誦で開始され、預言者の生涯を吟じる語り物は宗教歌謡に伴われ、さらに宴席の前にはより宗教性の薄いムワッシャフなどがサマーフ舞踊とともに披露されていた[ibid., 51]。クルアーンの朗誦や日常的に耳にする礼拝への呼びかけであるアザーン、さらには祝いの席に組み込まれた歌などは、みな基本的にこの伝統に固有の旋律的な特徴を共有している。この意味においてはどれもみな同じ音文化に属し、等しく音楽だとみなすことができる。しかし、朗誦やアザーンの節回しなどはいかに音楽的に響いてもムスリム社会において音楽と分類されることはない。なぜならば、これら旋律的響きは音楽学上の認識ではなく、宗教法上の解釈に基づいてその分類がなされているからである。

こうした朗誦やその延長線上にある歌や音楽をめぐるイスラーム法上の解釈に

---

11 kuttāb：近代以前に子どもの初等教育を担っていた教育施設。主にクルアーンの暗唱などを通して読み書きを習う。ガッズィーはマクタブ maktab としている［Ghazzī 1999, 194］。

12 一般には、宗教歌謡を歌いかつスーフィーの旋回舞踊などをする集団を指すものと思われる。トルコのイスラーム神秘主義教団であるマウラウィー教団（メヴレヴィー教団）が旋回舞踊で有名であるため、このような表現を用いる。

13 サマーフ samāḥ とは、ムワッシャフのリズム様式（イーカー）に合わせたステップで踊る舞踊である。ナウバ nawba はこの舞踊と歌を組み合わせた一種の舞踊組曲形式の名称。

関して、アメリカの民族音楽学者アル＝ファールーキーは中世の法学者イブン＝タイミーヤ（Ibn Taymiyya, d. 1328）の解釈を基に説明している。彼女の説明によると、音楽分野をめぐる宗教上の容認基準はクルアーンの朗誦であり、歌唱様式やテキストについてもこの形態に近いほど良いとされる［Al Faruqi 1985a, 15］。すなわち、そのジャンルや音楽実践がクルアーンの朗誦を連想させるような特徴を持ち、かつ歌の場合は歌詞が宗教的な心理を引き出す効果があると認められる性質を持っていることが重要になる。これゆえ、若干旋律的に聞こえはするものの、目立ったリズム[14]的特徴を持たないクルアーンの朗誦様式を基準に考えると、世俗分野の器楽と声楽のいずれにおいても無拍の即興分野に対する容認度が高く、次に有拍でリズムを伴い、音楽的に聴こえるムワッシャフなどがその下に位置する[15]。そして起源がムスリム社会にない外来のものがその下に置かれ、さらに序列において最も低いものは、倫理上は受け入れられない文脈を連想させる官能的な音楽と考えられている［ibid., 12］。付言すると、言語的にはクルアーン、すなわち古典アラビア語[16]に近いほど許容され、また口語の地位が低いなど、使用言語を基準とした特徴も明らかである。

この許容の序列をムンシドたちの音楽実践に当てはめるとどのようになるのだろうか。彼らが歌う歌の分類は主に四つあり、ごく単純に詩の朗唱か既成の旋律を持つものか、古典語か口語かという二つの座標軸にそって分類すると、**表1.1**のようになる。詩の朗唱（朗唱歌唱）は歌われる詩の形態を示す用語をそのまま借用し、古典語韻律詩のカスィーダの朗唱をカスィーダ[17]、口語詩であるマウワール mawwāl によるものをマウワールと言う。これに対して、既成の旋律が存在する歌の種類には古典語によるムワッシャフと口語ないしは古典語による

14　徳丸によると、英語に由来する音楽用語リズム rhythm は「定義も多様であるが、音楽における時間構造に関するものであることは共通している」［徳丸 2007b, 136］。時計のように規則正しいパルス pulse に、強拍・弱拍の区別が生じ周期的になると拍子 beat となる。さらに、拍子にまとまりが認められ、グループとしての認知が可能となったときにリズムが生じる［ibid., 137-9］。

15　三拍子や四拍子などの一定の拍周期を持つリズム様式がムワッシャフにはあるものの、即興分野では拍の強弱や周期性が明確には認めにくいことが多い。そのため、器楽でも歌でもそうした演奏形態は無拍と言いうる一方で、周期性に認めにくいながらも何らかのリズムが感じられるとき、それを自由リズムと言うことがある。

16　アラビア語にはいわゆる文語（書き言葉）と口語（話し言葉）があり、前者は古典語とか正則語（フスハー fuṣḥā）、後者はアーンミーヤ ‘āmmiyya と呼ばれている。

17　qaṣīda：古典詩の主流をなすジャンル。単一韻律・単一押韻で対句形式をとる。ここでは、カスィーダ形式の詩に節をつけて即興的に歌う歌唱様式を指す。

カッドがあり、後者は一節で終わるような短く簡素なものが多いのに対して、前者はより長く、凝った旋律的特徴を持つことが多い。

表１．１：言語および歌唱形態による歌の分類

	朗唱歌唱（無拍）	既成旋律（有拍）
古典語	カスィーダ	ムワッシャフ
口語・古典語	マウワール	カッド

これらに前述の宗教的基準を加味すると、アレッポにおける歌謡ジャンルの社会的な序列は、クルアーン朗誦を中心として**図１．１**のように図式化できる。この図においては、言語的特徴、リズム的特徴、旋律的特徴などがクルアーン朗誦を基準に判断され、そこからの距離の近さから社会的な容認度の高さが理解できるようにそれぞれのジャンルが配置されている。さらに同時に歌詞の内容も容認基準に付加されている。具体的には、古典語による韻律詩であるカスィーダの朗唱は、その言語・リズム・旋律的特徴の点で口語詩であるマウワールよりも容認度が高く、またカスィーダでも詩のテキストが宗教的なものほど序列が高い。この傾向は固定旋律を持つムワッシャフやカッドでも顕著であり、同じ旋律でもテキストの宗教性が容認度を決定すると判断できる。

図１．１：クルアーン朗誦を中心としたアレッポにおける歌謡ジャンルの関係図

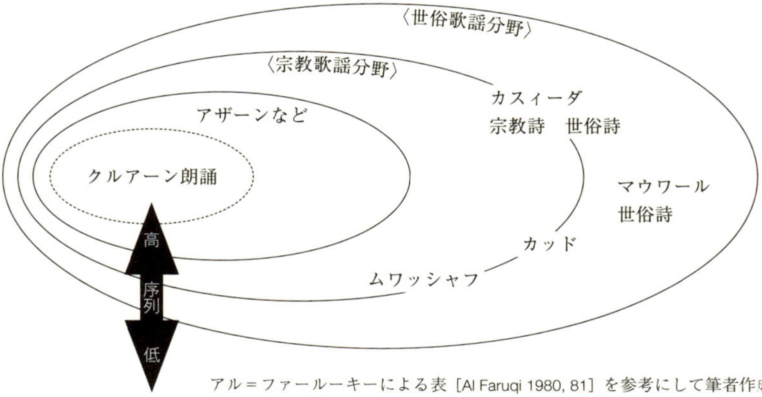

アル＝ファールーキーによる表［Al Faruqi 1980, 81］を参考にして筆者作成。

しかしながら、宗教対世俗の間の線引きは必ずしも厳密ではない。特にスーフィー詩人のカスィーダや一部のムワッシャフでは、歌詞の意味は宗教的な文脈では宗教詩と解釈できる一方で、世俗的な文脈においては世俗詩、また恋愛詩（ガザル）とも解釈できる両義性があり固定的でないからである。この両義性がカスィーダやムワッシャフの曖昧さ、好意的に述べれば融通性を創り出しており、歌謡の世界における聖俗の間の厳密な線引きを難しくしている。次の歌詞はその一例である。

ムワッシャフ aḥinnu shawqan[18] 冒頭部分

aḥinnu shawqan ilā diyārin	とある土地に対して私は強い情念を感じる
ra'aytu fīhā jamāla salmā	そこでサルマーの麗しさを見知ったのだ

このムワッシャフでは、一般にはこの詩人がかつて愛したサルマーという女性のいる土地に対する世俗的な情念や執着を歌っていると読み取れる。その一方でスーフィー的な文脈で捉えるならば、サルマーとはメッカにあるカアバ神殿を指し、メッカやカアバ神殿に対する宗教的な情熱を表現しているとも解釈できるのである[19]。このような両義性ゆえに、歌自体の厳密な聖俗の分離という規範は弱められ、歌う者にとっても聴く者にとっても両者の境界線は限りなく曖昧になる。この場合、次に見るように、歌が歌われる文脈や歌う人物の社会的属性が許容度を左右することになる。

宗教的解釈の社会通念への敷衍（ふえん）：「歌う人」に転嫁される価値観

しかしながら、聖俗の境界線が厳密でないとしても、音楽に対する社会的な容認度を考える上であくまで留意すべきは宗教的基準が持つ中心性である。図1.1は中央に近ければ近いほど宗教的にだけでなく社会的にも容認され、宗教的属性の強いものほど社会的容認度が高いことを示している。つまり、宗教歌謡が世俗

18　このムワッシャフの作者は、伝承では15世紀の音楽家アブドゥルカーディル・マラーギー（'Abd al-Qādir al-Marāghī, d. 1435）とされている。19世紀以前の歌で作者が伝えられている珍しい例であるが、真偽のほどは不明である。第6章でラースト旋法の旋律の具体例として取り上げる。

19　この解釈はカドリー・ダラールが先人達から聞いているものである。

的な場へと移動すること、換言すると内側から外側への移動は重心が内側に置かれている限り比較的自由なのである。これに対して、世俗歌謡が宗教的な場へと侵入するような外側から内側に入る行為は必ずしも容易でない。

こうした基準は、これらの歌謡形態を社会において実践する人やそれが行われる場所にも適用される傾向がある。宗教的な歌詞の歌を主に歌う歌手は、社会的にも容認され尊敬できる存在と言え、その重心が宗教の場に置かれている限り、世俗の場への移動も比較的自由である。ムンシド（宗教歌手）として著名なサブリー・ムダッラルは、ムンシドでありながらもムトリブ（世俗歌手）でもあると認識され敬意を集めていた20世紀後半の代表例である。これに対して19世紀後半に人気を博したある歌手は、世俗的なマウワールを得意としていたことが記録され［Ghazzī 1925, 477］、珈琲（コーヒー）店など社会的には容認度のあまり高くない場所で歌うことが多かったためか、第３章で紹介するようなムンシドによる伝承の系譜に組み込まれることはほとんどないのである[20]。

このような、人や場所に対しても歌と同様の価値基準が適用される例は中世にも議論されている。11世紀後半から12世紀初めに活躍した学者ガザーリー（al-Ghazālī, d. 1111）は、著作集『宗教諸学の再興』を構成する一つである『サマーとワジュド[21]の作法に関する書』で、サマーすなわち音楽聴取の作法を論じている。その一つとして「時と場所と友 al-zamān, al-makān, wa al-ikhwān[22]を尊重すること［Ghazālī n.d., (II) 301; Macdonald 1902, 1］」の重要性を説いており、不適切な時や、ふさわしくない場所で、不適格な友とともに音楽を聴くことは作法に反するのである。この基準をアレッポの例に敷衍すると、音楽を聴くという行為はその歌詞内容による判断の他に、然るべき時に、ふさわしい場所で、品格におい

20　19世紀半ばの珈琲店で、アーチク・バシと呼ばれるマウワール歌手が歌っていたことを、当時アレッポを訪れたイギリス人が記録しており、本文で紹介している歌手と同一人物であると推測される。ただし、ガッズィーの記録では彼の名はアージク・バーシュ Ājiq Bāsh と綴られている［Neale 2005, (II) 104; Barker 1973, 188］。彼の名は同時代のイギリスの挿絵週刊誌にも掲載されている［*Illustrated London News* 1862, 406］。

21　samā‘ および wajd は、それぞれ音楽を聴く行為（前者）およびそれに伴う情緒や感情（後者）と翻訳可能な単語で、音楽聴取をめぐる宗教的な解釈でよく使用される用語である。

22　ikhwān の直訳は「兄弟」や「同胞」であるが、ここではそのような性質を持ちかつ時と場所を共有する人物として「友」という訳を当てた。なお、本章脚注43にもあるように、nadīm も相伴者や友に当たる単語であるが、ここでは先行する単語 zamān および makān と脚韻を踏むため ikhwān が使用されていると考えられる。

て妥当な同伴者とともに、すなわち正しく立派な人々とともに楽しむならば容認されるということになる。このような宗教倫理に基づく行動規範は、ムンシドたちの技芸を贔屓にする聴き手としての名士階層の体面や作法の概念にも影響した。その結果として、宗教歌手という属性を第一に持った歌手が名誉ある人々の一種の同伴者として重んじられてきたのである。

音楽に対する社会の宗教倫理的な価値基準は、よりゆるい規範ではあるが19世紀末以降のカイロで基本的には世俗歌手とみなされている人物たちの評伝の中にも見られる。19世紀後半に活躍した歌手アブドゥフ・ハームーリー[23]以降、20世紀半ばを代表する歌手ウンム＝クルスームに至るまで、彼らは社会において慈善活動などを行うような立派な人物であることが求められてきた[Racy 2003, 33-7]。このように、歌手としての名声だけでなくその行いの正しさをも問われる発想の根本には、宗教的倫理観と強固な連続性を持つ社会通念の存在が背景にあり、こうした社会の要求に応えてきたのがムンシドたちであった。

第2節　ムンシドたちと社会における活躍の場

このように宗教的基準の中心性によって、ムンシドたちの活動の場や機会は限定されていたのではなくむしろ広範に及んでいた。本節では19世紀以降のアレッポのムンシドたちについて、今日まで伝わる伝承だけでなく、21世紀に入っても活躍してきた現役世代の経験までをも含めて概観し、彼らの社会における役割やその活躍の場に関して考察する。

声に関わる仕事に携わる人々

宗教歌謡の歌手というと一種の専門職のように見られるかもしれないが、アレッポではイスラーム法や宗教に関する専門家であるウラマーなどの他の宗教系の職業従事者と同様に、ムンシドたちはいくつかの職業を兼業していた。歌だけ

23 ‘Abduh al-Ḥāmūlī, 1840-1901：カイロにおいて、19世紀後半から末にかけて活躍した当時を代表する歌手。

で生計を立てているのではないという点において、彼らは専従者という意味でのプロないしは専門家と言える人々ではなく、むしろ19世紀イスタンブールの歌謡文化に関して類似した点を指摘しているベハールの言う「熟達者たち」[ベハール 1994, 152] である。

この熟達者たちの系譜は今日、伝承によって知られているが、彼らも「ムンシド」たることを専門の生業（なりわい）としていたわけではない。たとえば、アレッポにおけるムンシドの系譜において先駆者的役割を担っている人物は伝承によると18世紀にまでさかのぼり、18世紀末から19世紀前半にかけて活躍した通称バシャンク（Bashank, 1765–1855）である。彼は、日に五回の礼拝への呼びかけ（アザーン）を行うムアッズィン mu'adhdhin でかつスーフィーであると同時にムンシドとして活躍していた人物であった。彼とほぼ同時代人で詩人としても名高いアブー＝ワファー（Muḥammad Abū al-Wafā' al-Rifā'ī, 1761–1847）もスーフィーであり、ウマイヤ・モスク[24]のムアッズィンを務めるかたわらアクラード街区にあるハイルッラー・モスクのズィクルで活躍した。他にも複数のタキーヤ takiyya[25]の中心的人物であったとされている [Ḥimṣī 1925, 142]。彼は、20世紀初めの文化人ヒムスィー（Qusṭākī al-Ḥimṣī, 1858–1941）が『19世紀アレッポの文人たち』[Ḥimṣī 1925] の中で文人の一人としても紹介している人物である。このアブー＝ワファーのように、ムンシドの中には詩などをたしなみ、作品を後世に残す者もいた。もっともそうした例は多くはなく、彼らはもっぱら声に関係する職業に携わり、その才能を発揮していた。

ムアッズィンとしての役割

こうした宗教歌手が兼業する職業の代表例がムアッズィンである。前述のバシャンクは16歳で、まずジャッルーム街区のザーウィヤ[26]・ヒラーリーヤ[27]の

24 al-Jāmi' al-Umawī：正式名称 Jāmi' banī Umayya al-Kabīr と言い、英語では通称 Umayyad Mosque と呼ばれている。ウマイヤ朝期の8世紀に建立され、今日でもアレッポにおいて最も重要なモスクである。

25 スーフィーの修行場、ザーウィヤとほぼ同じ意味で用いる。ペルシア語起源のハーンカー khānqāh を使うこともあるが、三者の厳密な違いは明らかでない。

26 ザーウィヤとは、タキーヤやハーンカーと同様に、第一に修行の場所のことを示している。ゆえにザーウィヤ・ヒラーリーヤはヒラーリー一族ないしは一門の修行場という意味となる。

27 al-Zāwiya al-Hilāliyya：18世紀初頭にムハンマド・ヒラール・ラーム・ハムダーニー Muḥammad Hilāl Rām Ḥamdānī が設立。彼の死後、彼の弟子のひとりであるアブー＝バクル・ブン・アフマド・ヒラー

ライイス[28]に任命され、その頃にはウマイヤ・モスクのムアッズィンにもなっていた。伝承によると多くのムンシドがムアッズィンを務めていたことがわかり、この傾向は今日まで続いている。たとえば、20世紀半ばから後半にかけて歌手として活躍したハサン・バッサール（Ḥasan Baṣṣāl, 1926–2009）を兄とするカーミル・バッサール（Kāmil Baṣṣāl, 生年不明）は、1950年代におじの後を引き継いでバイヤーダ街区にあるモスクのムアッズィンを務め始めた[29]。本研究の主要なインフォーマントであるムハンマド・カドリー・ダラールの父親は、モスクで礼拝を指導するイマームの仕事を任されていた一方で、ファラーフィラ街区[30]のモスクやウマイヤ・モスクのムアッズィンを務めたこともある人物であった。ダラールはと言うと、先のカーミル・バッサールの例より10年ほど後（1960年代）に中等教育を受けていたが、そうした環境ゆえに、当時、父の命によりそれぞれのモスクでムアッズィンの代役を務めたことがある[31]。このようにムンシドとなりうる、すなわち音楽的素養のある青少年たちは、バシャンク同様にまず声の良さと音楽的資質を買われてムアッズィンの仕事を任せられることが多かった。これは、アザーンを行う際には旋律様式（旋法）を意識した節作りが欠かせないため、格式が高く高名なモスクほど音楽的な素養のあるムアッズィンを必要としていることによる。

こうした傾向のため、ムアッズィンとしての実践やクルアーン朗誦の基礎である読誦法 tajwīd（タジュウィード）がムンシドにとって一種の音楽的訓練になっていると主張する見解があるが［Racy 2003, 25-6］、バシャンク、カーミル・バッサール、そしてカドリー・ダラールの例に照らすとむしろ順序は逆である。ムアッズィンは現在は公務員となっているが、職務を遂行するための正式な音楽的訓練はほとんど受けることがない[32]。タジュウィードに関して言えば、クルアー

リーおよびその一族が後継となり、現在に至る［Zarcone 2000, 445-7］。19世紀にはワクフ waqf（財産寄進制度）の寄進先としても人気があったという、今日でも重要なスーフィー教団である［Roded 1990, 34］。

28 rayyis（口語アラビア語）：ズィクルのソロ部分を務め、音楽的側面を指導するムンシドの名称。古典語ではライース ra'īs であるが、一般に口語的にライイスと呼ばれている［Dalāl 2006a, 45］。

29 カーミル・バッサールへの個人的面談による、2006年6月、アレッポにて。

30 旧市街の中では最も社会的地位の高い街区の一つ。

31 ムハンマド・カドリー・ダラールへの個人的面談による、2006年6月、アレッポにて。

32 ダマスカスのウマイヤ・モスクのアザーンおよびムアッズィンに関する宮森の研究［宮森 2008, 128］でも、調査中、関係のない子供や一般人もアザーンを行っていたという記述がある。カイロのモスクで

ン朗誦学校で学ぶのが今日では一般的であるが [Pinto 2002, 74–5]、あくまで正しい発音や読誦法および朗誦法などに関して教授することが学校の主な目的であるため、特別な音楽的訓練を伴わない。そこで、ムクリウ muqri'（クルアーン朗誦者）としての人気を上げるために音楽の基礎稽古を別の機会に求めたというカイロにおける事例を、アメリカの研究者ネルソンは挙げている [Nelson 1985, 161]。また、エジプトのムクリウで後に歌手としても有名になったダルウィーシュ・ハリーリー（Darwīsh al-Ḥarīrī, 1881–1957）が、やはりクルアーン朗誦などの宗教教育を受けてからさらに音楽の基礎を師匠について学んだ事例なども指摘されている [Danielson 1997, 26]。このような傾向から窺（うかが）えるのは、朗誦やアザーンであっても、ある程度の音楽的技量が必要であることである。それはエジプトの例のように師匠につき稽古に励んで習得することもあるが、たとえ音楽教育と言えるものを授からなかったとしても、日々聞こえる歌、旋律、そして先達（せんだつ）たちのアザーンなどを聴くことによって音楽的原則を理解し、程度の差こそあれそれを使えるようになることには疑いはないだろう。

ムンシドたちの職業

さて、ムアッズィンがアザーンを行うモスクは、シリアでは1947年以降、基本的に国有化され政府の管理下にある。他方、ザーウィヤは、かつてはワクフ物件[33]であった点はモスクと同じであるが、現在では個人もしくはザーウィヤの指導者であるシャイフ一族の所有かつ運営になっている [Pinto 2002, 113, 116]。モスクがワクフ物件から国有化されてもムアッズィンが基本的に手当てのある職業であるのに対し [ibid., 75]、スーフィーのズィクルでソロ歌手を務めるなどの活動は、ボランティアの名誉職であり、この点は今も変わらない。

しかしながら先に述べたように、ムアッズィンはある程度の収入にはなるがそれだけで生計を立てていける職業ではなく、ムンシドたちは他にも生業を持っていることがほとんどである。たとえば、先に紹介した19世紀前半に活躍したアブー＝ワファーは元々高名な宗教的家系の出身であったため、一族のワクフ物件

も、ムアッズィン以外の近隣に住む人々がアザーンを行うことは極めてありふれた光景であることをS. マーカスが記している [S. Marcus 2007, 8]。

33 財産寄進制度であるワクフに基づいて運営されている資産を指す。

などから収入を得ていた可能性がある。また、19世紀後半に活躍したムンシドのムハンマド・ワッラーク（Muḥammad al-Warrāq, 1828-1890?/1910?）はマカーム門付近に店を構えていたと伝えられている。そして20世紀前半の伝承系作曲家として名を馳せたウマル・バトシュはもともとは石工で、のちに商売をし、晩年は小さな八百屋を構えていたと伝えられている［Qal'ajī & Dalāl c. 2003, 37］。彼の弟子のサブリー・ムダッラルは石鹸商や香水商を営んでいた。現役のムンシドとしてはハディード門近くの自宅をザーウィヤとして使用しているアフマド・ハッブーシュ（Aḥmad Ḥabbūsh, b. 1957）がいるが、彼は一族とともに衣料品店や菓子屋などを自宅のある街区だけでなくアレッポの商業地区にも所有している富裕な商人である[34]。彼らはこのような生活基盤を持ちながら、結婚披露宴で歌ったり、特別な機会に呼ばれて歌ったりして副収入を得ていたと推測できる。その技量は副業と言えぬほどの力量であろうとも、またその名声から補助的と言えぬほどの収入があるとしても、彼らには他に主たる生業があった。それは、ムンシドとしての仕事からは定期的な収入が期待できないという現実的な理由もあるだろう。

歌手としての活動の場

このようなムンシドたちの歌手としての活動の場は、大きく分けると二つある。定期的な活動とそれ以外の活動である。ほぼ毎週あるズィクルを定期的な活動と考え、預言者の生誕祭であるマウリド mawlid などを年間行事とみなすと、分類は週単位の定期的な活動、年単位の定期的な活動、およびそれ以外の活動の三つになる。

第一のズィクルは、ザーウィヤごとに週一回程度の頻度で行われる宗教的な儀礼であり、ズィクル dhikr という名称は神の名を「唱える dhakara」修行形態に由来する。歌の重要性は教団ごとに異なるが、ライイスと呼ばれるソロ歌手を中心にソロ歌唱と集団歌唱を組み合わせたファスル faṣl と呼ばれる組曲形式で行われ、定期的に開かれることから、ムンシドとして仕事をする歌手たちは練習の場として位置付けていることも多い。特に19世紀初めのバシャンク以降、著名なムンシドがライイスとして歌い継いできたザーウィヤ・ヒラーリーヤに関して

34　ザーウィヤのシャイフ一族の経済的な活動に関しては、ピントの研究にも言及されている［Pinto 2002, 143, 225］。

はそうした傾向が見られる。

第二は年単位の定期的な活動である。代表例のマウリドとは厳密には預言者の生誕祭を示す集まりであるが、そのアラビア語の基本的意味は「誕生の日ないしは場所」であるゆえに、エジプトなどでは聖者の生誕祭などもマウリドと呼ばれ盛大に祝われている［大塚 2000, 144–71］。アレッポでは聖者の生誕祭を大規模に行う習慣は1950年代以降廃れているが［Pinto 2002, 65］、ヒジュラ暦の第三月（ラビー・アウワル月）の預言者ムハンマドの生誕日や、類似する宗教的な行事、たとえば第九月（ラマダーン月）27日頃に当たる「カドルの夜」laylat al-qadr[35]には宗教歌謡が披露されることがある。

以上の例は、生誕祭としての「マウリド」やそれに類似する年間行事である。こうした行事で歌われるレパートリー、特にマウリドの際に、預言者の生涯やその徳行を称えるために歌われる一定の形式を持ったレパートリーは、他のレパートリーと併せて、次に見るような人々の集まりなどでも歌い継がれてきた。

第三の活動は、本章第1節冒頭の引用にあるような祝いの席や人々の集まりに彩りを添えるための活動である。特に、「夜寝ずに過ごすsahira」という動詞が語源で一般にサフラsahra[36]と呼ばれる夕方から夜にかけての集まりでは、宗教歌謡および世俗歌謡が宴席の催し物として披露される。前述のサブリー・ムダッラルが、1940年代後半にラジオ放送の仕事よりも実入りが良いとして専心することにしたのはこのようなサフラでの活動であった[37]。サフラなどの宴席における活動は宗教歌謡に携わるムンシドたちの主な収入源となっており、ある程度の名声のあるムンシドは応分の金銭的対価を受け取っている[38]。

ズィクルやマウリドがある程度決まった環境下でまた宗教的な意味合いの中で

35　クルアーンが初めてムハンマドに下った、すなわち啓示が下りた夜とみなされている。

36　宗教歌が中心となる場合はサフラ・ディーニーヤ sahra dīniyya（宗教的サフラ）と呼ばれることもある。エジプトでも、歌も歌うムクリウ（すなわちムンシド兼ムクリウ）によって宗教的なサフラが行われていることをネルソンは紹介している［Nelson 1985, 159］。また、デルタ地方に位置するある村では、語り物師を呼んで行う集まりをサフラと呼んでいる［Reynolds 1995, 41］。

37　2003年冬のシリア国営テレビ放送の番組で、ムダッラル本人がインタビューを受けた際に語っていたエピソードである。

38　サフラでは、呼ばれた演奏家や歌手たちは金銭による支払いは受けず、食事などを振る舞われることがその行為の対価であると言われることもあるが［Qal'ajī & Dalāl c. 2003, 37］、これは非常に小さな私的な集まり、ないしはセミプロ・レベルに関してであって、ある程度の規模（たとえば結婚披露宴）である程度の名声の歌手を呼べば、それ相応の費用は必要となり、歌手はその対価を金銭で受け取っている。規模の大きいものはハフラ ḥafla（宴、宴会、コンサート）と言いうる。

行われる行為であるのに対して、サフラは結婚や婚約の披露宴、また巡礼帰りのお祝い、さらには様々な祝い事などが含まれ、そこで披露される歌や音楽は宗教的な意味合いも持つが、実際には人々が集まる場所での娯楽という性質が強い。このような宴席では、先に紹介したようにクルアーン朗誦や預言者の語り物が祝宴を飾り、ムワッシャフなどが歌われ、宗教的か世俗的かという区分はかなり曖昧であることが多い。実際、フランスの研究者ポシェの体験した「世俗的なサフラ」は、会が佳境に達するとズィクルに変化したと記述されている［Poché 1978, 70］。この例は、先に指摘したように世俗歌謡と呼ばれているムワッシャフ自体にある程度の両義性があり、また世俗歌謡と宗教歌謡の音楽的な特徴が変わらないため、演奏する側には厳密な区別が必要ないことを端的に示している。すなわち、彼らにとってはどちらも区別する必要のないレパートリーであり、それが宗教的になるか世俗的になるかは、それこそ「時と場所と友」の性質によるのであろう。

第3節　名士の庇護と中庭式邸宅[39]におけるサフラ

これまで検討したように、ムンシドたちは宗教の中心性に裏打ちされた生活文化の中で、祝いの場から日常の娯楽の場まで様々な機会で活躍し、彼らの技芸はアレッポの庶民からエリート層に至るまでに享受されていた。しかし、こうした中でも本研究が対象とするのは、エリート層である町の名士たちの歌謡文化である。そこでは名士たちの前で歌うことを常とし、その技芸により名を成していた名歌手たちが称賛をほしいままにしていた。本節では、珈琲店などを中心とした庶民の娯楽の場とは異なる名士階層の中庭式邸宅およびそこで催されたサフラに着目し、庶民とは異なる教養や作法の保持という共通認識によって成立してい

39　中庭式邸宅ないしは中庭式住宅：中庭を中心に居住空間を配置した住宅様式で、アレッポやその他の中東諸都市に見られる形態のものを示す。本研究では、一般名詞としては中庭式住居を使用するが、庶民の住居よりも大きく立派な名士たちの住居に関しては中庭式邸宅という表現を用いている。古典アラビア語ではハウシュであるが、口語ではホシュなどと呼ばれる。詳しくは後述の説明および本章脚注44および45を参照。

た、名士たちと技芸に優れた歌手たちによる歌謡文化共同体の特徴を検討する。

庶民とは異なる社会文化集団としての名士階層

歴史家のA.マーカスによれば、18世紀のアレッポでは政治経済的な観点から住民は三つのカテゴリーに分類することができる、すなわち特権的なエリート層、中間層、および下層である［A. Marcus 1989, 65-7］。住民の多くは下層民であり、特に城壁外の北東部や城壁内西部に住み、様々な肉体労働などに従事していた。中間層は中・小規模な商いをする商人、職人、役人、徴税請負人、ウラマーの中でも下級の者などで、経済的には余裕のある者から質素な生活を送る者までが含まれ、また経済的な理由では下層に属するがその宗教的な学識などで中間層に属している者もいた。エリート層は、ウラマーの中でも位階や役職において上級の者や、町の名望家（アーヤーン[40]）、政府官吏、商人、軍人、預言者の子孫（アシュラーフ）などから構成され、政治的な支配層でもあった。同じく歴史家のメリウェザーによると、彼らエリートたちは18世紀初頭にはファラーフィラ街区などを中心に中庭式邸宅を構えていた［Meriwether 1999, 67］。

このように政治経済的に区別されうるアレッポ住民たちは、18世紀から19世紀、さらには20世紀初めの日常生活において、それぞれどのような場で歌や音楽を楽しんでいたのだろうか。中東において、人々の、特に男性の娯楽の場と言えば公共性の高い場所に位置する珈琲店が有名であり、古典アラビア語でマクハー maqhā と言い、アレッポの口語でカフウェ qahwe と呼ぶ[41]。過去のものとなりつつあるものの、現代の建築空間研究においても言及されるほどに良く知られ、中東における伝統的都市機能の一部とみなされている［新井（勇）2002, 193-4］。18世紀半ばのラッセルの時代でも、また19世紀から20世紀初めにかけても、珈琲店はコーヒーを提供するだけでなく、歌や影絵芝居などの声の芸能を楽しむことのできる娯楽の場でもあった［Russell 1794, (II)146-50; Gelvin 1998,

40 a‘yān：凡例に従えば日本語表記は「アアヤーン」であるが、歴史学では「アーヤーン」が一般的であることからここでもアーヤーンとした。

41 古典アラビア語では珈琲店はマクハーであるが、ダヴィッドはトルコ語・ペルシア語に由来するカフワハーナ qahwahâna という単語を挙げ［David 1991, 114］、アサディーはカフワ qahwa（「コーヒー」の意、アレッポの方言でカフウェ、もしくはアフウェ）という単語がコーヒーを飲む場所、すなわち珈琲店をも指すことを説明している［Asadī c. 1981-8, (VI) 271］。

255-6]。しかし、ラッセルの時代においてもさらには20世紀前半のガッズィーの時代でも、エリート層にとっての社交の場は雑多な人間のいる公共の場ではなく、もっぱら彼らの自宅であった。それは、次のような理由から判断できる。

前述のように、A. マーカスは政治経済的な観点から18世紀のアレッポ住民は三つのカテゴリーに区別できると説明しているが、その一方で、珈琲店に行く階層かそれとも中庭式邸宅で夕べを過ごす階層かという社会行動に照らして集団を分類する場合には、むしろ当時のアレッポ社会で一般的であった名士階層と庶民という二分法が重要性を増すことも指摘している [A. Marcus 1989, 64]。すなわち、エリート層と庶民のこのような行動様式の差異は、政治経済的な集団区分ではなく当時の社会文化的な集団区分に基づくものなのである。

名士階層とはアラビア語でハーッサ al-khāṣṣa（「特別な人々」の意）と言い、庶民や大衆を示すアーンマ al-‘āmma と対をなす集合名詞である。この区別は政治的には「支配層と被支配層」、また経済的には「持てる者と持たざる者」などと説明できるが [ルイス 2001, 258]、本研究ではむしろ、社会的な、さらには文化的な含意を重視している。なぜならば、第一には18世紀のラッセルの記述において、この二つの集団は娯楽のための場や過ごし方が明らかに異なるのである [Russell 1794, (II)147-9]。また、ガッズィーの記述においてもこの二つの異なる集団はハーッサとアーンマの二単語およびそれに類する単語で表現され、明確に区別されている [Ghazzī 1925, 477-8]。前述の政治経済的観点による階層の三分類で確認すると、庶民とは、誰もが立ち入ることのできる公共の場に位置している珈琲店に行く中間層もしくは中間層下位集団や下層の人々であり、彼らは狭い自宅にはない快適さを求めて珈琲店に赴いたであろうことを、フランスのアレッポ史家ダヴィッドも指摘している [David 1997, 121]。他方、豪華な屋敷を持つエリートたちは、庶民と交わることなく名士階層としての社会的な体面を守りうる場所、すなわち彼らが所有する広く快適な中庭式邸宅で相ふさわしい人々とともに夕べを過ごした。

名士階層と庶民という二分法の第二の重要性は、社会集団としての名士階層が社会空間を庶民と分かつだけでなく、文化的なアイデンティティによっても自らを庶民とは区別していた点にある。この点は、ムンシドたちと名士階層の関係をも浮き彫りにするゆえに重要であろう。なぜならば、名士たちの集まりで歌っていたムンシドたちは名士そのものではないが、名士たちと文化的なアイデンティティを共有していたからこそ、この文化共同体の一部をなす構成員として認められていたのである。

社会文化的観点から説明すると、名士階層は特に教育において庶民とは異なり、クルアーンを直接読み勉強し、古典アラビア語によって受け継がれてきた伝統を熟知し、「共通の良識やマナー」[ルイス 2001, 259] を共有していた人々である。このような良識やマナーは、アラビア語ではアダブ adab[42] という言葉で説明されてきた。しかし、一般的な文脈においてはアダブがないと言えば礼儀を知らない、無礼なという意味で、また辞書上の訳語には「作法やマナー」だけでなくさらに「文学」などの意味もあるため、指示対象が多様で基本概念が把握しづらい単語とも言える。そこで意味の及ぶ範囲を限定し、名士階層と彼らの文化的活動に絞れば、アダブには「良識ある紳士が身につけておくべきすべて」という中核概念があることがわかる。こうしたアダブ的な要素に関しては、今日、知識人が催すサフラにも受け継がれているとシャノンも紹介している [Shannon 2006, 140]。それは厳密な意味での作法やマナーだけでなく、文芸や宗教に関する知識も保持し、時代によっては他の諸知識などにも精通し、この集団の間で尊ばれる様々な要素をも包含する概念である。技芸あるムンシドたちの多くは政治経済的には必ずしも名士（ハーッサ）と言える階層に属していないが、彼らの宗教的な出自とそれによって与えられた教育によりこうした文化的属性を名士たちと共有し、その友 nadīm（ナディーム）[43] として認められていたのである。後世に系譜の残るアレッポの歌手たちはこのようにして名士階層の文化の一部となり、彼らの庇護を得て発展し、歴史的な連続性を維持してきたのであろう。

名士たちのホシュにおけるサフラ、およびその場に必要な作法

名士たちの邸宅は、夕べのひと時を過ごすための集まりや結婚披露宴などを行えるほどに広いハウシュ ḥawsh[44] と呼ばれる中庭を備えていた。ハウシュとは古

42 序章脚注 16、17、18 を参照。
43 ナディームには基本的に飲酒の席の相伴者、同伴者という意味がある [Asadī 1988, (VII) 275]。
44 アサディーの『アレッポ比較辞典』では、ハウシュとは辞書的には「塀によって囲まれた場所（イラクでの用法）」および「家の中庭（エジプトでの用法）」という意味があると説明されている [Asadī c. 1981-8, (III) 276]。続いて、英語で house とかドイツ語で Haus などという説明もなされるため「家」や

典アラビア語では一般に中庭式住居の覆いのない中庭部分、特にタイルや石の敷かれた部分を指し、口語ではホシュなどと呼ばれている。また、アレッポの旧市街では中庭のある住居自体をホシュと呼ぶこともある[45]。

1799年にこの地にイギリス領事として赴任したジョン・バーカーは、1822年の大地震で破壊される前のアレッポを「トルコ帝国で最も洗練された都市であった」[Barker 1973, 185] と記し、当時の中庭式邸宅ホシュの建築的特徴[46]を次のように描写している。

> すべての窓は中庭側を向いていて、(中略)、中庭は様々な色からなる美しいモザイク柄の大理石が敷かれていることもある。窓の石飾りはアラベスク模様に彫られすべてに装飾が施されており、高いアーチの付いたリーワーンと呼ばれる奥まった場所の対面には噴水が二つ、三つある。リーワーンとは暑い気候の折に心地よく過ごすため、中庭の床よりも高めに作られ、ディーワーン[47]やクッションがあつらえてある場所である。このリーワーンは常に北を向くように建てられていて、昼間には日陰を作るようになっている。噴水の周りには背の低い木やオレンジの木、そして花などが花壇を埋めていて、噴水の水が供給されている。屋外からの階段は階上の寝室へとつながっており、きれいに彫り飾られたりしていることもある。[ibid., 186-7]

「住まい」という意味もあることがわかるが、さらに付随する用例から基本的に「中庭式住居」を意味しているとも判断できる。彼の説明ではハウシュを「中庭式住居」という意味で使用した場合、中庭そのものは「ハウシュの中庭」ṣaḥn ḥawsh であり、家の仲買人は「ハウシュの仲介者」dallāl al-ḥawāsh (ḥawāsh は ḥawsh の口語複数形) となる。

45 現代の口語では「ホシュ」もしくは「ホーシュ」に近い。バーカーは英語で housh と綴っている [Barker 1973, 186]。20世紀前半にアレッポからアメリカへ移住したユダヤ人の記録では hohsh (英語) と記され、同様に中庭自体を指すが、中庭式住居を意味していると解釈できる例もある [Sutton 1979, 83]。また、アメリカ在住のアレッポ出身のユダヤ人二世が hawsh (英語) と綴り、中庭式住居を意味していることもある [Dweck & Cohen 2007, 5]。さらに、筆者は「このホシュ売ります (hādhā al-ḥawsh lil-bay')」という張り紙がとある中庭式住居の戸口に貼られていたのをファラーフィラ街区で目撃している。しかし、かつて中庭式住居が大半であった旧市街でも現在は中庭とは無縁の近代建築化している場合もあり、「中庭式住居」という意味でのこの単語は使用頻度が著しく下がり、今では高齢者や旧市街居住者以外にとっては死語となりつつある。

46 17世紀アレッポの室内装飾の一例がベルリン博物館に展示されている [桝屋 1993, 82-99]。豪華な壁の装飾などは、アレッポが商業的に繁栄していた時代を偲ばせる好例である。

47 dīwān にはいくつかの意味があるが、ここでは部屋の壁にそって床にあつらえられたソファー状のクッションなどを指す。

バーカーの描写からは名士層の邸宅にある中庭の快適さが想像される。特に夏の夕べにはホシュの中庭は結婚披露宴やその他の慶事の会場にもなるため、重要な社交の場であった（93頁に掲載の**図像参考資料1.1**を参照）。

名士たちのホシュでは、親しい人々が集まって時を過ごす夕べの集まりも行われていた。19世紀半ばにシリアを旅行したイギリス人の記述に英語でセフラ sehra と綴られているこの夕べの会は［Paton 2005, 147］、前節で紹介したように現在のアレッポでもサフラと呼ばれている［Dalāl 2006a, 178］。これに対して、ガッズィーはこのような夕べの会をサフラではなく古典アラビア語のマジュリス majlis と呼び換えて記録しているが［Ghazzī 1925, 497］、「座る」を意味する動詞 jalasa と同じ語根の名詞形であるマジュリスは、第一に「座る場所」ないしは「座って人が集まる場所」を意味するゆえに、基本的にはサフラと同様に人が集まり、談笑や歌などを楽しむ性質のものを示しているのであろう。

名士たちの集まりとしてのマジュリスはイスファハーニーによる10世紀の文献『歌謡の書』などにも登場する文化事象で、身分卑しからぬ男子が集まり、著名な詩人からの引用や自らの詩作などが尊ばれる一種の文芸サロンであった［Sawa 1989, 111-44］。この『歌謡の書』の例にもあるように、名士層の集まりでは古典詩などを中心とした古典文芸の知識は欠かすことができず、またそれに節をつけて歌うことのできる優れた歌手の存在は重要であった。

18世紀のラッセルの記述にはこうした古典文芸の知識の重要性が垣間見られる。このような集まりでは水タバコやコーヒーが供され、クナーフェ[48]などのお菓子が振る舞われる。集まる人々は日ごろから親しく付き合いがあり、出席者の数も少ないため打ち解けた雰囲気がある［Russell 1794, (II) 147-8］。知識のあるウラマー階層が歴史の話などをしたりする。より好まれるのは詩の朗誦で、それが会話の中で適切なときになされると非常に感心された［ibid., (II) 177-8］。

ラッセルの『アレッポ博物誌』にはこのような集まりに呼ばれた楽師たちの挿絵が掲載されており、当時の様子を偲ばせる（93頁に掲載の**図像参考資料1.**

---

48 アサディーによると、クナーファ kunāfa（口語でクナーフェ）とは本来、小麦や水などで練られたパン生地状のものを糸状にした食材を示すが、一般にはこの食材クナーフェをまぶすなどして焼かれたチーズの焼き菓子を示すことが多い［Asadī c. 1981-8, (VI) 404-6］。また、菓子クナーフェはパレスチナの都市ナーブルスの郷土菓子として名高いが［黒木 2007, 82-3］、その一方でアサディーはさらに9種類の菓子としてのクナーフェを簡単に紹介している［Asadī c. 1981-8, (VI) 405-6］。

2を参照)。挿絵に登場する楽師の一団は、タフト takht と呼ばれる背もたれのない長椅子状の台に座り演奏しているが、器楽奏者だけでなく歌い手も座って歌うこのような形態は、現在でもアレッポで見られる慣行である。また今日、歌手、ウード奏者、打楽器奏者などから成る少人数の編成で古典音楽を演奏するアンサンブルをタフトと呼ぶが、その起源は挿絵に見るような演奏者用の台にあると考えられている。

さて、こうしたアンサンブルの演奏の中心は歌であり、前述のように古典詩(カスィーダ)に節をつけて歌うことのできる歌手の例はガッズィーの記述に登場している。彼は同時代のムンシド、アフマド・アキール(Aḥmad ʻAqīl, 1813-1903)のマジュリスに出入りしており、アキールに関しては他の歌手たちよりも若干詳しい伝承を残している[Ghazzī 1925, 479]。それによるとアキールは歌の技芸に優れていただけでなく、古典詩の記憶量も多かった。彼が歌ったマジュリスには、当時のアレッポ知事ムハンマド・ルシュディー・パシャ[49]も同席していた。そこで彼が13世紀のスーフィー詩人イブン=ファーリド(Ibn al-Fāriḍ, 1181-1235)のカスィーダの一節[50]を歌うと、次のようなことが起こった。

ʻaṭfan ʻalā ramaqī wa mā abqayta lī
min jismiya (a) l-muḍnā wa qalbi (a) l-mudnafī[51]
どうか御慈悲 ʻaṭf を、私の命の残りと
あなたが私に残したやつれた体と弱り切った心に

彼(アキール)は、ʻaṭf という単語のアイン(の文字の発音)をカスラ(イの発音)にしてしまったため、パシャは彼に叫んで言った、「汝(なんじ)のアインの発音をファトハ(アの発音)にせよ iftaḥ ʻaynaka、おお、アフマドよ」。すると彼はパ

49 Muḥammad Rushdī Bāshā：ガッズィーの著作『アレッポ史に関する黄金の川』によると、1874年頃にアレッポに滞在していた人物である[Ghazzī 1999, (I)471]。
50 引用部分は『あなたが私を滅ぼすと、わが心は私に告げる(qalbī yuḥaddithunī bi-annaka mutlifī)』で始まるイブン=ファーリドによるカスィーダの第6行目。アラビア語の原詩はスカトリンによるイブン=ファーリドのアンソロジー[Scattolin 2004, 177-80]などに掲載されている。アーベリーによる英語訳[Ibn al-Fāriḍ 1956, 59-66]がある。
51 音読の際に省略される母音は括弧に入れた。また、連結ハムザの直前にある長母音は短母音化するため短母音として表記した。さらに、詩行(対句)末尾の母音は韻律に従い長母音として表記した。

図像参考資料１．１：アレッポのホシュの一例

旧市街のアカバ街区にあるダール・ハンマード Dār Ḥammād の中庭。簡素なイーワーンに面した噴水を囲み、イーワーン以外の壁の二面は居室、もう一面は隣家との境界となっている。地下および一階、二階がある。19 世紀末か 20 世紀に入ってからの建築と言われ、現在は IFPO（フランス近東研究所）の事務所として使用されている。

2006 年 6 月筆者撮影

図像参考資料１．２：ラッセルの『アレッポ博物誌』にある楽師たちの挿絵
[Russell 1794, (II) between p.152 & p.153]

シャの意図を直ちに理解し、この行を繰り返して ‘aṭf のアインの発音をアに直したのであった。[ibid.]

これは、ルシュディー・パシャとアキールの古典文芸に関する知識の確かさを垣間見せる例であるとともに、機転を利かせた両者の絶妙なやり取りを示す逸話である。

まず注目すべきは、アトフとすべきところをイトフとしたアキールの誤りを、パシャが即座に認識した点であろう。イトフ ‘iṭf とすると脇腹などの意味となり、前後の文脈を考えても意味が通らない[52]。アキールとしては面目を失うたぐいの失態かもしれない。しかし、次に紹介するように、単なる不注意による誤り以上に重要な意図の二重性がこの逸話にはあり、この伝承の核心部分となっている。

アラビア文字は基本的に子音のみを表す文字であるため、適宜、母音を付して発音する規則があり、「ア」の母音を付して発音することをファトハ fatḥa と言い、「イ」の母音で発音することをカスラ kasra と言う。それぞれに動詞としては、fataḥa および kasara を活用して状況に合わせる。この逸話においてアキールは、‘aṭf という単語の子音字アイン ‘ayn（ラテン文字転写では「‘」の記号で表示）に正しく「ア（ファトハ fatḥa）」の母音を付けず、「イ（カスラ kasra）」の母音を付して発音する kasara al-‘ayna（アインに「イ」の母音を当てて発音する）という誤りを犯した。そのためパシャは、「（汝が発音する）アイン ‘aynaka にアの母音（ファトハ）を当てよ iftaḥ」とたしなめたのである。

さらに検討すると、この発話には別の意味も込められていることがわかる。iftaḥ ‘aynaka（アインにアの母音を当てよ）は確かに上で述べた通りであるが、夜も更けて、眠気に誘われる時刻に聞けば、「目を開けよ iftaḥ ‘aynaka」とも解釈できる。なぜならば、アラビア語の子音字 ‘ayn は、同じ発音で名詞の「目 ‘ayn」とも解釈できるからである。ゆえにここではパシャの真意は何なのか、アインの文字に関して言及しているのか、それとも目を開けてしっかり歌えと命じているのか、状況に応じて意味を汲み取る能力が問われている。なるほど、‘aṭf を

52 イブン＝ファーリドの詩のテキストに関してスカトリンはいくつかの写本を参照して校訂を行っている。彼によるとアレッポに残る写本にあるこの単語の母音符号はアトフ ‘aṭf ではなくイトフ ‘iṭf と読めるように振られている［Scattolin 2004, 177］。

ʻiṭf と発音した点は叱責に値するかもしれない。しかし、パシャ臨席のマジュリスは夜が更けても続いたかもしれず、詩に詠まれたような疲労感に歌い手が襲われたとしても不思議ではない。そうした状況下で「目を開けよ」とも解釈できるパシャの発言をアキールが即座に理解し歌い直したという評伝が残っていることは、歌手としてだけでなく、特別な人々の友としての彼の教養の高さに対する評価の表れであろう。

このようなマジュリスには旅行者も立ち寄っている。1910年にアレッポを訪れたエジプト副王[53]の弟アリーは、当時アレッポ市長を輩出していたジャービリー家[54]所有の旧市街のホシュで歓待を受け、アレッポ随一と言われる男性歌手二人の歌を聴いている［ʻAlī Bāshā 2002, 123］。名士たちのホシュが名高い歌手たちのサフラの会場となっていたのである。いずれにせよ、技芸ある歌手たちは名士たちの贔屓となり、その歌を聴くために多くの富が費やされたことも伝えられている［Ghazzī 1925, 477］。

ホシュの空間が守る女性の名誉と女性歌謡文化

以上の例は男性の集まりにおける男性歌手に関する伝承であるが、男女隔離が原則であるムスリム社会では女性たちには女性専門の女性歌手がいた。結婚披露宴などに呼ばれた女性歌手は古典アラビア語でカイナ qayna、口語ではハウジャ khawja ないしはホジャと呼ばれ、ムスリマ（ムスリム女性）もいればユダヤ教徒もいた。ガッズィーが知る例では、キリスト教からイスラームに改宗したハーッジャ・アーイシャ al-Ḥājja ʻĀʼisha が20世紀初頭に亡くなるまで最も人気があったという。「ハレムの裕福な女性たちが彼女に夢中になり、彼女を宴の友とし、彼女の歌う旋律 anghām を聴くことに富の多くを惜しみなくつぎ込んだため、彼女は財を成し、生活ぶりは豪華になった」［Ghazzī 1925, 480］と伝えられている。

親族の男性以外が立ち入ることのない空間であるハレムを生活の場とする女性たちにとって、ホシュの内部は名誉を損ねることなく歌を楽しむことのできる貴重な空間であった。中庭を囲んだホシュは建築構造上、外界からは遮断されてい

---

53 当時の副王はアッバース・ヒルミー二世（在位1892–1914）。

54 ジャービリー al-Jābirī 家は少なくとも17世紀から続くウラマーの家系であり［Meriwether 1999, 52-3］、20世紀にも政治家を輩出している名家である。

る。先ほどのバーカーの説明にもある通り、中庭自体も一面がリーワーンに面し、他の三面は窓や壁に面して外部からは仕切られており外界からの視線にさらされる心配もない。こうした建築上の特徴は、ムスリム社会の宗教社会通念である女性の保護、すなわち他者の視線から女性を守り一族の名誉を守るという目的と合致しており、歴史学的研究からだけでなく［A. Marcus 1989, 294; 三浦 1994, 123］、建築空間をめぐる研究［ハキーム 1990, 33, 37; 陣内 2002, 116］でも注目されている。様々な宴席も男女別々に設けられ、中庭式邸宅を複数所有している富裕な家系は男女が別々の中庭で祝宴を楽しんだ［Meriwether 1999, 72］。そうでない場合でも女性は女性用の場所で、男性はそれ以外のところで宴を楽しむのが常識であった[55]［Russell 1794, (II)255-6］。このようにホシュの内部には社会通念に基づいた秩序が色濃く反映されていたゆえに、女性の名誉を守るという男女隔離の原則だけでなく、自らの体面を守り作法を尊重するという価値観も重視されていたのであろう。

第４節　実践者たちの自己認識：敬意と尊敬の念に値する技芸の徒

庶民と交わることがないという自負ないしは庶民とは異なるという認識は、聴き手としての名士階層と実践者としての技芸あるムンシドたちを結びつけた。本章の最後に、社会階層としては必ずしも名士階層には属していないムンシドたちが持つ、庶民や大衆とは異なる「誇りうる技芸と知識を持つ実践者としてのアイデンティティ」について考察する。そのためにファンヌやイルム ʻilm などの言葉が有する意味内容やニュアンスに注目してみたい。

55　男性と女性（もしくは家族連れ）の空間を分ける習慣は 20 世紀前半においても公共の場とみなせるナーディー（nādī：会員制倶楽部）で見受けられ［Watenpaugh 2006, 232］、また現代のナーディーにも存在し［Shannon 2006, 131］、さらには中間層家庭の中にも程度の差こそあれ観察されている［山本 2003c, 67］。民族音楽学者である栗倉の報告［栗倉 1996］によると、アレッポでは 1980 年代でも男性は中庭で、女性は中庭を見下ろせる二階のバルコニーでサフラを楽しみ、男女は空間を分かっていた。

アレッポにおける技芸の徒

イブン＝ファンヌ ibn al-fann は現代語的に直訳するならば「芸術の息子」であり、イブンが人を指すことから「芸術の人」さらには「芸術家」と翻訳することもありうるかもしれない複合語である。この場合、ファンヌ（芸術）という言葉のニュアンスは文脈によって多少変化はするものの、概ね肯定的で近代的である。しかしながら、ファンヌはもともとは一定の知識を要する技術、たとえば職人の技を指す言葉であり、近代的文脈での芸術という意味はかつてはなかった。以下で紹介するように、20世紀初めに歌や音楽にこの言葉が使用された場合にはむしろ否定的なニュアンスがある点を、アレッポ史家であるガッズィーは十分に意識していた。次の引用はこれまで参考にしてきた彼の論考の冒頭部分である。

> ファン＝ダイク[56]が著作『清浄なる鏡の書』の中で指摘しているように、アレッポ人には美声が多い。それゆえ、アレッポの街には大抵の場合、歌い手や声自慢たちが無数にいてまず不足することはない。ただし、歌手の中でも歌で報酬を得ている者は、技芸の徒 ibn al-fann という名でアレッポの人々の間では知られている。アレッポの人々は歌や美しい声に魅了されていて、美声の主たちは通りを行き来して歌うこともある。そのため、もしあなたが表通りに面した部屋にある晩たたずむことがあるならば、自らの歌と美しい声に気分を良くしている歌い手たちに耳を傾けることも折に触れてあるだろう。それは世間の鑑（かがみ）や教養ある人々の一人であることもあれば、烏合（うごう）の衆や品性の劣る者どもの一人であることもある。[Ghazzī 1925, 476]

ファン＝ダイクは19世紀半ばから末にかけて、ベイルートで医師・教育者などとして活躍し、アラビア語でも著作を残したアメリカ人である［ヒッティ 1972, 208］。彼の著作にも歌の都としてのアレッポが言及されているというガッズィーの指摘は、アレッポ人には歌の才のある者がいかに多いかを強調する自負の表れ

56 Cornelius Van Dyck, 1818–1895：本文にあるように19世紀後半にベイルートで活動したアメリカ人。新約聖書のアラビア語訳を行っている。『清浄なる鏡の書』［Fandayk 1853］はベイルートで出版されたアラビア語による彼の著作で地理書。その中でアレッポ人は「容姿麗しく美声で達筆であると評されることが多い」［ibid., 122］と説明されている。

と解釈できる。その一方で、ガッズィーと同時代のダマスカスの歴史家クルド＝アリー[57]の説明によると、当時、歌を歌って金銭を得ることは必ずしもまっとうな行為とはみなされていなかった［Kurd ʻAlī 1983, (IV) 99］。20世紀前半に活躍した政治家ファフリー・バールーディー（Fakhrī al-Bārūdī, 1887–1966）の回想録によると、1910年代にダマスカスでは歌のレビューが劇場で行われ、女性歌手たちの歌を聴くことができたが、彼女たちはキリスト教徒などでムスリムではなかった。すなわち、不特定多数の大衆の前で、あからさまに金銭目当てで歌うことは憚られたのである[58]［Bārūdī 1999, 104–7］。

当然ながら、アレッポにもこうした傾向は存在していただろう。しかし、ダマスカスを本拠地としたアラブ学術院の会誌で発表されたこの論考の冒頭で、歌の対価として金銭を受け取る者の存在やその中には品性のある者もない者いることについて言及するということは、この問題をめぐりダマスカスの常識とは若干異なる基準がアレッポには存在することを伝えるという強い意図が感じられる。なぜならば、この引用部分に続く記述でガッズィーは、19世紀後半に活躍した13名の技芸の徒を実名で紹介しているが、これらの歌手たちや例は少ないが器楽奏者たちに関する伝承から、歌や演奏に対する経済的対価は決して低くなかったことがわかるからである。他方、金銭的報酬を拒否していた例も歌手と器楽奏者の双方にあり、彼の説明ではいずれも後世に名を残すほどの名手たちであった。さらに重要な点は、彼の論考に登場する歌手や器楽奏者たちは、古典詩にも精通し技芸に優れ、名士たちのサフラで歌う者たちもいたと紹介され、社会的には下層に位置する庶民を相手に歌う品性のない輩とは異なるとみなされていた点である。引用の最後の部分にあるように、歌う人々の中には「世間の鑑」や「教養ある人々」がいる一方で、「烏合の衆」や「品性の劣る者ども」もいるとガッズィーは説明している。先に検討した当時の社会文化的背景から察しても、またガッズィー自身が体面や名誉を重んじる名士であったことからも、これは心理的に中立な叙述なのでなく、下層な庶民からは距離を置き、ある種の隔たりを感じてい

57　Muḥammad Kurd ʻAlī, 1876–1953：ダマスカスの歴史家。本章脚注10のアラブ学術院の初代会長（在職1919–53）を務めた。

58　ムスリム女性の歌手たちも町には存在していたものの、本章で紹介しているような個人宅でのサフラや祝いの席が活動の場であり、劇場のような公開の場で歌う場合には政府などの公的権威が関係している場合がほとんどであったとバールーディーは回想している［Bārūdī 1999, 104–7］。

ることを示した例なのである。

イルムとファンヌに込められた名誉のニュアンス：言葉に付帯する心理

次に、歌手たち自身も自らのアイデンティティを庶民のそれとは異なると自負していた例を見てみよう。ムハンマド・ワッラークは、ガッズィーだけでなく同時代のヒムスィーにも詩才を認められ、彼によって記録も残されているムンシドである。その音楽的技量から歌手としての名声が推測されるが、ガッズィーによれば自らの持つ「イルム（知識）」の名誉を守るために、庶民ないしは大衆の集まるところでは歌わなかったと伝えられている［Ghazzī 1925, 478］。言い換えれば、イルムを所有する知識人であるワッラークは、有象無象の輩とは異なるゆえに、優れた音楽の技芸 al-fann al-mūsīqī を保持していたにも関わらず、それを大衆の前で披露することはなかったのである。宗教領域で教育を受けたムンシドたちの中でも、大衆にその技芸を披露した者もいただろう。しかし、ワッラークの例では、知識を持つ自負が大衆の前で歌うか否かをも左右するほどに重要であったことが窺える。

では、保持していたゆえにワッラークを大衆から心理的に遠ざけていたイルムとは何であったのだろうか。ガッズィーの次世代に属する文化人ハイルッディーン・アサディー[59]が編纂（へんさん）した『アレッポ比較事典』[60]によると、まず、イルムとは知識であり、基本的にはアラビア語文法学 naḥw やイスラーム法学 fiqh やクルアーン解釈学 tafsīr などの主に宗教諸学およびそれらと関連のある伝統的知識を示す［Asadī c. 1981-8,（V）435,（VI）97］。また、その中には宗教とは直接関連しないものの、医術 ṭibb や建築や工学 handasa などが含まれるが、それらはファンヌ[61]（技術）でもあり、音楽や歌謡に関わる知識もファンヌである[62]。その一方

59 Khayr al-Dīn al-Asadī, 1900-1971：アレッポ旧市街ジャッルーム街区生まれの文化人。フランス委任統治下にフランス系学校などで教鞭を執った後、文芸活動にかかわった。

60 Mawsū‘at Ḥalab al-Muqārana［Asadī c. 1981-8］全７巻はアレッポの歴史文化風俗に関する百科事典で、彼の遺稿に基づきアレッポ大学アラブの科学的遺産研究所（ma‘had al-turāth al-‘ilmī al-‘arabī, 英語公式名称 Institute of History of Arabic Science）が出版した［Ḥallāq 1983, 249］。

61 アラビア語ではファンヌという単語と類似したスィナーア ṣinā‘a も音楽に対して用いられることがある。現代では工業とも翻訳されるスィナーアは、伝統的にはファンヌ同様に手工業分野と関連した単語で、やはり音楽に用いられるときには技芸に近いニュアンスがある。ちなみに、近代的文脈においてはどちらも芸術と翻訳されうる。

62 さらに付け加えると、彼の世代は音楽 mūsīqā や絵画 ṣūra や舞踊 raqṣ などは芸術 funūn jamīla と位置付

で、当然ながら、同じような知識であっても宗教諸学はファンヌとはみなされない［ibid., (VI) 97］。ここで重要なのは、イルムとはワッラークが大衆から守ろうとしたほどに、社会的に名誉ある領域に属することである。

とはいえ、宗教と音楽の関係から考えても、音楽の技芸は宗教諸学と同じ社会的位置に置かれているのではないことは明らかである。しかし、第1節で検討したように、音楽の位置付けはその内容だけでなく、それを実践する人とも連動する。ハマー出身の名士であるアール＝ジュンディーによる20世紀半ばの伝承集『文芸と芸術の著名人たち』では、旋法に関する知識はナガムの学 'ilm al-naghamāt と記述されている［Āl Jundī 1954, 285］。このことからも、「イルム」とはナガム学とでも言いうる口伝による音楽の知識で、口伝ではあるものの庶民のそれよりも文化的な位置付けが高いとみなされている知識の集成なのである。たとえば、誰もが口ずさめる短い節のカッドや即興歌唱の口語詩（マウワール）などは、名士も庶民も親しむレパートリーであり、庶民と名士階層の歌謡文化には当然ながら共通している部分も多い。その一方で、ナガム分類やより技巧的なムワッシャフなどの音楽に関する緻密な知識は、後続する第2章や第3章で紹介する、バシャンクやアフマド・アキールらに始まるムンシドの系譜の中で伝承され、庶民の歌謡文化とは一線を画しているかのように見える。

名士たちの友である歌手たちが保持する音楽の知識や技芸が大衆のものとは異なるという考え方は、技芸 fann という言葉にも同様のニュアンスを与える。ワッラークの次の世代に属し、ウマル・バトシュとともに20世紀前半のアレッポ古典歌謡界を支えた音楽家の一人に、ナーイ nāy[63] を得意とするアリー・ダルウィーシュがいる。1910年代にはオスマン帝国内で官制学校の音楽師範として活躍し、その後、1920年代からはカイロ、バグダード、チュニスなどでも公的教育機関で教鞭を執り続けた近代アラブ音楽史上稀に見る人物である。その彼があるとき、カイロでの雑誌の取材に応じ、なぜアレッポには良質な歌手や音楽家が多いのかとの質問を受けた。それに対して、音楽の技芸 al-fann al-mūsīqī には

けているとも記している［Kurd 'Alī 1983, (IV)90–130］。フヌーン・ジャミーラは英語 fine arts やフランス語 beaux arts からの翻訳語と推測されるが、英語や仏語の単語は美術を示し音楽や舞踊は含まない。いずれにせよ、ダマスカスやアレッポの知識人たちの間では1920年代にはこうした概念が知られていたと推測できる。

63　葦から作られる笛の一種、葦笛。図像参考資料1．2の中央の人物が吹いている楽器。

本来的に「名誉と尊敬の念 ikrām wa iḥtirām が備わっている」[M. Darwīsh 2001, 28] ためだと彼は答えている。彼の答えの意図は、アレッポにおいては歌や音楽の実践は不名誉ではないゆえに専心することができ、良い専門家が多く生まれるのだということなのであろう。もっとも、彼のこうした発言は、逆にそうした自負が必要なほどに、音楽を実践する者に対する社会通念は好意的でなかったとも受け取れよう。ここで、本章の第１節に戻ってみたい。宗教を社会的な基盤とした共同体では、第一に、技芸の高さよりも宗教およびその社会規範との関係が音楽の位置付けを左右し、それは歌う人の位置付けにも影響してきた。このような難しい環境がムンシドたちに社会における自らの立ち位置を模索させ、さらにこの過程の積み重ねが、単なる芸人ではなく名士たちの友でありかつ誇り高き技芸の徒としてのアイデンティティを形成し、彼らやその周辺に音楽的知識の蓄積を促し続けたという歌謡文化事情が存在していたとも言えるのではないか。

おわりに

本章では、アレッポの旧市街を中心に存続し続けた歌謡の伝統の社会文化的構造に関して、実践者としてのムンシドたちの社会文化的位置付けを議論の中心に据えて考察した。宗教を中心とした日常ならびに慶弔事の音文化は、ムンシドたちに活躍の場を与えるとともにその活動に対する社会宗教的な正当性を与えた。また、技芸に優れた歌手たちは、彼らを贔屓にする名士階層の庇護により、誇り高き技芸の徒としての矜持（きょうじ）を保ち続けることができた。こうした環境の下で、彼らは先人たちから伝えられてきた音楽的知識の守護者としての自負や集団としての凝集性を獲得し、後世にまで残る伝統の基盤を維持してきたのである。

実践者としてのムンシドたちとパトロンとしての名士階層は、アレッポの歌謡の伝統を支えてきた二本の柱であった。パトロンを持つことによって社会的に地位の高い伝統となったという意味においては、この伝統もカイロなどの他の都市や、さらには他の文化の諸伝統とも何ら変わることはない。しかし、アレッポにおいては宗教の中心性を自明とする社会だけでなく街の名士階層の庇護から成る社会文化的背景が、ムンシドたちの立ち位置を強化しかつ彼ら自身もその立場を主体的に高めていったのである。

このような誇り高き技芸の徒としての矜持や名士の同伴者としてのアイデンティティは旧市街の社会文化的な構造から生じていたが、その基層には心理的で情緒的な側面を重視するこの音文化の特徴が表れていることも指摘しておこう。本章では、それは言葉に託されたニュアンスから読み取ることができる。たとえば、アリー・ダルウィーシュが擁護した「技芸」は、彼らには単なる知識や技術でなく、まさに名誉と尊敬の念という通常の字義以上の含みがある。このような文脈では言葉には辞書にある定義以上の厚みと重みがあり、分析には慎重さが必要となる。次章ではこうした点にさらに注意を払って議論を進めていくこととする。

第２章　音楽の情緒的体験 ──タラブの文化内在的構造

はじめに

諸民族の文化には、それぞれの個性を特徴付ける固有のキーワードがある。日本文化において代表的なものは「わび」「さび」「いき」などであり、アラブ文化の場合、特に音楽分野では「タラブ ṭarab」という言葉がそれに当たる。10世紀の文献『歌謡の書』にも登場し、現在に至るまで使用され続けている息の長い文化的概念である。ごく簡単に説明するならば、タラブとは、人が接する音的現象、特に音楽が人に及ぼす心理的で情緒的な作用を意味する言葉であり、「聴く」という行為と強い関連性を持つ。しかし、心理的で情緒的な作用ゆえに聴き手の主観と密接にかかわりあい、客観性に乏しく、また関連する現象は多岐にわたり意味の把握が難しい。そこで本章では、タラブとその概念に関連する諸現象を整理検討することによって、アラブ音楽における聴くことと情緒との関係を考察し、聴いて感じることを重視するこの音文化の基本的特徴を捉えたい。そしてこの知見を基に、旋律様式（旋法）および関連する音的現象を表す言葉「ナガム nagham」についてもその基本概念の解明を試み、後続章へとつなげる予定である。

ある文化に独特な文化的概念やそれにまつわる現象は、いかにして説明可能だろうか。これは極めて難しい問題である。このタラブという概念およびタラブと関連する文化的現象をめぐっては、ラースィーやシャノンなどの研究者が民族誌的記述などによって既に様々な説明を試みている［Racy 2003; Shannon 2006 など］。そうした試みが最初に直面する困難は、このタラブという言葉の翻訳である。英語では enchantment や pleasure などと翻訳され、音楽などに心地よく魅了される状態を意味することもあるが、その一方で、ecstasy や trance などとも翻訳され、忘我状態を超えて憑依（ひょうい）的現象をも連想させ、常軌を逸した側面が強調されて誤解を生むこともある。このように単純な翻訳という手続きに頼る限り、意味の混乱は避けにくい。そこで本研究では、1930 年代に九鬼周造（1888-1941）が日本文化の「いき」の考察に用いた、「いき」の概念構造を明らかにするための手法を参考にしたい。

タラブと同様に「いき」という言葉も翻訳が難しい。欧州留学経験があり、ドイツやフランスの文化に詳しい九鬼は、当初、独仏の文化的キーワードとの比較によって分析を試みた。しかし、いずれの言葉もそれぞれの文化に根差す固有の意味を持つため、類似性を指摘することはできても正確な説明は難しく意味内容にずれが生じる。そこで、翻訳語を用いた考察の限界を九鬼は認識し、むしろ日本文化に根差した意味内容それ自体に焦点を当て、「いき」とみなされる多種多様な現象とそれら相互間の関係を構造化するという方法を試みた［九鬼・藤田 2003］。すなわち、第一に「いき」に関する様々な言説から意味内容の内包概念を識別して、第二にそれに付随する多くの現象を外延ないしは外延的現象として分類し、多義的な意味や多様な現象を整理することにより、「いき」の文化的な特徴を構造的に捉えたのである[1]［ibid., 38］。

序章の脚注 59 で簡単に触れたが、九鬼に関して詳しい研究者の言葉を借りてここで再度確認すると、内包と外延とは、「「外延」がある概念の広がり、つまりそれに属する個体の集まりを意味するのに対し、「内包」はある概念に属するすべてに共通の性質ないしは属性を意味している」［ibid., 55］。指し示す現象が多様で意味の把握の難しいタラブ概念に関しても、内包と外延を意識的に選別・整理し、構造的に捉えてみると、「音楽が人に与える心理的な影響や影響された状態」がタラブの内包概念であり、様々な言葉による説明や逸話による具体例などは内包概念を共通して持つ外延現象であることが徐々に明らかになってくる。

---

1 ここでは参照しないが、より構造的に説明するために、九鬼は「いき」の概念構造を六面体による三次元構造に模して説明している［九鬼・藤田 2003, 78］。

このようにタラブ的現象が構造的に捉えられることにより、心理的で情緒的な影響を重視するこの音文化の性質に関する理解も深まる。そして、このタラブに関する基礎的理解を前提にすることによって、もう一つのキーワードであるナガムについての文化内在的な考察も可能となるだろう。現在、アラブ音楽では「マカーム」がキーワードとして良く知られているが、序章で指摘したように[2]、この単語は20世紀の後半に普及したと推測される、比較的新しい専門用語である。ゆえにむしろ、マカームが一般化する以前に広く使われていたナガムという用語に注目すべきであり、この用語が育まれてきたタラブ的な音文化に関する理解が重要なのである。しかし、今日、旋法を示す用語としてナガムが使用される頻度が低下してしまったためか、あるいはマカームが音楽用語として優位性を持っているためかは不明であるが、音楽用語としてのナガムはこれまでほとんど注目されてこなかった。本研究は、「タラブ」だけでなく「ナガム」にも着目し、古典アラブ音楽で用いられる多様なナガムの名称や関連する文化的現象に関して、これまでの旋法に関する音楽学的説明とは異なる、文化内在的視点による理解も試みたい。

このタラブとナガムに関する考察のために、本章では歴史的かつ記録的な資料と、近い過去あるいは今日的な体験に基づく資料の、大別すると二種類の資料を使用する。具体的には前者は古典文献から20世紀の文化人による文献までを含むこの文化の内側からの記述であり、後者は今日の研究者による民族誌的記録や分析などである。これら二種類の資料は時間的な隔たりがあるものの、自覚的かそうでないかに関わらず、音楽や音的現象の人への情緒的影響を記している点では類似性を共有している。ここでは隔たりよりも共有する要素に注目したい。そこで本章ではまず前者の文献資料を用いて、古典を熟知し、アレッポの故事にも詳しく、恐らくはサフラにも通った経験もあろう名士階層出身の文化人のタラブに対するイメージを資料から繙(ひもと)き、具体的に確認することから始める。

---

2 序章37-40頁および脚注29、30を参照。

第1節　古典歌謡文化におけるタラブ

既に述べたように、タラブという言葉は古くから使用されているものの、近代アレッポの音楽家列伝でもしばしば用いられ、また現役の歌手や演奏家も使用する今日も生きている言葉である。第1節では、20世紀前半に活躍したアレッポのジャーナリスト兼文筆家や、彼よりも若干早い時期に活躍した著名な伝承系作曲家のムワッシャフ、さらには歌謡に関する古典文献にある逸話なども参照しながら古典歌謡文化におけるタラブの諸相を概観し、タラブ概念の外延現象について考察する。

音や声の文化としてのタラブ

アブドゥッラーフ・ユールキー・ハッラーク（'Abd Allāh Yūrkī Ḥallāq, 1911–1996）はアレッポ生まれのギリシア正教徒で、文芸誌『ダード誌 *Majallat al-Ḍād*』[3]を1931年に創刊し、主筆を務めた文化人である。詩などの文学だけでなく文芸に関わる教養一般を扱い、アレッポ文化に関する論考なども時に掲載している同誌は、創刊以来21世紀に入っても発行されてきた。1950年代の編集後記とでも言うべき欄には、当時のサフラの様子を伝える短信が掲載されている。たとえば、アレッポ出身で当時はカイロで活躍していたヴァイオリン奏者のサーミー・シャウワー[4]を迎えてのサフラや、地元アレッポで活躍するムンシドでかつ伝承系作曲家のバクリー・クルディー[5]を招いてのサフラなどである［*Majallat al-Ḍād* 1951, (21)215–6］。これらの記事は、同誌の、と言うよりも主筆であるハッ

3　ダードとはアラビア文字「ダード（ḍād, ض）」の字母の名前およびその発音のことである。アサディーによると他のセム系言語にはダードの発音は存在せず、この点においてアラビア語は独特にして唯一であるとみなされている［Asadī c. 1981–8, (V)199］。このように、他にはなく極めてアラビア語らしいダードの音という認識から、アラビア語のことをダードの言語 lughat al-ḍād と表現することもある。ハッラークの雑誌名はこうした知見に由来している。

4　Sāmī al-Shawwā, 1889–1965：アレッポ出身でカイロで活躍したヴァイオリン奏者。ギリシア正教徒。彼の父親アントゥーン・シャウワー（Anṭūn al-Shawwā, d. 1914）がヴァイオリン奏者としてカイロへ赴き、後に息子サーミーも同行した。サーミーは1920年代に、当時既に人気を博していたウンム＝クルスームのアンサンブルでヴァイオリン奏者を務めるなどし、また自らのタクスィーム（器楽の即興演奏）のレコード録音も行っているほどに著名であった。

5　アレッポの南西100キロほどに位置するジスル・シュグール出身で、アレッポで活躍したムンシド兼伝承系作曲家。序章脚注30にあるように、筆者のインフォーマントであるダラールの師匠でもある。

ラーク自身の古典歌謡文化への関心の高さが窺え、興味深い。自らも詩作を行ったハッラークは古典詩を愛好し、アレッポの古典歌謡文化にも深くかかわった文化人の一人であった。

ハッラークは同誌においてアレッポの歴史文化に関して様々な側面から書いており、その主要なものが『ハラビーヤート *Ḥalabiyyāt*』というタイトルの下に一冊にまとめられ1983年に刊行されている。同書は、アレッポの歴史を回想しながら文化風物を紹介する地誌的な文献で、266頁から成る本編の33頁分［Ḥallāq 1983, 160-92］を音楽関連の章に充てている。その中には1930年代に同誌に掲載されたアレッポの歌謡文化に関する論考もあり、詩と音楽と歌謡に関して興味深い洞察を残している。そこで彼は、タラブや音楽に関して次のように述べている。

> 音楽 al-mūsīqā とタラブ al-ṭarab の二つの分野を誇っているアレッポと言えば、この二つにおいて優れた人物が多くいると述べるだけで十分でしょう。［ibid., 161］

アラビア語であるムースィーカー al-mūsīqā とは元々は中世にギリシア語から導入され、理論に関して使用されていた言葉で、他方、実際の歌や音楽の実践はギナー al-ghināʼ と呼ばれた［Shiloah 1995, 59］。後者のギナーは本来、歌うことに関する動詞の名詞形であり、歌を中心とした音楽形態が反映されている。そうした中、前者のムースィーカーが、理論から現実の世界へと出て音楽を示すようになるのはさらに時代が下ってからで、20世紀後半にはアラブ音楽 al-mūsīqā al-ʻarabiyya という表現が歌も器楽も包含した単語として使用されることもあるほどになっている[6]。しかし、ハッラークがこの文章を書いた20世紀前半やさらには今日でも、ギナーの音楽用語としての地位も必ずしも低下しておらず、「音楽と歌謡 al-mūsīqā wa al-ghināʼ」という言い回しが器楽も声楽も合わせ

---

6 アラブ音楽と言えば、一般にはアラブ人の音楽の総称であるが、20世紀半ばに活躍したエジプトの歌手や作曲家たちはアラブ音楽を代表する存在と見なされ、特にこの分野を「アラブ音楽 al-mūsīqā al-ʻarabiyya」と呼ぶ傾向がある［El-Shawan 1980］。サッハーブの研究書である『アラブ音楽における七人の偉人たち』［Saḥḥāb 2001］は、この分野の中でも特に著名な七人の歌手や作曲家に関するもので、同書は音楽関係者の間では良く知られており、1987年初版の後に2001年に増補版も出版されている。

た音楽を指し示す傾向も続いていた[7]。ハッラークの引用文に戻ると、「音楽と歌謡」という言い回しが引用文では「音楽とタラブ」とされ、ギナー（歌謡）の部分がタラブに換わっている。ハッラークはこの部分で歌や音楽に関して語り続け[Ḥallāq 1983, 161]、音楽家はムースィーカール **mūsīqār** とか、演奏家アーズィフ **'āzif**（「演奏する人」の意）と呼ばれる一方で、歌手はムトリブ **muṭrib**、すなわち直訳では「タラブを引き起こす人」と言われることを考慮すると、この文脈においてタラブとは音楽の中でも声楽を中心とした分野を示していると解することができるだろう。つまり、この一文はアレッポが、音楽家あるいは器楽奏者や歌手たちの技芸、すなわち「音楽と歌謡」や「器楽と声楽」などを誇る都市であるという意見表明と解釈できるのである。また、タラブと音楽とが並置され対句であると考えるならば、器楽と声楽をサブ・カテゴリーとして持つ「音の芸術」一般に関して述べていると捉えることも可能である。しかしハッラークによると、アレッポにおけるタラブは器楽を中心とした音楽だけでなく、他の分野とも密接に関係している。それは文学あるいは文芸である。

ハッラークは20世紀前半に南北アメリカ大陸を旅し、かの地の移民アレッポ人共同体を訪問した経験を持つ。ニューヨークに移住したアレッポ人たちのことを回想するくだりでは、先に紹介した音楽とタラブだけでなく、文学についても語っている。その記述にはレバノン出身のマフジャル詩人[8]であるイーリヤー・アブー＝マーディー（Īliyā Abū Māḍī, 1889–1957）が登場し、彼の体験を通してアレッポ人たちの音楽好きを次のように描写している。

> そして、彼（アブー＝マーディー）は、音楽 al-mūsīqā やタラブ al-ṭarab や文学 al-adab に対する彼ら（アレッポ人）の強い愛着を身近に感じた。[ibid., 160]

7　1932年のアラブ音楽会議は歌も器楽もさらには歴史的音楽文献も扱った音楽 al-mūsīqā に関する会議であった。その一方で、1940年頃に出版されているリズクによる音楽雑誌はタイトルを『東洋音楽（ムースィーカー）とアラブ歌謡（ギナー）』[Rizq c. 1940]と銘打っており、その後も二つを併記する傾向は続いている。たとえば、2008年にアレッポで歌手サバーフ・ファフリーの名を冠した音楽学校が開校したが、その名称は「歌と音楽のためのサバーフ・ファフリー学院 ma'had Ṣabāḥ Fakhrī lil-ghinā' wa al-mūsīqā」であった。

8　レバノンもしくはレバノン・シリア地域出身で、19世紀末から20世紀初めにかけ新大陸に移民し、移民先で詩作を行っていた詩人たちを示す。レバノン出身の詩人ジュブラーン・ハリール・ジュブラーン（Jubrān Khalīl Jubrān, 1883–1931）に代表される。

日本語では音楽が器楽だけでなく声楽も含んだ概念であることを前提とすると[9]、「アブー＝マーディーは音楽や文学に対するアレッポ人の強い愛着を身近に感じた」と翻訳することも必ずしも誤りではないだろう。しかし、ハッラークのタラブに関する次のような表現を尊重すると、あまり好ましい翻訳とは言えない。なぜならば、次の一文では、タラブが人の声に置き換えられながらもムースィーカー（音楽）に包摂されることなく、人の声と密接に関わる音的現象としてイメージされているからである。

> 彼ら（アレッポ人）はたいへん古くから、音楽 al-mūsīqā に対する思い入れと、美しい声 al-ṣawt al-jamīl に対する情熱と、アラブ文学 al-adab al-ʻarabī に対する心酔で名高い。[ibid., 160]

前の例では「音楽（ムースィーカー）」「タラブ」「文学（アダブ）」が一つのまとまりとして扱われていたが、この例では構成要素が「音楽」「美しい声」「アラブ文学」に換わっている。これらの二つの引用文においては、「音楽」と「文学」が対応し、「タラブ」と「美しい声」が同様の関係にあるのは明らかである。よってこの言い換えからは、ハッラークにとってまずタラブとは、声に関わる分野であると判断できるだろう。しかしさらに重要なのは、この三つ、すなわち「音楽」と「タラブ」と「文学」にはそれぞれに固有の意味はあるものの、これら三つの間にハッラークは分かちがたい関連性を覚えるゆえに併記していることである。

そこで、「音楽」と「タラブ」をあえて個別に訳出するならば、先に述べたように「器楽」と「声楽」になるだろう。共通する点は声や音、すなわち音声に関わる芸術であることである。では、文学を意味する「アダブ」はこの二つとどのようにかかわるのだろうか。今日、「文学」と言えば日本人が最初に連想するのは小説などであり、黙読されることが前提になっている。しかし、アラブ世界では現在でも朗唱される詩が好まれるように、ここで「アダブ」が意味するのは黙読を中心とした近代文学ではなく、むしろ声を媒介として成立し、韻律によるリ

9 あくまで今日の日本を前提としている。日本における「音楽」の歴史的な意味の変遷は吉川［吉川 1975］などを参照。

ズムや言葉の響きを重視する詩を指しているのである。ハッラークの脳裏にあるのはそのような「アダブ」であり、それは彼よりも一世代前のヒムスィーによるアレッポの文化人に関する列伝［Ḥimṣī 1925］で評伝に書かれた人物たちが、現代の基準からすると基本的に詩人として名高かった人々であることからもわかる。

そこでこの三つの概念の関係を整理すると次のように解釈できる。まずそれぞれを器楽、声楽、文芸という個別の芸術ジャンルとみなし、声や音の芸術という共通概念で並置・統括されていると考えると、**図2．1**のように捉えることができる。その一方で、タラブを中心に考察した場合、タラブは他の二つの芸術の中核概念となりながら両者の間を媒介し、意味的には隣接する領域で重複しながら、ムースィーカーは音楽的性質へ、他方、アダブは言語的性質へと意味領域を拡張しているのである（**図2．2**参照）。

図2．1：「声や音の芸術」という共通項を中心に考察した場合の意味構造

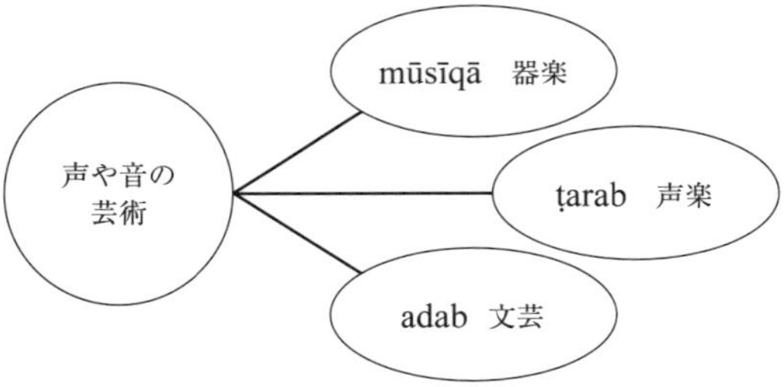

図2．2：タラブを中心に考察した場合の意味構造

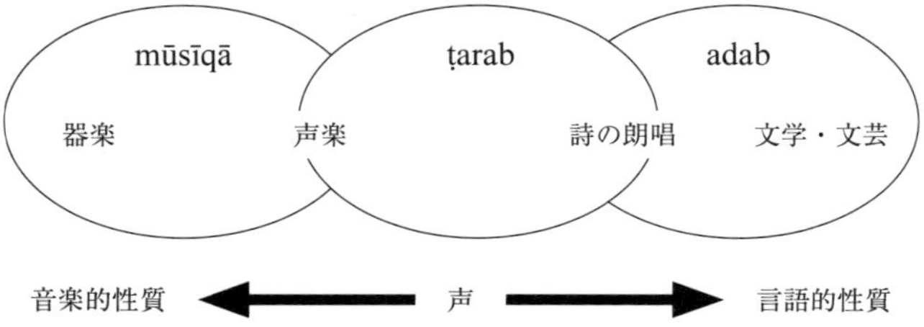

いずれにせよ、図2．2のようにタラブを中心に捉えたとしても、この三者の関係を成立させている要素は音や声であり、聴覚的な感性が重視されている。アレッポの人々が愛してやまないこの三分野は、ハッラークにとっては相互の関連性が無視できないゆえに併記されるべき分野なのであり、その中核に当たるタラブとは、ムースィーカーだけでなくアダブとも関連性を持つ概念領域の広い言葉なのである。さらに付け加えると、特にタラブとアダブは脚韻を踏んでいて、音に対する感受性の鋭い耳には音的要素の類似性も心地よく、両者の意味内容の近接性を創出している。

また、このように言葉同士の意味の近接性を考慮すると、ハッラークが「サウト ṣawt」とタラブを置換可能な用語として先の引用で使っている点に関しては次のような解釈も可能かもしれない。現代においてサウトというと、基本的な意味は「声」および「音」である。しかし、イスファハーニーによる『歌謡の書』の歌謡文化の世界においては、サウトとは節を伴った詩、すなわち朗唱される詩の一ジャンルも示す言葉であり［Farmer 1994, 51］、今日以上に歌としての性質を帯びていた。ゆえに、詩の朗唱など声の芸術を尊ぶ向きには、サウトという言葉からイメージされるのは単なる物理的な「声」というよりも、詩を朗唱するかのごとく朗々とした調子で響く声であり、そのイメージ領域は器楽による音楽にもまた朗唱される詩などによる文芸にも限りなく接近している。このように、ハッラークらが親しんできた音楽の伝統では、そしてこの音文化においては、「アダブ」や「サウト」などの言葉は単に単語として意味を伝達するだけでなく、音や響きのイメージを伴って話者の意識の中に存在しているのである。

聴くことにより心理的に影響される状態としてのタラブ

以上のように、タラブという現象はまず音や声と密接な関係がある。そうした性質が音や声そのものとそれらを聴く人との関係の中で捉えられると、それは「音楽や歌を聴くことによって何らかの影響を心理的に受ける」現象であるという解釈へとつながってゆく。しかしながら、辞書では、「（喜びもしくは悲しみで）心が動かされること。」［Wehr 1980, 555］などと定義され、その影響はよく指摘されるように、喜びの感情を生起させる場合もあれば、正反対の悲しみの感情をもたらすこともあるという複雑な様相を呈している［Beeston 1970, 101; 水野 2004,

181など]。次の引用は、タラブという現象が多様な感情を湧き起こさせる様を歌っている端的な例である。

歌って我々を魅了する歌い手は、
　　熱い思いと憂いとを掻き立てる
彼の旋律は心を奪い去る、
　　（彼は）どれほどの人を恋狂いにして捕らえ、魅惑したのだろうか
ああ、酌人よ、汝らの酒はいずこに、
　　恋人たちの災いこそが、我らの約束
たとえ運命の変転が汝ら（酌人）から我らを覆い隠しても
　　同胞の飲み物が我らを生き返らせるだろう

hayyaja (a)l-ashwāq(a) wa (a)sh-shajanā	munshidun ghannā fa-aṭrabanā
taslubu (a)l-albāb(a) naghmatuhū	kam sabā ṣabban wa kam fatanā
yā suqāta (a)r-rāḥi ayna khamratukum	ḥaylaqu (a)l-aḥbābi mawʻidunā
in ṭawatnā ʻankumū ghiyarū	fa-sharābu (a)l-qawmi yunʻishunā[10]

[Qalʻajī & Dalāl c. 2003, 162–3]

これは、20世紀前半のアレッポを代表する伝承系作曲家ウマル・バトシュによるムワッシャフの歌詞である。伝承歌であるムワッシャフは、20世紀以前の作の場合、基本的に作詞者も作曲者もほとんど伝えられていない。この歌に関しても作詞者は伝えられていないが、旧知の歌の歌詞に新しく節を付けたか、あるいはバトシュ自身による作とみなすのが妥当であろう。

まず、一行目[11]では、歌い手の歌ないしは歌声によって聴き手の感情が掻き立てられることを歌っているが、それは熱い思い ashwāq と物思いに誘われた憂い

10　歌詞のラテン文字への転写表記に関しては、この歌を実際に歌うときの音声に基づき、省かれる母音は括弧に入れた。省いた母音は、定冠詞 al で始まる名詞が他の単語に先行されるときに省略される母音 “a”、および名詞の対格の語尾を示す母音 “a” で、後者はさらに上付きとした。韻律規則から短母音が長母音化している部分がある。

11　ラテン字転写部分は一行が前半と後半の対句形式になっており、翻訳の一行目は転写表記の一行目前半、二行目は転写表記の一行目後半に呼応する。

shajanのどちらでもありうることがわかる。歌い手の歌は聴き手にそうした感情をもたらし、聴き手は圧倒されたり陶然とした状態になったりする。こうした状態を名詞タラブと同語根の動詞の第Ⅳ型（他動詞）aṭrabaが表現している。二行目は歌い手の歌う旋律が聴き手の心を奪い、恋の虜（とりこ）にしたり魅惑したりすることを歌っているが、基本的な意味は一行目と同じである。旋律naghmaは聴き手の心理に影響しているという点で、タラブ的効果があるのだろう。アレッポの古典歌謡を熟知しているバトシュは、歌手の声や歌われる旋律による影響を、ムワッシャフで頻繁に使用される単語を用いて的確に歌に織り込んでいるのである。なお、次の三行目では酌人を登場させ、本来あるはずの酒の不在を問いかけている。前行からの流れを尊重するならば、心理的な影響を与えるという意味においては酒は歌手の歌に等しく、その不在は災いに等しい。しかし、四行目では、酒をもたらす酌人たちと会えない状況、すなわち酒がない災いにも似た状況であっても、ともにいる人々の注ぐ飲み物が我々を生き返らせるとある。焦がれる対象から遠く離れていても、ある種の癒やしがもたらされる体験は、神を希求するスーフィー的文脈にも通じるものがあるだろう。

主体的に感じ取られるタラブ：音楽家の例

聴くという行為によって体験する心理的な状態や効果は、そうした状態を引き起こした音楽や旋律と関連付けられた記憶となる。特に音楽を専門とする者には、幼少時からの経験や訓練によって、音とそれがもたらす心理的な効果や感情との間に生じる密接な関係が記憶として残り、単なるディレッタント以上に蓄積されている。その結果、音から心理という方向だけでなく、逆も起こりうるのである。すなわち、特定の心理状態や感情は、そこから思い出され連想される音楽的記憶への鍵であり一種の霊感の源となる。

次の引用は、イスラーム建築史家のベーレンス＝アブーセイフが指摘している『歌謡の書』の一節で、心理に影響するタラブではなく、情緒的記憶としてのタラブが創作につながっている例である（引用はアラビア語版の当該個所から筆者が翻訳した）。話の舞台は8世紀後半のアッバース朝で、カリフのハールーン・ラシード（Hārūn al-Rashīd, 763/66–809）に仕えた音楽家イブラーヒーム・マウスィリー（Ibrāhīm al-Mawṣilī, 742–804）の言葉を、イブラーヒームの息子であるイスハーク（Isḥāq al-Mawṣilī, 767-850）の息子すなわち孫が話しているという設定になっている。

> 父が私に語ってくれました。「旋律を紡ぐのを望んだとき、そなたはいかにして作るのか」と、（ハールーン・）ラシード様が祖父にお尋ねになったと聞いたことがあると。そこで祖父は申し上げました、「おお、信徒たちの長よ、（そのようなとき）私は憂いごとを考えから取り去り、両目の間に（脳裏に）タラブを思い描きます。すると旋律の道が私の前に開かれて、リズムの案内でそれをたどり、目的を果たして戻るのです」と。[Iṣbahānī 1992, (V) 230]

イブラーヒームの言葉に使われているタラブをベーレンス＝アブーセイフは「音楽的な喜び（ないしは心地よさや快楽）musical pleasure」[Behrens-Abouseif 1998, 80] と翻訳している。しかし、ここでタラブの意味するものはあくまでも心地よい「旋律を紡ぎだすためのきっかけとなる感情、ないしは情緒の記憶、あるいはイメージ」であり、この感情が悲しみであっても喜びであっても、連想される音楽や旋律と強く関連しているゆえに創作の端緒を開く。このように、実際の音を聴くことによって心理的影響を受けることだけでなく、その記憶が基になり記憶の片隅にある音を呼び覚ますような感情（タラブ）を思い浮かべることも旋律をもたらすのである。

この点に関しては、現代の演奏家であっても事情はほとんど変わらないのかもしれない。アラブ古典音楽は旋律様式の豊富さが主な特徴の一つであるが、それは理論的に理解されているというよりも感性の領域で把握されているようである。たとえば即興演奏を行う器楽奏者は、即興のための旋法を決めるとその旋法の音楽学的な特徴だけでなく情緒的な特徴をも同時に想起する。カドリー・ダラールはそうした情緒的に感じられる特徴をタアム ṭa'm すなわち「味わい」と表現することがあるが、しばし特定の旋法に思いを馳（は）せているときの彼の様子は、『歌謡の書』のイブラーヒームがタラブを思い描く様と同一ではなくとも、類似した光景のように思われるのである。

第２節　タラブの意味構造：情緒を重視する文化的概念

第２節では、まず、タラブ概念の意味構造をより明確にし、次に現代の事例に照らしてタラブが音楽を聴く人々にどのように表れたり感じられたりするのかを考察する。

「タラブ」の構造：内包と外延

前節での考察から、タラブとは音楽や旋律などの具体的な音的現象を指し示す言葉であり、また情緒的で心理的な影響という人の内面に関わるある意味で抽象的な解釈もできる言葉でもあることは明らかである。このように大別すると二種類になる説明は、近年、タラブに関して議論しているラースィーやシャノンによってもなされているが、どちらも音楽や他の芸術などが人を感動させたり、高揚させたりする作用やその心理的な影響を第一の定義としている点には違いはない［Racy 2003, 5-6; Shannon 2006, 161; Danielson 1997, 11-2］。また、文献学的資料によってタラブ概念を概説しているランベールも、タラブの概念的な枠組みが「広範囲に及ぶ感情を呼び起こす詩的情緒や音楽的情緒を意味する用語」［Lambert 2000, (V)210］である点を、説明の冒頭に置いている。

そこで心理的な影響という点に関して、アサディーの『アレッポ比較事典』にある説明から検討を始めてみよう。彼はタラブを以下のように説明している。

> タラブとは、喜びないしは悲しみで打ち震えることと辞書にはあるが、我々の見解としては、タラブとは何かの美しさに対する感動が原因で（人に）表れる心理的状態である。［Asadī c. 1981-8, (V)206-7］

この説明の前半に関しては前節でも触れた通りであり、心理的な影響が身体的に表れることを示しているが、前述のようにその原因には喜びや悲しみという正反対でかつ対になる表現が用いられることが多く、どちらの感情を示す言葉であるかが判然とせず、字句の明瞭な把握の妨げになってきた。これに対してアサディーの説明の後半からは、何かに心打たれて影響された状態自体がタラブであるというタラブの中核概念が読み取れる。すなわち、喜びか悲しみのどちらかがタラブであるというよりは心理的な影響そのものが重要であるとアサディーは理解しているのであり、具体的な感情はこの影響の結果として生じる二次的な生成物なのである。

この意味関係を具体的な現象である外延と、それらが共有する性質や概念である内包とに分別して説明してみよう。まず、タラブの内包とは、端的に表現すれば、音楽であれ美術であれ、対象から情緒的・心理的な影響を受ける・受けている状態であることは明白であろう。これに対して辞書にある意味説明は、タラブ概念の外延ないしは外延現象なのである。すなわち、人が何かに心打たれる状態になったとき、それは具体的な反応である外延現象として表れ、喜びに浸ることもあれば悲しみに震える経験にもなりうる。それは心理や情緒という個々人によって感じ方や表現に差異が大きく認められる領域の問題であり、したがってそれぞれの人が置かれた状況により、結果として表面化する状態や表現が異なるのである。この内包と外延の関係は、**図2.3**の左側のように捉えることができる。

このような内包概念がタラブ概念の中核にあるとみなされるとき、前節で検討したハッラークの議論にあったような、タラブをある種の音楽的な分類やジャンル、具体的には特に声楽、つまり歌謡分野とみなす理解はどのように説明できるだろうか。こうした理解はハッラークにだけに見られるのではない。たとえば民族音楽学者のラースィーにとってもタラブとは、都市における伝承歌謡や音楽の中でも特定のジャンルを示し、本研究で扱っている古典歌謡文化のレパートリーやウンム＝クルスームなどに代表される新古典的大衆歌謡などをも含むものである［Racy 2003, 5-6］。タラブを音楽の種類や分類とみなしているこの説明を先の分析同様に整理すると、**図2.3**の右側に示すような構図となる。この場合、ラースィーによる解釈も基本的には情緒的に影響されるという内包概念を、外延現象である音楽現象にまで押し広げているとわかるのである。ハッラークやラースィーとは異なる嗜好（しこう）を持つ人物、たとえばポップスを好む若者であればポップスによって心動かされ、文脈によってはポップスをタラブと言うこともありうるだろう。

図２．３：タラブの意味構造

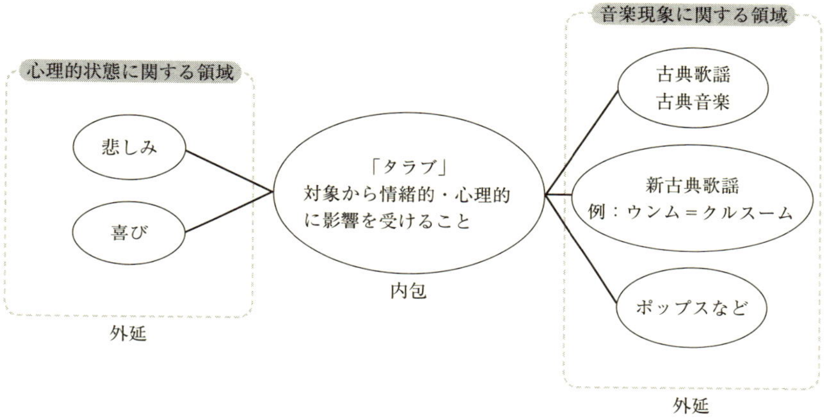

以上は具体的な音楽のジャンル名として使用されるタラブの例であるが、音楽学的な観点からはこうしたジャンルは音楽的な要素、すなわち音楽的構造や様式の差異によって識別されることが多い。確かに、アラブ世界においても音楽的様式の差異からポップスと古典、さらには新古典など、様々なジャンルに分けることができる。しかし、タラブ概念で重要な点は、聴いている音楽や歌によって「心動かされること」であり、話者によってタラブと言いうる音楽は、電子楽器をふんだんに使い歌よりも踊りの重要なポップスであろうと、宗教歌謡に精通した歌手が伝統楽器の伴奏で歌う作者不詳の古典であろうと、音楽的様式とは全く関係がないのである。むしろタラブでありうる条件は、どのジャンルであっても聴き手に心理的な影響を与えることであり、逆に言えば、聴き手が心理的に影響されるためにはその音楽を良く知っている、すなわち聴き慣れていて理解できることが条件になる。音楽を言語に喩（たと）えるならば、音楽が聴き手へと語りかける言葉、すなわち音楽的語法を聴き分け、心理的に同じ言語を共有する、すなわち同調できる能力が聴き手には必要なのである。

情緒的な「同調」：タラブ的聴取の文化的特徴

20世紀エジプトを代表する歌手ウンム＝クルスームの歌唱は、アラベスク的な繰り返しを多用してえも言われぬ独特の雰囲気を醸し出し、人々を翻弄(ほんろう)する。アラブ音楽に詳しい水野はこのような彼女の歌唱の特徴から、タラブを「アラブの情調」と説明している［水野 2004, 181］。この「情調」という表現は彼女の歌唱からにじみ出る独特の空気を捉えているとともに、それがアラブ人である聴き手に与える情緒的な影響をも表現しているゆえに的確な表現と言えよう。しかし、さらに付言すれば、その情緒や感情的な影響とは、聴き手が彼女の歌唱に調子を合わせ同一化することによって成立しており、それゆえ彼らは彼女の歌唱に時に涙を流し、時には喜びの声を上げるのである。

ラースィーはこうした状態を「感情的に引き込まれている」emotionally engagedという表現で説明している［Racy 2003, 65］。ウンム＝クルスームの聴衆の例に見るまでもなく、音楽に対して聴く者が没入し同調できるか否かは、ある程度、文化的な要素や広義の環境に左右される側面が強い。自らが演奏家でもあるラースィーは、タラブよりもさらに専門性の高い概念であるサルタナ salṭana[12] に関して説明する際に、東洋精神 rūḥ sharqiyya[13] や文化的な真正性（アサーラ）aṣāla[14] などの概念も用いて、アラブ文化との強い情緒的な結合がタラブ理解のための基盤となっている点を強調している［ibid., 126-7］。また、この同調作用は、音楽を起点として聴き手がそれに同調するという音楽から聴き手への方向性だけでなく、聴き手が起点となり音楽へと働きかける、すなわち演奏者たちへと働きかけ彼らを聴き手との同調へと誘う方向性をも帯びている。それゆえにシャノンはこの現象を「双方向に同調している関係」mutual tuning-in relationshipと表現している［Shannon 2006, 170］。同様にラースィーも、演奏家による音楽との情緒的な同調関係や聴き手の文化的理解度ないしは同調度の重要性について言及し、次のような体験による例を示している。演奏家にとって納得

12　歌手や器楽奏者すなわち音楽の実践者が、旋法・旋律様式へと同調し情緒的一体感を得ている心理的状態、また逆にそれらが音楽家たちを心理的に支配している状態とも言いうる。動詞としては四語根動詞の第II型 tasalṭana を使用する。歴史政治用語「スルタン sulṭān（支配者）」と同じ語根である。

13　英語では oriental spirit 東洋精神と翻訳される。この場合、東洋とはアラブ世界や中東を示す。

14　英語では authenticity と翻訳される。出自がはっきりしており紛い物でない状態。同語根の名詞アスル aṣl は人の出自や物の出所・由来を示す。

のいく演奏には、聴き手と演奏者の双方が互いに同調している状態が必要だと説明しているのである。

彼が挙げている三つの例［Racy 2003, 142-4］は、第一にアメリカで主に非アラブ人を前に正式な形態で演奏した時、第二に同じくアメリカでアラブ系移民やその関係者たちを前によりカジュアルな形態で演奏した時、第三にベイルートで専門家が多く含まれていた個人的な集まりで演奏した時である。観察の焦点は、当然ながら聴取形態に当てられている。第一の例では、場所は正式なコンサート・ホールで、西洋クラシック音楽の聴衆のように集中して音楽を聴く人々が聴き手であった。しかし、彼らはアラブ音楽を聴いた経験がほとんどなく、かつアンサンブルの中に微妙に違う音程で演奏する音楽家がいたため、演奏する側も聴き手の側も音楽に同調することはほとんどなかったという。第二の例は、より格式ばらない場所であったため聴き手は必ずしも音楽にだけ集中していたわけではなく、またアンプによって音が増幅され、はなはだしく耳障りにもなっていたのだが、それでも聴き手たちは第一の例よりも音楽と同調していた。最も良い例が第三の例であったのは言うまでもない。聴き手がアラブ音楽との文化的な親和性が高くかつその語法に習熟していることは、音楽との情緒的同調をもたらすための必須条件なのである。

聴衆が音楽に情緒的に同調する様子は、筆者もアレッポやダマスカスで古典音楽が演奏された席や、たまたま筆者が余興として人前で歌った際などに興味深く観察している［飯野 2013, 399］。また、聴き手が自分にとって文化的に近い音楽を好み、それに同調する傾向があることは、ダマスカスでのコンサートの様子を報告しているアメリカの民族音楽学者カリーも指摘している［Currey 2002, 12］。さらに付け加えると、音楽への情緒的同調という聴取の作法が文化的に重要な意味を持つため、公的な演奏会よりも私的な集まりはこの点により敏感であると言えよう。シャノンが指摘しているように、私的な集まりの場合、明らかに情緒的に同調できないとみなされる外国人、すなわちこうした文化的特質を共有していないとみなされる外国人の出席は、その場の雰囲気や空気を損なうと判断され、あまり歓迎されないのである［Shannon 2006, 167］。

第3節　情緒を感じさせる旋律としてのナガム

こうした諸例のように、文化的他者には必ずしも認識できないが文化を共有している者の間には意識的であれ無意識であれ認知できる要素があり、彼らは音楽の心理的な影響や音楽との同調体験も共有しているのだろう。それならば、人々は具体的には音楽のどのような要素に影響されたり同調したりしているのであろうか。この問いに対する答えを得るために、次の段階として旋法音楽であるアラブ音楽に重要な、旋律に関連した言葉であるナガムをこの第３節では検討したい。タラブが概念として持つ「同調し情緒的に影響される」という文化的特徴が、ナガムのどのような性質に組み込まれているのかを明らかにするために、今度はナガムの意味構造を考察してみよう。

音的現象に使用される用語ナガムの意味構造

序章で紹介したように、20世紀中頃少なくとも1970年代頃までは、旋法に当たるアラビア語の用語は現在良く知られている「マカーム」ではなく「ナガム」あるいは「ナガマ」であった。まずは音楽学上の意味を確認してから、その後に文化的な意味概念を検討しよう。

ナガムは日本語や英語などの外国語に翻訳する場合、音楽学上は基本的に三種類の言葉に訳しうる。第一に音あるいは楽音 musical tone で、第二に節 tune や旋律 melody であり、第三に旋法・旋律様式 mode/melodic mode である。これら三者は、音楽学上は基本的に異なる音的現象とみなしうる。しかし、旋律様式や旋法は節や旋律が前提にあり、それらを音楽的特徴で分類することで成立しているため、意味的には必ずしも分離できず意味の境界線は限りなく曖昧である。ゆえに完全に分離分別できる状態ではないが、基本的には**図2．4**のように理解できよう。

図２．４：ナガムの音楽学上の意味

ナガムやナガマ	楽音	musical tone
	節、旋律	tune, melody
	旋法、旋律様式	mode, melodic mode

これに対してナガムの文化的な意味とは何であろうか。ここでは先に引用したイスファハーニーの『歌謡の書』の抄本[15]も手掛けている13世紀の学者イブン＝マンズール（Ibn Manẓūr, d. 1311）による大辞典『アラブの言葉』[16]を参考にしてみよう。この二つの古典文献には4世紀ほどの時の隔たりがあるが、イブン＝マンズールが『歌謡の書』に精通しているという意味においては、音楽学上の意味合いよりも、文化の基層にあるイメージを提供してくれるゆえに有用なのである。

イブン＝マンズールの大辞典ではナガムは、「声に出して朗誦したりなどするときの言葉の響き jars al-kalima や声の美しさ ḥusn al-ṣawt」[Ibn Manẓūr 2004,（XIV）312] という説明がなされている。彼がイメージしているのは、まず、文字ではなく声が媒介するアラビア語の世界であり、単なる音読ではなく、その読みないしは詠みの調子や抑揚が響きを生み美しさを感じさせるような言葉なのである。また、この説明にはサウト ṣawt という単語も使用されており、『歌謡の書』の抄本を著しているイブン＝マンズールにとりサウトとは現代の辞書にあるような文脈的には単なる「声」であるだけでなく、誦されたり、さらには唱（うた）われたりしているかのような響きも伴われていたものであったと推測される。それゆえ、やはりサウトも声や音という客観的な意味だけでなく、発せられる言葉の響きなどがもたらす主観的なイメージをもその意味内容に包摂しているのであろう。こうした意味内容と前述の音楽学的な三つの意味とを比較すると、古典文献上のナガム概念は音楽学上のこれらの三つに共通した性質、すなわち音や旋律や旋法の響き

15　イブン＝マンズールによる『歌謡の書』の抄本とは、*mukhtār al-aghānī fī al-akhbār wa al-tahānī* である。

16　*lisān al-ʻarab*：13世紀後半にイブン＝マンズールによってカイロで編纂されたアラビア語辞典。なお、アラビア語の lisān は英語の tongue に語感が近く、第一に舌という意味がある。

であり、なおかつ心理的で主観的な判断にかかわる意味が中核となっていることがわかる。ゆえに音楽学上の指示内容とこの文化に内在する意味概念の関係は、**図２．５**のように説明できる。

図２．５：ナガム概念の意味構造

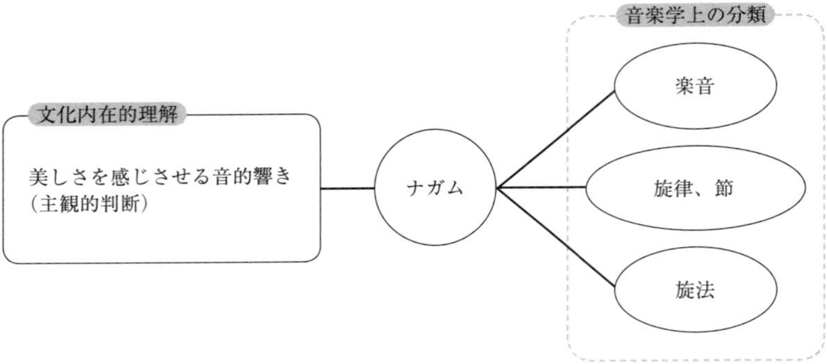

この意味の関係構造から明らかなのは、音楽学的に分類・分別されている概念が文化内在的なナガム解釈においては未分化である点である。イブン＝マンズールの説明はいささか古すぎるかもしれないが、この特徴は20世紀にこの言葉を使用していた環境でも観察できるゆえに軽視すべきではない。たとえば前節の112頁に引用されているバトシュによるムワッシャフのラテン文字転写表記の二行目では「ナグマ」が使用され「旋律」と翻訳したが、この場合、歌詞にある「彼の旋律」とは、彼すなわち「歌い手の歌う旋律」とも「歌い手の歌う（特定の）旋律様式・旋法」とも訳しうる上にどちらであっても文意を損ねることはない。また、より幅広い意味を包摂する文化的な解釈を尊重して「歌い手の歌声の響き」と訳してもやはりさほど問題はなく、いずれにせよ「ナグマは心を奪い去る」のである。また、第１章で引用した女性歌手アーイシャに関するガッズィーによる伝承で「旋律」anghām（nagham/ naghm の複数形）と翻訳されている部分（95頁）も、富裕な女性たちが様々な旋律様式の彼女の歌に夢中になったゆえに彼女が財を成したとも解釈しうるだろう。この意味においてナグマやナガムという単語は、音楽学上の区別や定義よりも文化内在的には音的響きである特質の

方が重要であり、また心理的な印象や情緒的な影響に関する含意が尊重されるべきで、それゆえ心理や情緒と深いかかわりのあるタラブとは、概念上、親和性の高い言葉なのである。

情緒としての旋法ナガム

20世紀の文化人アサディーも、簡単ではあるもののナガムを説明している。『アレッポ比較事典』によると、第一にナガム nagham とはナグム naghm とも言い、複数形はアンガーム anghām であり、「歌におけるタトリーブ taṭrīb」であると述べている［Asadī c. 1981–8, (V) 303］。ここで使われているタトリーブとは、名詞タラブ ṭarab と関連する動詞で状態を表す ṭariba「タラブ状態である」の第Ⅱ型 ṭarraba の動名詞であり、「人をタラブ状態にする」ことを意味する。それゆえナガムとは、歌の技芸においてはタラブと同じ作用がある言葉であるとアサディーは述べているのである。これと類似した説明は19世紀後半のブスターニーによる辞書［Bustānī 1987, 906］でも示されているように、当時、一般的であったと言えよう。アサディーは続けて naghama や naghma も同様に掲載し、その複数形は naghamāt および naghmāt とし、かつては音楽的な位置すなわち音階中の楽音（あるいは音高）という意味もあったとも記している。さらに項目を改めているものの、続けてこの名詞の動詞第Ⅱ型 naghghama も掲載し、その意味は「歌において（人を）タラブ状態にする」ことであると述べている。ナガムは、音楽学上は楽音や旋律あるいは旋法であるが、その根本的な概念においては、やはりタラブと同じように心理的な作用と関連している言葉なのである。

心理的作用を人に及ぼすという意味を持つ限りにおいては、タラブとナガムは概念的にほぼ等しいとみなせるだろう。しかし、タラブは概念領域がはるかに広く音楽以外の芸術にも使われ、芸術以外の日常的文脈においても心を打たれる何かがあれば使用可能である。これに対してナガムは、音楽によってもたらされる心理的作用がその意味の中核を成している。そこでさらに定義を狭めて旋法現象としてのナガムの意味構造を考察すると、外延は内包概念を具体化する個々のナガムすなわち旋法という音的現象、換言すると個別の旋律様式による旋律と解釈できる。このようなナガムの意味構造は図2.6のように捉えることができよう。

図2．6：旋法としてのナガムの意味構造

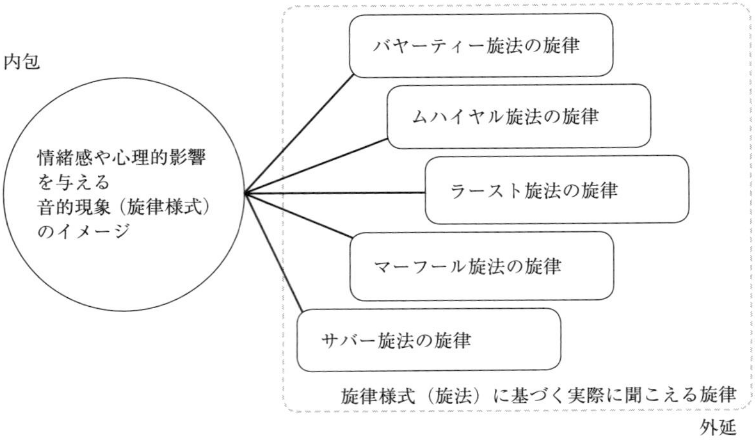

先に述べたように、この文化の聴き手は旋律に同調し心理的に影響される。名称で区別されている個々の旋律の分類基準は情緒感や心理的影響の差異であり、このようなナガムの特性ゆえに、個々のナガムはある種の情緒感を伴うイメージとして捉えられていることもある。たとえば、20世紀半ばまで活躍していたアレッポ出身のヴァイオリン奏者サッバーグ（Tawfīq al-Ṣabbāgh, 1892-1964）は、いくつかの旋法に関して感じているイメージを言葉で表現しているし、研究者として20世紀後半に活躍したトゥーマーは、一般論として持たれているイメージをいくつかの旋法について記している［Ṣabbāgh 1950, 48, 50, 52; Touma 1996, 43-4］。特に見解の一致を見るのは「サバー」旋法ないしは「サバー」というナガムに関してで、両者ともに心理的に影響するような「悲しさ」などを挙げている。確かにこの旋法に関しては聴いて受ける印象は比較的はっきりしており、多くの人々が類似した印象を持っているだろう。その一方でそのような印象についての言語表現は個々人で異なることが多く、特定のナガムとそこから受ける印象に関する言語表現の相関関係は厳密な理論としては成立しにくいのも事実である。にもかかわらず、旋律から受ける印象や情緒感が重要な理由は次のように解釈できるだろう。各ナガムから受ける印象についての言語表現が個々人で一致していなくとも、音文化を共有する集団内では、旋律の差異の認知や分類に関しては共通した

基準を持っている可能性が極めて高い。特にこの音楽に関して専門的な知識を有する人々の間では、そうした傾向が顕著に見られるだろう。それゆえ、同じ音文化の成員が分かち合っているのは、個々のナガムについての印象に関する個別の言語表現というよりも、むしろナガムに同調し、その違いを感じ取り分類する感性なのである。それぞれの旋律様式と呼応するナガムの名称は、その差異の認知や分類の指標となる文化的なツールで、そしてその名称群が織りなす体系は、各旋律様式の微妙な差異などをめぐって世代から世代へと受け継がれてきた知の集積なのではあるまいか。

おわりに

本章ではアラブの音文化に特有の概念として近年注目されているタラブに関して、その概念の意味内容を整理し、意味構造の解明を試みた。この中核となる概念が意味するのは、音楽であれ他の芸術であれ対象から情緒的に影響を受けることであり、また心理的に同調し没入することである。それゆえに、タラブはそうした状態を引き起こす音楽や歌謡自体を指し示すこともあれば、結果として生じる悲しさや喜びなどの感情をも指し示すこともある。このような意味領域の広さゆえに把握の難しいタラブ概念であるものの、これに触れずしてアラブの音文化を説明することは極めて難しいだろう。

しかしながら、我々はこのタラブ的なる状態や体験を容易に知ることはない。なぜならば、それらは文化的な枠組みによって規定されているため、その枠組みに習熟するための一定の教育をも必要とするからである。この意味では文化を共有している人々の間で等しく分かち合いうる体験ではあるものの、かといって文化の成員がみな一律に体得しているかと言えば必ずしもそうでもない点にも難しさがある。このことは本章で引用したラースィーの経験から明らかである。繊細なニュアンスの違いにも反応する専門的なタラブ的感性を得るには、たとえ生まれながらのアラブ人であっても文化的な習熟が不可欠だろう。古典歌謡の分野では上質な聴き手をアラビア語でサンミーア sammīʻa[17] と呼ぶが、近代化と大衆化が進む今日において、この音楽を熟知した良き聴き手が減少しているというシャノンの見解［Shannon 2006, 169］は、正確な統計がなくとも説得力を持っている。

こうした特徴を持つタラブ的聴取の構造が音楽用語ナガムに応用されたとき、歌手や音楽家たちが各旋法にそれぞれムードがあるとか情緒があるなどと言う理由が、文化内在的視点から整合性を持つことが明らかになってくる。マカームという単語が流布している今日においては、「マカーム」にそのようなイメージを持つことも多々あるが、こうした含意やニュアンスは「立つ位置」などのこの言葉本来の意味からは容易に説明できるものではない。本研究でナガムという言葉の重要性を示し、その意味構造を明らかにしたことは、古典音楽文化に欠かすことのできない旋律様式の分類やその名称に関する理解を深めるきっかけとなるのではないか。

本章では聴き方や聴き手の問題として、タラブやナガムを検討してきた。しかしながら、音楽は聴き手以上に実践者を必要とする。そして、実践者は聴き手よりも音楽的な知識や経験が豊富でその質が高いことが前提であり、美的には深いタラブ理解を持ち、実践上はナガムに精通しているはずである。次章では実践者に議論の焦点を移し、彼らがいかにタラブ的聴取文化を背景としたナガムに習熟するのかに関しての考察を進め、名称群としてのナガムが構築している音楽の体系を文化内在的視点で捉えることを試みる。

17　古典語ではなく口語 sammīʻ の複数形。

第３章　実践者の音楽知
——記号としてのナガム体系

はじめに

特定の音楽に情緒的に影響を受け、心理的に同調する感性は、文化を同じくする者たちの間では程度の差こそあれ共有されている。どのような音楽を好ましいと思い、いかに感じるかなどは文化的に規定される傾向が強く、アラブ音楽の場合、そのような音楽に対する感性を表現するキーワードがタラブなのである。本章ではこのタラブの概念構造を音楽に特化した形で発展させたナガムに関して、前章で扱った聴者の作法や聴者側からの説明ではなく、実践者の持つ音楽に関する知識という、より専門的なレベルに焦点を当て議論する。この議論を通じて、音楽知としてのナガム体系の文化内在的構造を明らかにしたい。

これまでの考察が近代以前の音文化に焦点を当てていたことから明らかなように、このタラブという言葉に凝縮される文化の主な特徴は、音楽分野に近代的な学校制度などが導入される以前の環境の下で形成されてきた。そこでまず、近代的な学校教育が導入される以前の記憶に基づく口伝による音楽の伝承形態を実践者たちの教育の仕組みとして捉え直し、知識の再生産の場とその性質の把握に努めたい。そして、次に伝承現場において伝え教えられる情報、すなわちナガム分類を音楽知の体系として捉え、その体系を構築している名称群の意味構造を明らかにし、実践者たちが共有している文化内在的な理解に基づくナガム体系の把握を目指す。

そこで本論に入る前に、伝統的な口伝による教育形態と近代的な教育形態の差異に関してまずは確認しておきたい。かつて存在したのは口伝による教授法のみであったが、現在、アラブ音楽の学習は、基本的には五線譜を用いた譜面を利用するのが一般化している。そのため、音楽の学習は五線譜の使用を前提とした次のような予備知識の習得から始まる。たとえば、アラブ音楽を学習する外国人が最初に習うことは、西洋音楽の音階にはない中立音程[1]に関する知識と関連するハーフ・フラット（𝄳）という臨時記号、および旋法ごとに使用する音をわかりやすく配列した使用音階である[2]。前者の中立音程とそのための記号は、五線譜を使用してアラブ音楽を学習する際の読譜のために必要な知識であり、後者の旋法別の使用音階は、五線譜の使用を前提とした上での旋法に関する音楽学的な説明には欠かすことのできない理論上のツールである。この二者は、五線譜の使用を前提としている教育形態により必須となったという意味において、外国人だけでなくアラブ人の初学者にも今日では必要不可欠となっている。

このような譜面を用いた近代的な音楽教育が現在、普及しているが、かつてはアラブ・中東世界において歌や音楽の学習は基本的に口伝であり、またこの方法は現在でも一部では続いている［水野 1988］。こうした伝統的な音楽の学習の場では、師匠の弾く演奏や歌う歌をまずは真似ることから稽古は始まる［谷 2007, 27］。文字を読み書くことが今以上に貴重で特殊な技能であった時代には、人から聞き学んだ知識を記憶し必要に応じて活用するという方法は音楽以外の学習形態でも一般的であり、アレッポにおいても事情は同じであった。音楽の伝統の担い手であったムンシドたちは音楽に関する専門的な教育も受けていたが、その前にまずは読み書きや宗教的知識そして古典アラビア語で書かれた文芸で教養を積み、これらの知識はみな記憶することが重視されていた［ヒッティ 1983, 125, 131; ホーラーニー 2003, 170］。さらに言えば、これらの記憶は音あるいは音声を媒介としており、それゆえ、古典的な稽古における記憶の役割だけでなく、音声ないしは音声としての言葉の役割も重要なのである。

では、伝授され記憶された音楽に関する知識や技芸が、近代的な音楽理論や記譜法も借りずにいかにして学習者に定着したのだろうか。ここではむしろ、実践

1　序章脚注 27 に既出。中間音程などとも言う。本章および第５章でその性質に関してさらに検討する。
2　本章譜例３．４などを参照。

者たちが普段、特別に意識することなく使いかつ共有しているナガム概念とその名称群を手掛かりに議論を進める。アラビア語だけでなくペルシア語などにも由来し、多様な語源を持つナガムの名称群は、語彙（ごい）集などによって説明される単なる名辞というよりも、先に述べたように、一つの中核的概念を持ちながらもあるときは一つの音の響き、またあるときは旋律様式などを指し示し、文脈の中で指示内容を変化させて機能する。そこで以下では、伝承され続けた名称群としてのナガムが指し示す複数の指示内容の間にある関係を確認し、またその機能を精査して、この文化で使用されている言葉による音楽の体系の解明に努める。これによってタラブ的感性を基にしつつ名称群の媒介で成立してきたナガムの体系が、音楽学的概念設定の力を借りずに旋法音楽実践のための基本を形成していることを明らかにし、後続する第２部の音楽学的分析へと橋渡しししたい。

そこで本章では、まず、音声と記憶に基づく古い稽古の形態を、音楽だけでなく一般的な教育も含めて考察する。音声による記憶の形成はそれを伝える人々の存在で成り立っている。よって次にそのような知識の集成・伝授を可能としたムンシドたちの伝承の系譜を確認する。さらに、彼らの間に伝えられてきた知識に関して、ナガムや名称群を中心に分析し、その知識が具体的な歌や旋律と結びついたとき、どのような体系を構築してきたのかを考える。

第１節　音声と記憶に基づく稽古

人は文字を覚える前に言葉を音から学習する。本節では実践者としてのムンシドたちの教育形態や教育環境を検討し、その中でも特に、師匠に就き一対一の形式で受ける稽古において音声と記憶の果たす役割の重要性を考える。

稽古マシュクとその性質：記憶による知識の吸収

近代以前の中東やムスリム社会における教育に関する研究では、多くの研究者が教育現場での記憶の重要性を指摘している[3]。そこで、アレッポの事例についても検討してみよう。

教育や知識の習得過程における記憶の重要性は、既に18世紀半ばにラッセルが観察していた［Russell 1794, (II) 177-8］。こうした観察を踏まえて、当時の教育事情の実態を歴史家のA. マーカスは以下のようにまとめている。

> 作品を批判したり疑問を呈したりすることは、節度ある学習とはみなされていなかった。このレベルでさえ、学習者と教師は学びの手段としてよく暗唱に頼っていた。なぜならば、テキストすべてを記憶から諳（そら）んじて、同僚たちから一目置かれる評価を得る学者もいたのである。学習者がテキストを了解したと判断した時点で、教師はその作品を他者に伝承する権限を彼に与えた。
> ［A. Marcus 1989, 241］

引用にあるように、18世紀のアレッポにおいて、学習とは暗記でありまた模倣であった。19世紀のイスタンブールにおける古典歌謡の習得過程に関する考察でトルコの研究者ベハールは同様の指摘をしており、このような学習形態をトルコ語でメシュク meşk という［ベハール 1994, 116-8］。この言葉の語源は、アラビア語のマシュク mashq であり、アサディーの『アレッポ比較事典』によると、アラビア語のマシュクにも同様の意味がある［Asadī 1988, (VII) 121］。彼らの説明から判断すると、暗記や模倣を中心とした歌謡の学習形態であるマシュクは日本語ではさしずめ「稽古」と翻訳するに値するものであろう。

今日、アレッポでは稽古を表す言葉として、「学習」の意味のあるダルス dars を使用するのが一般的であるが、アサディーによるとかつてはマシュクを使用していた。それはおそらく20世紀前半か、それ以前のことであろう。彼の説明によると、このマシュクという言葉の本来の意味は、第一に書道において「手本を真似る」あるいは「引き写す」ことであり、第二に歌に関しても同様の意味で使用し、第三に他のいかなるものに関しても練習の意味で使用していた［ibid.］。学

3　先に引用したヒッティ［ヒッティ 1983, 125, 131］やホーラーニー［ホーラーニー 2003, 170］などが基礎教育における記憶の役割の重要性を指摘しており、教育形態などに関する研究においても、池田［池田 1986, 122-3］や湯川［湯川 2009, 84-6］などが同様の議論をしている。

習とは第一に、手本を真似て、それを暗記し、記憶に留めることであるという認識が、近代以前の学習形態では支配的であったのである。

基礎教育としての宗教教育

このように、一般的な学問であっても音楽であっても暗記することが求められ、書かれたものを頼ることなく必要に応じてその知識を口頭で披露できることが重視されていた。ムンシドのマシュクも同じであり、基礎教育としての識字学習やクルアーン朗誦のための古典語学習も暗記を基本としていた。そこで次に、典型的なムンシド教育に関して概観し、こうした点について確認しよう。事例としては、今日、アレッポに伝わる歌手の系譜で最も重要な起点とされている歌手バシャンクの伝承を取り上げる。

19世紀前半に活躍した彼に関しては既に第1章で簡単に紹介しているが、バシャンクとは通名で、正式名称を定冠詞も含めて片仮名で表記すると、アル＝ハーッジ・ムスタファー・ブン・アル＝シャイフ・アビー＝バクル・アル＝ハリーリー・アル＝リファーイー al-Ḥājj Muṣṭafā bn al-Shaykh Abī Bakr al-Ḥarīrī al-Rifāʻī と言った［Mahannā c. 1998, 116］。アレッポ歌謡界の指導者といった意味合いのバシャンクというニックネーム[4]だけでなく、彼に関する伝承がガッズィーやアール＝ジュンディーらによるムンシド列伝［Ghazzī 1925; Āl Jundī 1954］の起点に位置することが、彼の存在の重要さを示している。一般にムンシドとして活躍する人物は出自においては高くなく、先に記したように名士層を中心とした「特別な人々」（ハーッサ）の同伴者とみなされる所以（ゆえん）は、技芸の確かさもあるが宗教的属性によるところも大きい。彼も同様で、キンナスリーン門とマカーム門の間に位置する城壁内南西部の庶民的なカルア・シャリーフ街区出身で、宗教諸学の基礎を修めた上で歌手としての名声を築いている［Mahannā c. 1998, 116］。

---

4 バシャンクという単語はアラビア語ではなく、バシュ bash（トルコ語 baş：頭、長などの意）とアーハンク āhank（ペルシア語 āhang：旋律などの意）を基にした合成語で「旋律の頭」といった意味になる。ただし、アラビア語話者によく知られている単語でないため、ガッズィーはこの名のアラビア文字綴りに母音記号を振っている［Ghazzī 1925, 476］。アラビア語は基本的に子音字で綴られているためこのアラビア文字綴りは b-sh-n-k であり、母音を付した読み方を知らないアラブ系研究者が「ブシュナク bushnak」と読んでいる例［Moussali 1994, 7］もある。

バシャンクは、父や周囲のシャイフたちから宗教歌謡やその他の必要な知識を得て、14歳で父親の後を継いでアーシューリーヤ・モスクのズィクルのライイス[5]、すなわちズィクルの歌唱面の指導者となった。その後、16歳でザーウィヤ・ヒラーリーヤ[6]のライイスに任命され、さらにはウマイヤ・モスクのムアッズィンにも任命されるほどの技量の持ち主だったという [ibid.]。ウマイヤ・モスクは8世紀に建立以来、アレッポで最も権威のあるモスクであり、他方、ザーウィヤ・ヒラーリーヤは18世紀に始まり、今日でも旧市街ではよく知られているスーフィー教団である。ヒラーリーヤのライイスとウマイヤ・モスクのムアッズィンという役職は、現在でもアレッポのムンシドにとっては最も地位が高く、当時もこの二つの重要な役職に対する社会的な信用は厚かったとみなせるだろう。

彼の幼少時の教育に関し、マハンナーは以下のように説明している。

> 彼（バシャンク）は6歳で、学識あるシャイフ・ムハンマド・ブン・アブドゥルカリーム・シャラーバーティーに師事し、彼からクルアーンと正書法、形態論と統語論、法学と読誦法を学んだ。（中略）音楽の技芸をアブドゥルカーディル・ブン・イスカンダル・ミスリーに学んだが、そのときまだ11歳であった。[Mahannā c. 1998, 116]

ここで述べられているクルアーンとアラビア語の正書法、そして形態論（サルフ ṣarf）と統語論（ナフウ naḥw）は読み書きの基礎をなすものであり、これらの習得によって、説明にあるようにイスラーム法学の学習が可能になる。次にある読誦法（タジュウィード）とは、クルアーンの朗誦に必要な技能、たとえば朗誦のために規定されている長母音を伸ばす際の拍数などに関する規則や朗誦に独特な子音の発音などを学ぶことである。これらを学習した後で、一般に知られている三つの種類の朗誦法を学ぶ[7]。以上に紹介したのは、当時としては読み書きを

5　第1章脚注28を参照。
6　第1章脚注27を参照。
7　現代の朗誦用教科書や朗誦研究者はクルアーンの朗誦の種類を以下のように説明している。三つの中で最も良く知られているのはタフキーク taḥqīq で、比較的ゆっくりとしたテンポではっきりと抑揚をつけて読む。これに対して会話の速度に近く、朗誦のテンポとしては速く感じられるものをハドル ḥaḍr

覚えるための唯一の手段であった宗教的な教育であった。それは宗教的にも社会的にもその習得が望ましいとされたアラビア語を学習する手段でもあった。そしてムンシドたちにとっては、宗教的知識と古典語に基づく文芸を習得した名誉ある階層に近づく第一歩でもあっただろう。たとえば、ルシュディー・パシャの御前で歌ったアフマド・アキール[8]のように、それが名士階層の友となるための必須条件だったのである。

音楽の稽古：具体例で覚える技芸（ファンヌ）の習得

こうした基礎教育を終えてから、バシャンクは音楽の技芸を習い始めている。しかし、潜在的な音楽教育はそれ以前から始まっており、著名なムンシドたちは評伝集に登場する場合でもまた21世紀初頭の現役世代の場合でも、幼少時からズィクルに通い、歌を覚える機会に恵まれていた。バシャンクだけでなく、次世代のアフマド・アキール、さらには20世紀前半を代表するアリー・ダルウィーシュやウマル・バトシュなど、ほとんどが幼少時に父ないしはおじなどに連れられてズィクルに通ったと伝えられている。

第１章でも簡単に触れたが、ズィクルとは特定の日時にザーウィヤ（修行場）に会衆が集まり、神の名を「唱えること dhikr」を中心として行う宗教儀礼である。教団によって形は異なるが、歌を中心とする場合は、固定旋律のカッド[9]やムワッシャフと古典詩の即興歌唱であるカスィーダを組み合わせた組曲形式（ファスル）で進行する。会衆にとって宗教的かつ霊的指導者は教団のシャイフであるが、音楽関連の指導や歌による先導はバシャンクなどが務めたライイスに任されている。ライイスやその補佐役たちがカスィーダの即興歌唱や技巧的なムワッシャフなどのソロ部分を歌い、全体の進行を取り仕切る。他方、一般の参加者たち（ザーキルーン dhākirūn「唱える者たち」の意）は、「アッラーフ Allāh（「神」

と言い、両者の中間に当たるものをタドウィール tadwīr と言う［Ghawthānī 2003, 19; Al Faquqi 1987, 9; Nelson 1985, 20-1］。基本はこの三種類であるものの、タフキークに当たるものをタルティールと説明していたり［堀内勝 1971, 223］、タフキークに近いタルティール tartīl を四種類目として入れていたりする説明もある。しかし、この二者に関しては、違いはあまり明確でない［Ghawthānī ibid.; Al Faquri ibid.; Nelson ibid.］。

8　第１章第３節（92-5頁）を参照。

9　序章脚注63に既出。

の意)」などの誦句を、ソロ部分を音楽的に支える役割のある短い旋律句に載せて繰り返し歌ったり、簡易で短いカッドなどを歌ったりする役割がある。こうしたズィクルへの参加は、即興歌唱に親しみ、簡易な歌を歌い覚えるという意味においては音楽教育の導入段階となっているとみなせるだろう。

ズィクルの場で学習する短く覚えやすい旋律を持つカッドは、音楽学用語ではコントラファクトゥム contrafactum と呼ぶ、いわゆる替え歌が多い[10]。宗教的歌詞ならばズィクルで、世俗的歌詞ならば非宗教的な機会に歌われ、その数も多く、アレッポは初期教育のためのレパートリーには事欠くことがない。何よりも多くのカッドを具体例として覚えることで、各旋法の旋律的特徴やそれから受ける印象による情緒感の差異を聴き覚え、多くの旋律を記憶に蓄えて、後に師匠の下で旋法分類を学ぶための準備をしていると解釈できる。

この初期段階を経て、ムンシドたちの多くは、音楽のそれぞれの技芸に精通する他のシャイフの下で学ぶ。学習内容はズィクルにおけるカッドなどとは異なり、師匠に弟子入りし、稽古によって学び、記憶することが必要なムワッシャフなどに移行するのである。専門的に名の知れたシャイフでなくとも、近親者にムワッシャフを指導できる者がいると、その人物の下で稽古を積み新たなレパートリーを覚えることもよくあった。バシャンクから約一世紀を経た19世紀末から20世紀初め、ウマル・バトシュの場合は、最初の師匠はおじであり、アリー・ダルウィーシュにとってはそれは父親であった［Qalʻajī & Dalāl c. 2003, 30; M. Darwīsh 2001, 17］。能力のある者はより著名なムンシドの下で、また器楽の場合はウードやナーイ（葦笛）などの器楽奏者の下でさらに研鑽（けんさん）を積む。アリー・ダルウィーシュは、このような教育をマウラウィー系の通称マッラーハーナ・モスク[11]で授かった。それから半世紀後、1940年代に声の良さが評判になり始めたハサン・バッサールは、知人の紹介を経てバトシュを師とすることになった。そして彼は弟カーミルにバトシュから伝承された内容を自ら教えている[12]。稽古

10　このような替え歌現象はアラビア語による歌謡文化の中だけでなく、言語をまたいだ形でも行われている。たとえば、ユダヤ教徒の集団がアラビア語の歌にヘブライ語の歌詞を付けて歌う例があり、アレッポ出身で現在はエルサレムに住む集団の事例［屋山 2004］や、シリア出身でアメリカに移住した集団の事例［Shelemay 1998］などが紹介されている。

11　mallāḥāna：マッラーハーネ（口語）ともいう。アレッポで唯一のマウラウィー系のスーフィー教団。城壁外のファラジュ門地区にある。

12　個人的面談による、2006年6月。

においては基礎教育と同様に手本を真似し、手本がなくとも再現できるまで繰り返すという学習方法が採られていた。

伝承からは、この段階の音楽の技芸習得において何が伝授されるのかに関して、詳しく知ることはできない。しかし、ハサン・バッサールや弟カーミルの場合、ムワッシャフとともに習ったのは旋法とリズム様式の知識である。1950年代に伝承を記録したアール＝ジュンディーによる資料には、習得されていた音楽的要素として旋法に関するナガムの学だけでなくリズム様式に関するワズン[13]の学 'ilm al-wazn が記されている［Āl Jundī 1954, 285］。同時代のサッバーグによる音楽手引書も、この二つの学には相応の紙面を割いている［Ṣabbāgh 1950, 22–75］。さらに1932年にカイロで開催されたアラブ音楽会議においても、マカーム（旋法）とイーカー īqā'（リズム様式）に関する情報は翌年に出版された『アラブ音楽会議の書』［Kitāb 1933］の主要部分を占めていた。以上から、古典音楽の技芸習得の基礎は一般に旋法（ナガムあるいはマカーム）とリズム様式（イーカーあるいはワズン）とみなされていたと解釈できよう。

これらは理論として学ぶというよりは、上述のバッサール兄弟に見るように具体的にはムワッシャフ学習を通して行われていた。このような学習のあり様は単に曲目を増やしているだけと思われがちであるが、実際には次のような効果がある。アラブ音楽は旋法音楽であるため、ムワッシャフは、たとえばバヤーティーやラーストなどの名称を持つ旋法（旋律様式）による旋律作りがなされており、一曲習うごとにそれぞれの旋法の基本的特徴を身に着けることが可能なのである。ムワッシャフの場合、同時にリズム様式も付されており、一曲を習うごとに旋法とリズム様式に関しては必然的に学習する。したがって、ムワッシャフは歌のレパートリーを増やすのみならず、教育ツールとしても重要であった。このよ

13 ワズンないしはイーカーは、「リズム様式」ないしは「リズム型」、「リズム周期」などと翻訳され、3拍、8拍、9拍などの周期の中に一定のリズム様式を作り、繰り返して使用する。1950年代に出版されたアレッポを代表するムワッシャフ集『我らが宝庫から』［N. Darwīsh & Rajā'ī c. 1956］には、3拍周期から32拍周期までの36種類が使用されている。ウードやカーヌーンなどで演奏される器楽の既成曲には楽曲形式としていくつかの種類があるが、その代表であるサマーイーは10拍周期のリズム様式サマーイー・サキールを使用する。しかし、この器楽曲サマーイーの例も含めて、8拍周期などの基本的なリズム様式以外はムワッシャフ以外ではあまり使用されないため、ムワッシャフに独特の慣行といえる。旋法と同様にリズム様式にもそれぞれに名称があり、たとえばよく使用される8拍周期のリズム様式はマスムーディー maṣmūdī と呼ばれ、13拍周期のリズム様式にはザラーファート ẓarāfāt という名称が付けられている。

うな場合にも、覚えるまでは次に進まないという方針は貫かれた。知っているとはすなわち覚えていることであり、ムワッシャフを何の手本もなくとも再現できかつナガム名もイーカー名も言える状態が習得したということを意味していた。ゆえにバトシュなど後世に師匠として名を残した人々は、その記憶量を誇る伝承が残っているのも当然であろう[14]。

第2節 技芸の伝授を支える伝承の系譜

口伝によって歌や音楽に関する知識は人から人へと伝わり、書かれることはなくとも人々の記憶に刻まれていった。たとえばあるムワッシャフは、ナガム（旋法／旋律様式）はラーストでイーカー（リズム様式）はマスムーディーというように、知識は具体例とその特徴ないしは様式を指し示す術語という形で引き継がれ、その際には誰から譲り受けたかが問われ、一種の伝承の連鎖を生んだ。本節ではこの伝承の連鎖の系譜を稽古による師弟関係によって再構築し、書かれることがなくとも歌や音楽に関する知識が世代から世代へと引き継がれていったことを確認する。

ムンシドたちと伝承の系譜

一般的な教育に関する研究は、稽古における暗記の重要性と同様に獲得した知識を誰から授かったか、すなわち伝承元である師匠の存在の重要性も指摘している［湯川 2009, 84-6］。18世紀アレッポでの学問における師匠の重要性に関して、A. マーカスも以下のように述べている。

> 当時は学んだ教育機関よりも、伝授してくれた人物の方がはるかに重要であった。それぞれの時代ごとに様々な分野においてその道で名の知られた専門家たちがおり、その多くが個人的関係に基づいて教えていた。従って、彼

14 一冊にムワッシャフ500曲の歌詞を収録していた冊子四冊分をバトシュは記憶していたと伝えられているが［Qal'ajī & Dalāl c. 2003, 30］、これは単に記憶量が「多い」ことを強調した伝承と思われる。

らの門下や一派に接近する手段を得ることは、向学心ある学生の大望であった。同時代の評伝作家たちは学識ある人々の教育訓練に常に注意を払っていて、彼らがその下で学んだ師匠たちの名を列挙して、その学問の学術的な信頼度を証明した。ある人物がどのように伝承の鎖の中につながっているのかは、その人の教育の質に影響すると考えられ、当然、その人の公的な名声を形成した。[A. Marcus 1989, 240-1]

誰から学んだか、どの伝承の連鎖につながっているのかは、イスタンブールの歌謡界の事例に関してベハールが指摘しているように［ベハール 1994, 160-2］、非常に重要である。アレッポにおいても多くの場合、歌手や音楽家の評伝には誰から歌や音楽の技芸を譲り受けたか、すなわち誰に稽古をつけてもらったかが記されている。それゆえ系譜の起点とされるバシャンク以降の歌手たちに関しては、現在伝えられている人物伝の内容を精査することにより、その師弟関係をたどることができる。

また、伝承に基づいて歌手や音楽家たちの師弟関係の系譜を整理すると、A. マーカスが指摘しているような特徴も浮かび上がってくる。アレッポにはカーディリー教団やリファーイー教団、またシャーズィリー教団などのスーフィー教団があり、さらにはオスマン系のマウラウィー教団も活動していた[15]。しかし、ムンシドたちの伝承はあくまで個々人に関する記録であり、特定のスーフィー集団が排他的に関与しているような痕跡は見られない。すなわち、ムンシドたちの間の伝承の連鎖は基本的に稽古を通した師弟関係であり、あくまで個人的なものとして伝えられているのである。たとえば、バシャンクは正式名称から推測するとリファーイー系のスーフィーであるが、その活動の中心はハルワティー教団[16]でもあり、かつ音楽的にはカーディリー教団の特徴が強いザーウィヤ・ヒラーリーヤであったと伝えられている。教育形態に関しては、アリー・ダルウィーシュにまつわる伝承から、オスマン系のマウラウィー教団には組織的な音楽教育

15 カーディリー教団、リファーイー教団、シャーズィリー教団、マウラウィー教団はすべてズィクルを行う教団である。リファーイー教団は剣による修行などの苦行で特に有名である。

16 khalwatī：14世紀末から15世紀にかけてアゼルバイジャンで興り広がったスーフィー教団。アラビア語でハルワ khalwa とは「（俗世からの）隔離や隠遁」を意味し、個室に籠り修行する慣行があり、ヒラーリーヤの修行場にもそのための小部屋がある。

の場があったことが推測できるが［M. Darwīsh 2001, 19–20］、他の教団に関しては詳細はほとんど伝わっていない。

では次に、伝承を基に師弟関係の系譜を整理してみよう。図3．1はバシャンクを起点として彼以降の歌手や器楽奏者の中でも、伝承中で重視されている人物たちの師弟関係を図式化したものである。前述のように、バシャンクはアレッポ歌謡の先駆者的な意味合いを持っており、その系譜がムンシドたちをつないでいるが、ムンシドたちや器楽奏者たちの伝承の細部を検討してみると起点は二つあることに気づく。一つ目はバシャンク、二つ目はアフマド・アキールである。

一つ目の起点であるバシャンクは、前述のように18世紀後半に始まったザーウィヤ・ヒラーリーヤのライイスとして活躍し、その弟子にあたるムハンマド・ワッラークやムスタファー・ムアッザム（Muṣṭafā al-Mu‘aẓẓam, 1829–1929）たちもこのザーウィヤで研鑽を積んだ。その系譜の一人であるムハンマド・ジュナイド・ヒンヌー（Muḥammad Junayd al-Hinnū, 1874–1933）以降、多くの著名なムンシドを生むカールラク街区にバシャンクを起点とする伝承の連鎖は続いていった。カールラク街区は城壁の北東部にあるハディード門の外側に位置する比較的に庶民的な街区である。この街区が生んだ名歌手たちはスブヒー・ハリーリー（Ṣubḥī al-Ḥarīrī, 1884–1968）、その弟子のムスタファー・トゥラーブ（Muṣṭafā al-Ṭurāb, 1907–1979）、さらにその弟子のムハンマド・ハイリー（Muḥammad Khayrī, 1935–1981）であり、彼らも同様にヒラーリーヤのムンシドであった。

他方、カーディリー教団系のヒラーリーヤでの活躍が中心であるバシャンクに対し、伝承では彼の弟子とみなせるアフマド・アキールは、イスタンブールのスーフィー教団で活躍していたという経歴［Mahannā c. 1998, 118; Āl Jundī 1954, 319–20; Ghazzī 1925, 479］からもわかるように、スーフィーとしてはマウラウィー教団との接点が強く感じられる存在である。アキール自身がアレッポのマウラウィー教団に属していたとは伝えられていないが、彼を起点とする第二の系譜は、その後、マウラウィー教団の拠点であるマッラーハーナ・モスクを中心として、イスタンブールで活躍していたムアッズィンなど様々なオスマン系の人材が集まり[17]、地元のカーディリー教団系などとは異なる伝統を生んでいた。この差

17　アリー・ダルウィーシュの師匠の中には、イスタンブールでスルタンのムアッズィンを務めた人物などがいたと伝えられている［M. Darwīsh 2001, 19］。

図3．1：主要なムンシド・音楽家たちの伝承の連鎖

マハンナー［Mahannā c. 1998］およびアール＝ジュンディー［Āl Jundī 1954］などを参考に筆者作成。

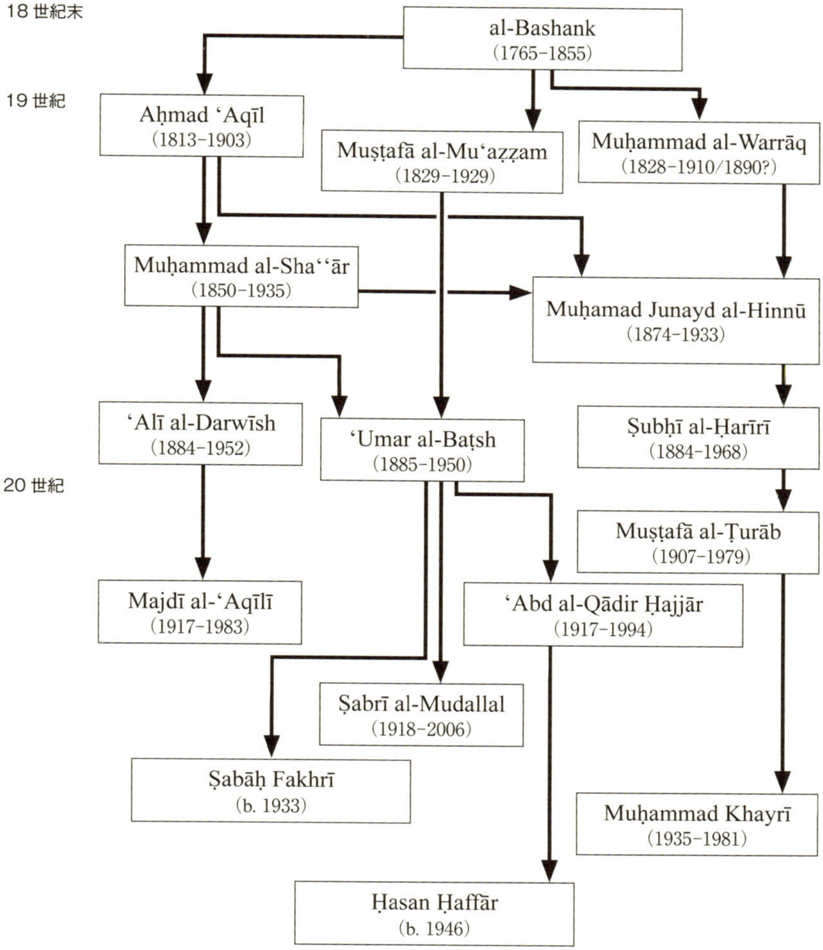

異は器楽に対する扱いにも現れている。たとえば、カーディリーなどのアラブ系教団ではズィクルにはダッフ daff[18] などの打楽器以外の楽器は使用しない。しかしながら、オスマン系のマウラウィー教団ではズィクルに葦笛であるナーイを使用するため、ナーイを得意とするアリー・ダルウィーシュや同じくナーイの名手であったムハンマド・ナブキー（Muḥammad al-Nabkī, 1875–1952）などがこの系譜に属している。また、この系譜に連なる人物として、音楽教育者で伝承系作曲家としても活躍したマジュディー・アキーリー（Majdī al-'Aqīlī, 1917–1983）がいるが、彼は高い教育を受けた医師であり、この系譜が地元のカーディリー系などよりも教育のある、もしくは教養のある系譜とみなされていた可能性をも示唆している。また、このマウラウィー系のザーウィヤはオスマン政府からの手当てを受領する立場にあったことからも、影響力の強さが窺(うかが)える[19]。

このように系譜をたどっていくと、20世紀初めのアレッポのムンシド界には二つの系譜、すなわちカーディリー系でカールラク街区のムンシドたちおよびジャッルーム街区のザーウィヤ・ヒラーリーヤを中心とした系譜と、オスマン系のマウラウィー系でファラジュ門街区のマッラーハーナ・モスクを中心とした系譜が存在していたと言える。しかし、ムンシド個々人が教団に縛られることなく活躍していたように、この二つの系譜も必ずしも排他的ではなかった。たとえば先の図に見るように、アキールからシャッアールへの流れがアリー・ダルウィーシュにはあるものの、彼は音楽活動を同世代のバトシュと行っていたこともある。また、ダルウィーシュの息子ナディームが編纂(へんさん)したムワッシャフ集『我らが宝庫から』[N. Darwīsh & Rajā'ī c. 1956] にはバトシュのムワッシャフが20世紀の作品としては非常に多く掲載されており、レパートリーの多くは伝承の系譜に関係なくムンシドたちの間に流布していた。さらにアサディーの記述によると、1932年のカイロにおけるアラブ音楽会議の後、ダルウィーシュとバトシュを代表とするアレッポの音楽家たちが集まり、彼らなりに伝統の集成を作ろうという

18　図像参考資料1．2にある挿絵の左の打楽器がダッフに当たる。

19　1866年の記録によると、カーディリー系およびアフマディー系のシャイフも政府から手当てを得ているが、それぞれに一名ずつであるのに対して、マウラウィー系は複数の人物が受け取っている ['Ayntābī & 'Uthmān 1993, (I)61-2]。アフマディー系スーフィーとは、バダウィーないしはバダウィーヤとも呼ばれている13世紀に興った教団で、エジプトのデルタ地方の都市タンターに開祖である聖人アフマド・バダウィー（Aḥmad al-Badawī, d. 1276）の廟がある。

機運もあったらしい［Asadī 1988, (VII)229］。この様子をある意味で象徴するのがアリー・ダルウィーシュ、ウマル・バトシュ、サーミー・シャウワーなどの音楽家たちが一堂に会しながらも、撮影年が確認されていない歴史的な写真である（**図像参考資料３．１参照**）。このように個人的な系譜だけでなく、二つの大きな流れも排他的にはならず、相互に浸透しながら現在に至る古典歌謡文化の系譜を形成し、その知識と技芸を今日に伝えている。

図像参考資料３．１：アレッポの伝承系音楽家の集合写真［Āl Jundī 1954, 303］

←
最後列で右手を軽く上げている人物がアリー・ダルウィーシュ、中央列向かって左でヴァイオリンを構えている人物がサーミー・シャウワー、同じく中央列向かって右でナーイをかまえているのがムハンマド・ナブキー、前列五人の中央がウマル・バトシュ。撮影年は不明。

第３節　響きに名前を付ける：音高名としての名称

口伝と記憶に基づいた稽古と伝承の系譜を通して後の世代が譲り受けたのは、歌や音楽のレパートリーだけでなく、それらに関連する知識でもあった。具体的にはリズム様式（イーカー）に関する知識や旋法（ナガム）に関する知識である。第3節では特にナガムに関する知識に焦点を当て、それはどのような性質を持ち、いかなる体系を形成しているのかを、実践者たちが共有している言葉とその意味構造を通して考察する。

ナガムの文化内在的な性質：感性と連動する音楽用語

第2章第3節で述べたように、ナガムあるいはナガマという言葉は、音楽学上は楽音、旋律、旋法という定義の上で区別されるべき音的現象を示す。音楽と情緒の関連性を重視するタラブ的音文化においては、ナガムによる音的現象は心理的影響や情緒感をもたらす響きとして捉えられている。こうしたナガムの性質は、前章においては聴き手の問題として議論したが、当然ながら実践者の立場においても重視されている。否、響きに何らかの情緒感を感じ取る能力は、一般的な聴き手以上に実践者にとって必要不可欠な技能であろう。

ここで確認すると、こうした環境において旋法に関する用語がナガムであることは重要である。タラブ概念との親和性が高いことも当然ながらその理由である。しかし、序章で示したように、近代音楽学が流入する以前から実践者の間で共有されていたタラブ的音文化という本来の文脈、すなわち音楽学的視点とは異なる情緒や響きを重視する文化内在的な視点がこの言葉を通じて語られることも大きい。20世紀前半に活躍したウマル・バトシュと懇意にしていたアール＝ジュンディー[20]による伝承集［Āl Jundī 1954］からは、この世代にはナガムが旋法を意味する用語として一般的であったことがわかる。また、ヴァイオリン奏者であるサッバーグは1950年に音楽書［Ṣabbāgh 1950］を出版しており、同様にナガムを使用している。さらに、ダラールによると、1950年代から60年代にかけて活躍したバクリー・クルディーもこの言葉を使っていた一人であった。当時10代半ばでクルディーから音楽の稽古を受けていたダラールは、端的に言ってナガムとは感性ないしは情緒（イフサース iḥsās）であると師匠であるクルディーが語っていたのを覚えている[21]。もとよりムンシドの音文化においては、使用音階と旋律モデルによって説明される音楽学的な旋法概念は存在していなかったゆえ

20　第1章73頁参照。
21　ダラールとの通信による（2010年6月）。

に、ナガムの響きから感じ取られる情緒的な特質をイフサースという言葉でクルディーは説明したのであろう。2000年代にはダラール自身がスペインの映像作家の質問に答えて、アラブの旋法音楽は感情 mashā'ir に触れる、すなわち心の琴線に触れる特徴があるとも語っている［(DVD) Vila y Gasco 2009］。

こうした特徴を持つナガムに関して、上述のサッバーグは敢えてその著作［Ṣabbāgh 1950］の中で説明を試みている。アレッポ出身のキリスト教徒である彼は、若い時期に仕事のためにエジプトやスーダンに滞在し、シリアに戻ったのちは主にダマスカスで音楽家として活躍した人物である。カイロで成功したヴァイオリン奏者のサーミー・シャウワーとは長年のライバル関係にあり、シャウワーが「ヴァイオリンの貴公子 amīr al-kamān」と呼ばれたのに対して、サッバーグは「ヴァイオリンの王者 malik al-kamān」というあだ名を持っていた。

1932年にカイロで開催されたアラブ音楽会議にシリアの第二代表団団長[22]という特殊な立場で参加した彼は、当時、音名の西洋化[23]を主張した西洋化・近代化主義者でもあった［Saḥḥāb 1997, 173］。しかしその反面、1950年に著した『音楽総合案内』［Ṣabbāgh 1950］では、音程や音律などの音楽学的方法論でナガムを説明すると同時に、感性や情緒的側面も重視する姿勢を明確に打ち出している。これゆえに彼の著書ではナガムの定義は二段階に分かれているのである。彼にとってナガムとは、まず音楽の科学 al-'ilm al-mūsīqī で説明されるべきものである、と同時に良い趣味 al-dhawq al-salīm と繊細な感性 al-iḥsās al-daqīq をも必要とすることも明らかにしている［Ṣabbāgh 1950, 37］。前者に関して彼は、平均律では説明できない音程の問題を、微細な音程の差異を示すことのできるコンマ制[24]で説明している。このことが示すように、彼の言う「音楽の科学」とは音程などについての音楽学的説明を意味し、何よりもまず各旋法の使用音階に関し

22 1932年にカイロで開催されたアラブ音楽会議には、シリアを代表して既に代表団が派遣されていた。しかし、この集団の音楽的技量などに疑義が投げかけられ、最終的にはサッバーグを団長とした集団が正式な第二代表団としてカイロに赴いた［Saḥḥāb 1997, 132-3］。

23 後述するようにアラブ音楽では音高に対してアラビア語の名称がある。音名の西洋化とは、これをイタリア式音名に変えることを意味する。

24 コンマ制：一オクターブを53分割し1単位を1コンマとする音程換算方式で、ピタゴラス音律を基にしている。この場合、1全音は9コンマで平均律の全音よりも音程が若干広い。1コンマは22.6415セントである［Touma 1996, 23］。

て、正確に音程を説明できることが重要なのである。また、各旋法の旋律行程[25]に関する記述もあり、この点においては1932年の『会議の書』の形式に近い内容となっている。

しかし、彼の記述でさらに重要な点は、ナガムを説明する際にむしろ先に触れたように音楽学的な領域と情緒的な領域の二つが存在することを明らかにし、同時に説明しようと試みたことである。彼の説明では、彼が音楽の科学として重視している正確な音程の実行という問題が、音楽的な趣味の問題や各人が感じる情緒の問題と、明確ではないにせよ関連付けられて議論されているのである。正確な音程は重要ではあるが、それはあくまでナガムを基礎とした旋律の「精神への影響」al-ta'thīr fī al-nafs を実現する手段にすぎず、彼にとってナガムによる音楽の特徴は非常に情緒的なものなのである [ibid.]。ここで付言したいのは、上述のようにサッバーグは音楽学とは異なるレベルでのナガムの解釈にイフサース、すなわち情緒や感性を意味する言葉を使用していたが、先に紹介したダラールの師匠であるクルディーも同じ言葉を用いており、この点では二人の意見は一致している点である。クルディーは著作を後世に残す機会はなかったが、その機会を得たサッバーグは、前章で引用したようにいくつかのナガムに関してそれぞれがどのような印象を受けるかを具体的な言葉で記している。サッバーグにとって、そして恐らくはクルディーにとっても、ナガムとは聴いたときに人の心理に影響を与え、何らかの印象をもたらす音的現象であり、イブン＝マンズール流に言えば、特定の感情を引き起こす「響き」なのである。そのようなナガムには、ある種の性質 ṭābi' や個性 shakhṣiyya があるなどと音楽家たちが時として語ることがあるのは、まさにこれらの差異を感じる感性に依っているのであろう。

ナガムの名称と単語の意味

では、情緒としての意味を持つナガムは、どのように教授されたのだろうか。稽古で重要になるのは、カッドやムワッシャフなどの楽曲とそのナガムの名称である。そこでまず、それぞれのナガムに関して名称と由来などを検討する。代表的なものを**表3．1**に示した。第２章で述べたように響きと名称の関連性を調べ

25　序章第２節第３項に既出。第６章で詳しく検討する。

ると、ラーストなどの代表的な名称は音楽学的には音名、小音階名、旋法名として使用されているのでその点に関しても記した。表中の（ペ）はペルシア語起源、（ア）はアラビア語起源を示す。

表３．１：代表的なナガムの名称

名称	原綴り	音名・小音階名・旋法名としての使用の有無	語源とその意味
ヤカー	yakā	音・旋法	（ペ）一の位置
イラーク	‘irāq	音・旋法	（ア）地名
ラースト	rāst [1]	音・小音階・旋法	（ペ）形容詞「まっすぐな」「正しい」［Asadī 1984, (IV) 168］
ドゥーカー	dūkā	音	（ペ）二の位置
スィーカー	sīkā	音・小音階・旋法	（ペ）三の位置
ジャハールカー	jahārkā	音・小音階・旋法	（ペ）四の位置
ナワー	nawā	音・旋法	（ア）名詞「核」[4]
フサイニー	ḥusaynī	音・旋法	（ア）
アジャム	‘ajam	音・小音階・旋法	（ア）名詞「非アラブ人」「ペルシア人」
アウジュ	awj	音・旋法	（ア）名詞「頂上」
ムハイヤル	muḥayyar	音・旋法	（ア）形容詞「混乱した（状態）」
バヤーティー	bayātī [2]	小音階・旋法	（ア）部族名（イラクのアラブ部族名、彼らの歌はこの旋法が多かったため［Asadī c. 1981, (II) 202］）
サバー	ṣabā	音・小音階・旋法	（ア）名詞「東の風」
ヒジャーズ	ḥijāz	音・小音階・旋法	（ア）地名
クルド	kurd [3]	音・小音階・旋法	（ア）民族名
ナハーワンド	nahāwand	小音階・旋法	（ア）地名（ペルシア南部にある都市の名前［Asadī 1988, (VII) 326］）

『アレッポ比較事典』［Asadī c. 1981–8］を参考に筆者作成。

1 rast, raṣd とも言う。
2 bayāt, bayyāt, bayyātī などとも言う。
3 kurdī とも言う。
4 ペルシア語辞典によると「navā：旋律、曲、調べ」［新ペルシア語大辞典 2002, 1873］などの意味がある。

表３．１に見るように、ナガムの名称は語源としてはほとんどがアラビア語あるいはペルシア語である。意味に関しては、アラビア語では普通名詞として一般

的な意味を持っているものもあるが、地方名や部族名などの固有名詞もある。後述するように、名称の意味がその名のナガムの旋律的特徴から受ける印象に近いとみなせるものもある一方で、バヤート族のように起源とされる部族が歌う歌にそのナガムが多いゆえにバヤーティーとなったなどの言い伝えは推測の域を出ない。ペルシア語起源の単語に関しては、サッバーグなども指摘しているように[Ṣabbāgh 1950, 34; Al Faruqi 1981, 234]、ヤカー、ドゥーカー、スィーカー、ジャハールカーなどはそれぞれ1、2、3、4というペルシア語の数詞に場所を表す接尾辞ガー gāh が付き、響きの印象よりも音楽学的な音階名として認知された音高の順番を示すものと推測できる。この造語法に照らしてみると、現在、旋法に関する名詞として一般的な「マカーム」も基本的な意味は立つ場所すなわち位置であることから、音階における音の位置を示していたと推測できる[26]。

音名としてのナガム：名称の役割と特徴

では次に、響きの単位としては最小である音名として使用される場合、ナガムが何に対応しているのかをまずは確認しよう。前述のような単語は、音名としては**譜例3．1**に示したような音高に対応している。これらはアラブ音楽で使用される基本音階の中心的音域の音名である。この譜例からわかるようにアラブ式音名の場合、オクターブ離れた音でも重複とは捉えず異なる名称を用いる点や、これらの名称が音階名というよりも音高名である点に特徴がある。また、名称の音節数などを考えるとこれらの名称は階名歌唱用、すなわちドレミ歌唱などをするためのものではなく、名称が付されている目的は別にあると推測しうる点にも留意すべきであろう。

譜例3．1：基本音階（ブルダ音階主要部分）の音高名

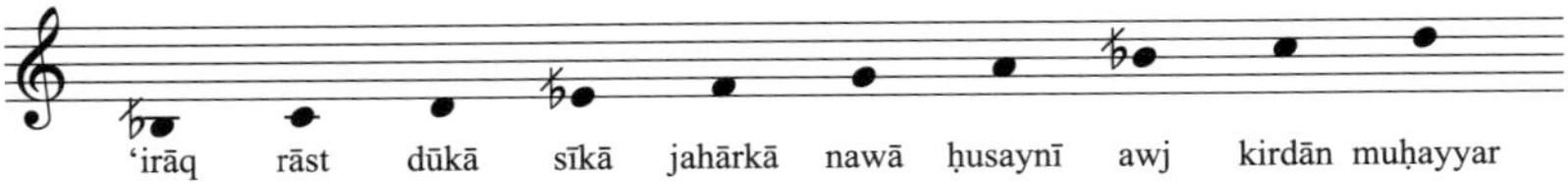

26　スーフィー的文脈においてマカームとは、修行の段階を示す「神秘階梯」でもある［矢島 2002, 905; 中村 1982, 43］。関連する写本文献を残した学者たちの多くが宗教諸学に覚えがあり、スーフィーでもあったことを考慮すると、写本音楽文献におけるマカームも階段状のものを示しうるだろう。

まず、音高名としての特徴を音程の観点から簡単に検討しよう。第一に、音高名に関しては、音名はソ⁻音からソ⁺音（GG から g）の二オクターブの間で存在するのみである。これはこの二オクターブ以外に関しては古典音楽ではまず使用しないため、また歌ないしは声が中心の音楽であるため、人の声域に音名の音域も合わせてあることが主要な要因と思われる。

第二に、この二オクターブの音名群の中でも主要な音名と付加的な音名に分別されている点に注目できる。一オクターブに基本音高は七音、たとえばド音（C）からド⁺音（c）の間に基本音程が七つ設定され、オクターブの重複を除いては七音が設定されている点は西洋と変わらない。専門的にはこのような主要な音を基本音と捉えブルダ burda[27] と呼んでいる。ブルダ以外の二次的でより細かい音程（主に半音）を示す音名はウルバ ʻurba[28] と呼ばれる。さらに微細な音程を伴う音に関する呼び名をイスティラーヒー iṣṭilāḥī（「専門的な」の意）という名称でサッバーグは紹介している［Ṣabbāgh 1950, 35-6］。

これらの音名に関して重要な点は、西洋で現在使用されている平均律による音程とは音程規則が異なる点である。現在は**譜例３．１**のように五線譜を用いるため、イラーク音やスィーカー音、アウジュ音などが♭（フラット）の半分、すなわち𝄳（ハーフ・フラット）として記譜され、たとえばドゥーカー音（レ音、D）とスィーカー音（ミ𝄳音、E𝄳）の間の音程は四分の三音程と推測でき（**図３．２**の上段）、そのため、楽譜上の音程は半音程、四分の三音程、全音程のみであると読める。しかし、実際には音程を、このような四分の一音程を単位とした平均律で捉えるのは困難であり、たとえば中立音程であるミ𝄳音（E𝄳）は厳密にはレ音（D）からの音程とファ音（F）からの音程が異なり、また専門的には旋法ごとにも微妙に異なる。このような音程関係を示すためにコンマ制[29]が用いられ、サッバーグの説明によると、ラースト旋法で使用する五音音階の中の中立音程レミ𝄳

27　アル＝ファールーキーはこの単語をバルダ barda と転写しているが［Al Faruqi 1981, 31］、ダラールによるとブルダ burda である。彼女は語源をペルシア語の「カーテン」としているが［ibid.］、音名との意味の関連性ははっきりしない。

28　アル＝ファールーキーはこの単語をアラバ ʻaraba と転写しているが［Al Faruqi 1981, 16］、ダラールによるとウルバ ʻurba である。アラバであれば彼女が説明しているように語源は「乗り物」などであるが［ibid.］、関連性ははっきりしない。むしろ、カーヌーンの弦に付属的に付けられている音程微調整のためのミニ・レバー（原理としては箏の弦に付けられている駒と同じで、さらに微小にしたもの）をウルバ ʻurba と呼ぶことから、このレバーとの関連性の方が高いのかもしれない。カーヌーンは台形の木の箱に弦を渡した撥弦楽器。

29　脚注 24 を参照。

ファ（DE𝄳F）は、図3．2に示したようにそれぞれ7コンマと6コンマであり同じ音程ではない［Ṣabbāgh 1950, 41］。なお、アレッポの専門家たちは、音程に関する詳しい説明に現在でもこのコンマ制を使用している[30]。

図3．2：ラーストの五音音階の53コンマ制による音程関係（サッバーグの解釈）

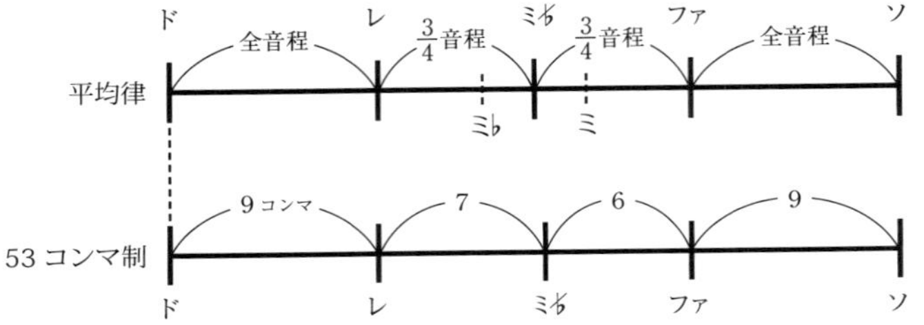

近代西洋音楽は基本的に全音と半音のみを使用するが、アラブ音楽の場合、上述のように音程の種類は二つだけではない。その微妙な響きの差異が情緒感の差異と連動しているため、音程の違いに対して熟練した演奏家にはこだわりがあり、かつ音程の差異すなわち文化内在的には響きの差異は心理的作用の違いとして受け取られている。たとえばヒジャーズ・カール・クルドと呼ばれる旋法は、五線譜上に使用音階を記すと半音と全音から成る音階として表記される。しかし、サッバーグが『音楽総合案内』に記したように、実際にはコンマ制で表現できる音程の差異が使用音階に存在し、そのこだわりに対してラースィーは賛同を示し、かつ繊細な音程操作がタラブをもたらす点を指摘しているし［Racy 2003, 108］、同様にダラールもこの旋法の繊細さに深い味わいを感じると語っていた[31]。これらは音楽学的には厳密な音程操作の実践として解釈されるが、情緒感が要求するゆえに必要な音程操作であり、文化内在的視点からは強調されるべき要素はむしろ響きから生じる情緒なのである。音程などに関する音楽学的表現

30　アレッポで使用されているコンマ制に関して、カーヌーンの音程操作レバーを例に説明している粟倉による論考がある［粟倉 1987a］。専門家は個人としてはコンマ制を使用するが、一般的な説明ないしは初学者用の説明では音程の最小単位を四分の一音程として説明する24平均律が普及しており、スィーカー音などの音程を数値的に表現するときはrub‘ ṣawtすなわち「四分の一音」という用語を使うことが多い。

31　ダラールとの個人的な面談による、2006年6月、アレッポにて。

と、同じ現象に対する文化内在的な言語表現は、一見すると全く違うメッセージを伝達しているように思える。しかし、一つの「像」を異なるフィルターを通して映し出しているだけなのであろう[32]。このような表現上の特質や差異に注目すると、次に説明するように、響きとしてのナガムに名称を付けていることの重要性が明らかになってくる。

第４節　響きと情緒的記憶を結ぶ記号としての名称

第４節では、音的現象と心理的イメージ、さらにそれらに付随する言葉の関係を古典音楽における名称群を軸に考察し、これらの名称群がどのように機能してこの音楽の体系を構築しているのかを明らかにする。

響きのイメージに基づく音階の名称

音的現象とそれから心理的に受けるイメージが重要な文化は、アラブ文化だけではない。今日の西洋音楽用語にも、その語源に音や響きから受ける印象が影響している言葉はある。ここでは卑近な例の一つである音階に関する英単語で考えてみよう。全音階および半音階という日本語の術語は、輸入学問のための翻訳言語であるため学術的な意味合いが強いが、英語の「半音階的な chromatic」という単語は、語源としては色に関係するギリシア語に由来し「色のついた」という意味を表す chromat- という連結形が元になっている［英語語源辞典 1997, 229］。また、「全音階的な diatonic」という単語は、同じくギリシア語に由来する「横切る」などを意味する dia- という連結形から派生し［ibid., 354］、「全音で前進してゆく proceeding by whole tone［Drabkin 2002, 295］」[33]などの意味がある。ゆえに、一音一音を横切り、前進してゆくなどの意味合いがあり、全音階は音と音を渡ってまっすぐ進んでいく響きに聞こえ、その一方で、半音階はより彩りがあると感

32 序章の図０．３（55 頁）を参照されたい。
33 具体的には、半音階はオクターブ中の 12 の半音による進行を意味するのに対して、全音階はオクターブ中の七音（５つの全音と２つの半音）からなる進行を意味する［Drabkin 2002, 295］。

じられる、すなわちこれらの音階が響き渡り旋律的現象として聴かれたとき、その音的響きに感じられる心理的印象が言語表現に反映されているのである。

アラブ音楽では音高に名称が付与されていることを先に触れたが、これらは、西洋式五線譜普及の過程で階名唱などの必要もあってか、イタリア式音名などに置き換えられ、今日では必ずしも広く使用されているのではない。その一方で、三音、四音、五音からなる小音階の名称群は比較的よく知られている。その中でも最もよく知られているのは、「ラースト」や「バヤーティー」、そして「ヒジャーズ」などである。

音的響きと名称の関係が、比較的わかりやすいものに「ラースト」とその小音階がある。ラーストは、先に紹介したように、元々ペルシア語起源の単語でありアラビア語ではないが、基本的な意味は「まっすぐ」で、小音階としては**譜例３．１**のブルダ音階（アラブの基本音階）中のラースト音（ド音、C）からナワー音（ソ音、G）までの音列ドレミ𝄳ファソ（CDE𝄳FG）にあたる（**譜例３．２**参照）。この小音階の音程に関して言うならば、この音階はミ𝄳音（E𝄳）を含み、敢えて四分の一音程を基にした平均律で説明すると全音と四分の三音程から成り立ち、半音は含まれていない。個人差はあるものの、こうした音程関係によって成立しているラーストの小音階による旋律は彩り豊かというよりは比較的まっすぐな印象を受ける。現在、「ラースト」という言葉の意味を知っている人はさほど多くはないだろうが、逆に、この小音階の響きから、ラーストという言葉にまっすぐなイメージを抱いている人もいるかもしれない。このようにして、実際の音的響きとそのイメージは、名称に媒介されて結びつき、記憶され、人々の脳裏に蓄積されているのである。

譜例３．２：楽音ラーストと小音階ラースト

記号としてのナガムの名称：
音的響きを指し示す名称

譜例３．３：バヤーティー、ヒジャーズおよびサバーの小音階

現代の西洋音楽に慣れた人の耳には、中立音程を含むラーストの小音階の響きは捉えにくいかもしれない。これよりも特定の音程の持つ印象を把握しやすいのは「ヒジャーズの響き」である。その中で使用される増二度音程（ミ♭ファ♯〔E♭F♯〕）の響きはその音程の広さから独特の響きがあり捉えやすく、アラブ音楽の特徴の一つとしてよく指摘されてきた。

そこでこの特徴を考察するために、アラブ音楽で最も一般的と言われているバヤーティーの小音階と比較してみよう。ラーストと同様に、バヤーティーもアラブの基本音階であるブルダ音階において、レ音（D）からソ音（G）の四音音階がそのまま使用されて成立しており、非常に規範的な響きと言える[34]（**譜例３．３**参照）。これに対してヒジャーズで使用される音階はこのバヤーティーの四音音階を基に考えると、**譜例３．３**で見るようにファ音（F）（矢印の音）が半音上がっている[35]。ゆえに「ミ♭ファ♯（E♭F♯）」の二音の音程は、バヤーティーに出現する長二度（ミ𝄳ファ〔E𝄳F〕[36]）よりも広い増二度音程を含むこととなる。ナガムの名称としてのヒジャーズは、バヤーティーと比較するとより広い音程であるこの増二度を含む響きの塊に対して付けられており、逆に言えばこの音程的特徴ゆえにバヤーティーとの違いが認知されるのである。

ちなみにヒジャーズはアラビア語の単語で、アラビア半島の西側にあるメッ

34　バヤーティーは、バイト bayt すなわち「家」を意味するアラビア語と同語根の単語であることから、規範的なバヤーティーの四音音階の響きは響きにとっての一種の家、すなわち家や故郷であるのかもしれない。語源に関して検討すると、音楽用語としてはバヤーティーと同じ意味であるバイヤート bayyāt は、アル＝ファールーキーが示しているように「寄宿する者」を意味する名詞である［Al Faruqi 1981, 35］。さらにこの単語の動詞形 bāta の語義を遡ると「（ある場所で）夜を過ごす」［Wehr 1980, 84］の意であるとわかる。ゆえにバイヤートの語義をその場をねぐらとし拠点としている、すなわちその場を家としていると解釈するならば、この響きの性質と語源との関連性を理解できなくもない。

35　ちなみにファ♯音はブルダ音でなくウルバ音であるものの、ヒジャーズの響きに特徴的であるためか「ヒジャーズ」という名称が当てられている。

36　厳密には「ミ𝄳ファ」の音程は長二度よりも狭いが、ここでは便宜上、このように表現した。なお、ヒジャーズの小音階のミ♭音は、ミ𝄳音とする場合もある。

カやメディナを含む地方を示す。暑く乾燥した気候で、都市を一歩出れば砂漠や土漠が広がっている。それゆえ、ヒジャーズの響きはその語源も影響しているのか、トゥーマーによると多くの人々に砂漠を連想させるらしい [Touma 1996, 43-4]。しかし、重要なのは、ヒジャーズという名称とこの響きが連想関係にあることである。響きが与える心理的な影響や連想を砂漠と取るのか、それとも他の感情で表現するのかは、二次的な問題と言えよう。

また、ヒジャーズ同様に聴き分けやすい響きを持つナガムとしてサバーがある。その響きのイメージは、一般的には悲しげで心理的に影響するとみなされている。その響きを生じるサバーの四音音階は**譜例3．3**のように示され、バヤーティーの小音階と比較するとソ音（G）（矢印の音）が半音下がっており、それゆえ音楽学的にはこの小音階の四度枠の最低音と最高音が減四度音程（レソ♭〔DG♭〕）となり、非常に狭い音程で旋律が形成される特徴がある[37]。サバーという名称はこのような特徴のある旋律に対して付けられていることから、サバーと言えばあの響きであるという連想関係が成立しているのである。ここで再度強調したいのは、サバーという単語は本来は「東の風」を意味しているが、この名称からイメージする旋律的響きとは意味の上ではさほど連動していない点である。

にもかかわらず、名称が何らかの旋律的響きを思い出させたりする。それゆえ、これらの名称はさしずめ旋律的響きの特徴を記憶するツール、ないしは旋律的響きの特徴を思い出すための枕詞のような機能をしていると解釈できるだろう。たとえば、和歌において「ぬばたまの」という枕詞は、ぬばたま（檜扇〔ヒオウギ〕）の種子の黒さから「黒」や「髪」そして「夜」などの単語にかかる。規則上は単に「AとくればB」というように機械的に並び連なっているようにも思えるものの、言葉から連想されるイメージを重視するならば、「ぬばたま」という言葉を耳にしただけで、ないしはそれが心に浮かんだだけで黒や暗いイメージが湧き、漆黒の「髪」や灯りのない暗い「夜」が自然と連想される。このような言葉と枕詞の間の連想作用を了解した上でこれらの名称群に関する議論に戻れば、それは特定の旋律的響きと結びつき、その響きのイメージや、さらにはダ

37　このソ♭音（G♭）に対して、サバーの音階に特徴的であるためか「サバー」という音名が与えられている。ちなみにヒジャーズ音ファ#音（F#）とこのサバー音ソ♭音（G♭）は平均律では異名同音であるが、コンマ制では異なる音である。

ラールが言うような味わいを演奏する者に思い出させる枕詞であり記号であると了解できるのである。

このように考えると、こうした名称群は、上述のように「東の風」などの言葉の意味と旋律に対する印象を直接結びつけているというよりも、むしろ、旋律的響き自体とその響きによってもたらされる印象や情緒感が、それぞれに名称という言語情報を媒介として有機的に結合して成立している記号の体系と捉えることができるだろう。

記号としての名称ラーストとその意味構造：音名、小音階名、旋法名

ではここで、これまで検討してきた点を、名称の一つであるラーストを例に簡単にまとめてみよう。先に紹介したのは、楽音に名称が付いている場合と小音階に名称が付いている場合であった（**譜例３．２**）。どちらの例にもラーストが用いられている。確認すると、ラースト音はド音（C）であり、ラーストの小音階はドレミ𝄳ファソ（CDE𝄳FG）になる。さらにラーストは旋法名でもあるため、三者を五線譜上で表してみると、**図３．３**の右側のように説明できる。

図３．３：名称ラーストの意味構造

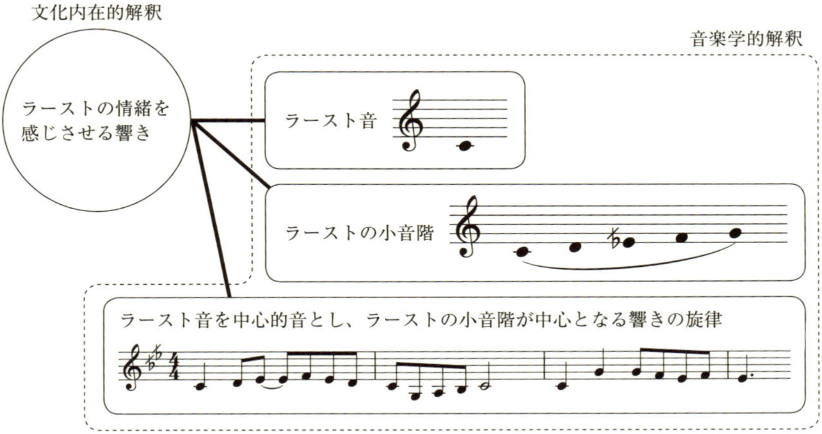

図3．3右側三段目の譜例のような旋律から旋法としてのラーストは始まり、この段階では小音階ラーストが主に使用され、ラースト音が旋律の中核的な響きとして現れる。すなわち「ラースト」という名称を音名と小音階名として持つ二つの音的現象（楽音と小音階）が、ラーストの情緒を感じさせる旋律的響きを作り、これらの要素がラーストという名称（記号）によって有機的に関連付けられているのである。こうした旋律形成上の特徴に関しては、更なる音楽学的分析が必要となるため詳細は第2部に譲るが、ムンシドたちはレパートリーの習得によって実際の旋律でこうした響きの種類やそれらの間の微妙な差異をまず聞き覚え、さらに師匠について言語化された状態で記憶するようになる。すなわち、幼少時にカッドを歌い覚え、一定年齢に達したら師匠について稽古をするという行為には、整理されない状態で脳裏に存在する音の記憶を言語という記号でもって体系化する役割があるのである。

ここで強調したい点は、ムンシドたちが耳で覚えるのは旋律的響きであり、名称はあくまで響きとしてのナガム、すなわち第2章第3節で説明した一音の響き、旋律としての響き、そして旋法としての響きに付されていることである。小音階の説明に「ラースト」と書いてあるのを見れば、多くの人がそれを小音階名とみなすのは自然であろうが、本来ならば、まずラースト的な響きの旋律があり、その構成音を説明するために小音階に名前が振ってあると理解すべきなのである。

さて、これまでの議論によって音名と小音階名と旋法名の記号論的関係については、ある程度の理解は得られただろう。しかし、旋法名に関しては説明はまだ十分ではない。なぜならば、ラーストの例からわかるように、楽音ラーストと小音階ラーストによって成立する旋律は音域が限られているが、一般に旋法と呼んでいる旋律はこれだけで成立しているのではないからである。では、こうした響きの単位が旋法と言いうる旋律をどのように成立させているかについて、次に具体例であるムワッシャフに関する知識から検討してみよう。

響きの単位と旋律行程：モデルとしてのカッドとムワッシャフ

1932年にカイロで開催されたアラブ音楽会議の議事録である『会議の書』[Kitāb 1933] でも、またサッバーグの『音楽総合案内』[Ṣabbāgh 1950] でも、このような旋律的響きを創出する単位の一つとしての小音階は重視され、アラビア語でジンス jins と呼ばれている。一般にはジンスは英語でテトラコード tetrachord と訳され、また、本研究でも小音階と便宜上、翻訳しているが、ジンスとは本来「種類」などを示す言葉であることからもわかるように、そもそもは響きの種類を意味していたとも推測できる音的現象である[38]。繰り返しになるが、先に検討したように、ラーストならば、ラーストと呼びうる旋律的響きがラーストという響きの種類（ジンス）として認識され、それを音階として記したものもそのように呼んでいるのである。

このジンスは、これまでみたように、三音や四音そして五音音階である。一方、旋法としてはさらに広い音域を使用する。そこで、例えばラースト旋法の旋律の使用音階は、このようなジンスの集合体とみなされており、それゆえ、ラースト旋法の旋律で使用される音を音階として示すと、ド音（C）を基音として、**譜例３．４**のような内部構造を持った音階として示される[39]。

譜例３．４：ラースト旋法使用音階の小音階構造

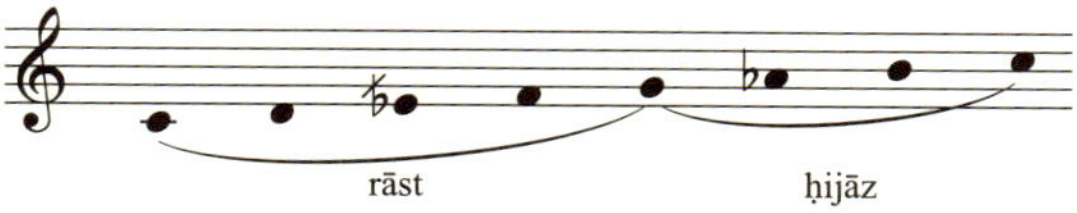

そこで、**譜例３．４**と**図３．３**の最下段の譜例を比較すると、**図３．３**の例は使用音階中の一部分を構成しているに過ぎない。実際のラースト旋法ではラーストの小音階を使用して旋律を作るものの、旋律の進行過程ではそれよりも高い位置にあるヒジャーズの小音階も使用されうるのである。すなわち、ラースト旋法による旋律ではあるが、響きとしてはラーストの響きがまず聞こえ次にヒジャーズの響き[40]も途中聞こえて、最終的に旋律は終止する。言い換えると、ラースト旋法による実際の旋律は、その進行過程において名称の付与されている響きだけでな

38　序章脚注 41 および 42 参照。
39　ラースト旋法の使用音階構造は二種類ある。詳しくは第２部第５章を参照。
40　**譜例３．３**の第二段目にあるヒジャーズの小音階の位置は、レ音（D）を最低音とした位置である。**譜例３．４**は最低音の位置が四度上がっている例である。

く、他の音域の他の響きをも含んでいることがほとんどである。にもかかわらず旋法としてたとえばラーストと呼ぶ場合、この「旋法」としてのナガムにはどのような特徴があるのだろうか。

サッバーグは、旋法と呼びうる旋律には、各々に耳に対して支配力のある旋律的響きとしてのナガムが存在するとし、重要度において他の響きからは抜きんでていると言う［Ṣabbāgh 1950, 43］。より音楽学的に言えば、各旋法には使用音階中に支配的な響きが存在しているとも解釈できる。また、サッバーグによる説明の同じ個所からは、このようなナガムは旋律の最初に出現することが読み取れる。旋律を開始する際に出現するこうした特定の響きに関しては、特定の音の概念として『会議の書』でも示されており、重要であろう［Kitāb 1933, 144］。すなわち、旋律の「開始部」と言える部分に特定の音を中心とした旋律的響きが出現し、その旋法に固有の響きを創出するのである。サッバーグもまた『会議の書』も、旋法が具体的にどのような旋律になるか、すなわち音楽学的に言うところの「旋律モデル」に関しても説明しており、この意味においても、どの響きが最初に出現するかはあらかじめ規定されていると解釈できる。また旋律モデルの詳細は、どの小音階から始まり、次にどの小音階へと移動し、最後には基音に戻るといった響きを単位とした旋律の行程として捉えられていることも多く、こうした発想の下では使用音階中の小音階構造は単なる音階なのではなく、何らかの条件下では旋律的に動き出す響きなのである。

さて、上述の「開始の際に重要な響き」に関しては前掲の二文献においても必ずしも明瞭な説明がなされていないが、アレッポではレパートリーであるカッドとムワッシャフがこの規則を実践的に学ぶ手段となっている。一節（ひとふし）程度で終わってしまう短いカッドはナガムの最も小さい単位の響きの手本となっており、「飾られたもの」を意味するムワッシャフは、さらに旋律を展開させる方法の手本と言いうる役割を担っている。そこで、規範的なムワッシャフを例にこの点を検討してみよう。

アレッポや東アラブ地域の都市歌謡であるムワッシャフは、歌詞に関して言うならば四行を一節（いっせつ）として捉える詩行構造をしていることが多い。この一節内の典型的な構造は、詩行に名称を付して説明されている。すなわち詩行の一行目と二行目をダウル dawr、三行目をハーナ khāna、四行目をギター ghiṭā' ないしはカフラ qafla と呼んでいる。実際にはこれらは詩行の名称というよりも旋律構成と一致しており、同じ旋律で繰り返されるダウルをA、異なる旋律が提示されるハーナをBと捉え、ギターではダウルないしはダウルに近い旋律が繰り返されるためAないしはA'と捉えて、AABA形式であると多くの研究者が指摘している［Al Faruqi 1975; Shannon 2003a; Abou Mrad 2004］。一般的なパターンとしてはダウルが低・中音域の旋律であり、ハーナはさらに高い音域で歌われることが多い。これを受けて、最後にアラビア語で「蓋(ふた)」を意味するギターないしは「鍵」や「錠」を意味するカフラが終結部として現れて歌は終わるゆえに、**図３．４**の上段のように説明できる。その一方で、前述の「支配的な響き」や旋律の「開始部」に注目してこの構造を捉え直すと、開始部Aでこの歌にとって支配的な響きが提示され、繰り返されてその響きが支配を確立し、Bで異なる対照的な響きへと移行する。ただし、Aとの対比や関係によってのみBの響きは重要性を帯び、最終的にはAの響きへと戻ると考えると、このAABA形式は、響きの行程の手本と考えることができるのである。

図３．４：ムワッシャフの基本的な旋律構造（第１章の78頁で紹介した歌の例）

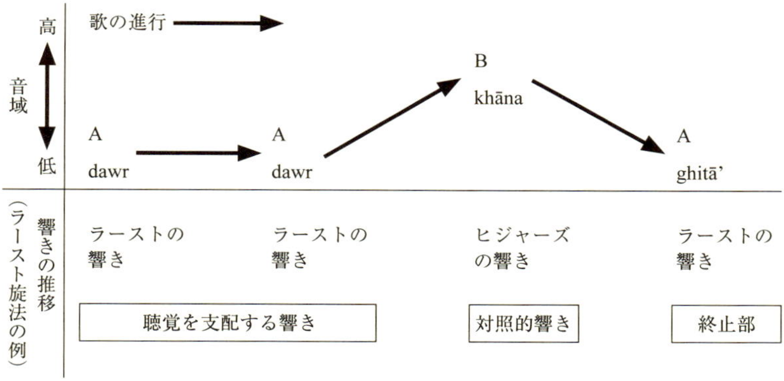

図３．４の下段はラースト旋法によるムワッシャフの例であるが、AABAという全体構造の中ではラーストの響きもヒジャーズの響きも同様に出現するもの

の、ラーストの響きが聴き手の聴覚を捉え印象付けてからヒジャーズの響きへ移行することにより、ヒジャーズの響きはラーストの響きに対して副次的な意味しか持たないこととなる。それゆえにこのムワッシャフの旋法としてのナガムはラーストとみなされるのである。この一連の手順がラースト旋法の旋律を成立させると言えるが、他方、ほとんどAしか出現しないようなカッドでも、旋法にとって支配的な響きである小音階を中心としたラーストの響きが旋律を支配しているという意味においてラースト旋法による旋律と言えるのだろう。そして概ね言えることは、Aに出現する響き、すなわち開始部に出現する響きが旋法名を付されている旋律的響きとみなしうることである。

なお、ムワッシャフは歌詞を何連か持っているのが常であり、そうでなくとも繰り返し歌われる。その際にはこの響きの構造は、AABA − AABA − AABAとなり、Aから始まりBに変化しながらも常にAの部分が巡り戻ってくる構造となる。この巡り戻る性質からAの部分をダウル、直訳では「順番」と呼んだとも推測できよう。これは単に自動的に順番通りに出現する響きというよりは、支配的な影響力があるゆえに巡り戻ってくる重要な響きなのである。

おわりに

旋法や小音階や楽音に付与されている名称は、その役割を認識していない者にとっては数の多さに戸惑う厄介な存在である。しかし、本章で検討したように、このナガムの名称群は、各名称が指し示す旋律的響きとそれに対するイメージや情緒感を結びつけることによって響きの分類を可能にする記号である。ゆえに、実践者たちにとっては欠かすことができないツールであり、かつその集合体はその仕組みを操る彼らにとっては整合性のある体系なのである。これらはタラブ的な感性、すなわち音的現象を情緒的に捉える感性によって下支えされているだけでなく、記憶を重視する伝統的な知識のあり方によっても裏打ちされてきた。

音と記憶と名称の連想関係に基づくこのような体系の存続を可能としてきたのは、第一に具体的で膨大な数のレパートリーの存在である。アレッポは、多くのカッドとムワッシャフを保持し、この点においては他の都市よりも抜きんでた存在だった。こうした文化的環境の下では、音楽学的な理論という形を取らなくとも知識は集積され伝授され続けることができた。しかし、その膨大さゆえに、全体をある種の体系性をもって記憶することは容易ではない。そのため、想起の連鎖を維持する仕組みの第二の要素として、一対一の古典的稽古という環境が重要になる。伝承稽古は、理論としては教授されないナガムの知の体系を伝えるための、欠かすことのできない文化的な仕組みの一部であり、師匠から伝授されてきたのは具体的なレパートリーだけでなく、この共同体内で流通してきた音的現象に関する名称の体系でもあったのである。

そして同様に重要な点は、それぞれの響きの名称が整合性をもって伝えられてきたことである。口頭伝承によって支えられてきたこのナガムの知識とは、具体的な響きである旋律群とその響きの分類、およびそれらに対応する名称の体系であった。しかしながら、その対応関係は具体例とそれがもたらす印象によってのみ体得されるものであり、一般化された理論と言えるものを構築しはしない。またこの体系は、分類内容に何らかの欠落が生じれば、たちまち知識の整合性が失われてしまう。伝承者がいなくなるという事態もありうるが、知の体系に欠損がある場合も存続を危うくするには事足りる。ナガムの体系は部分だけでは成立せず、それゆえに全体を記憶している師匠の存在が不可欠なのである。このようなナガムの体系は感性を重視し、記憶によって支えられてきた声の文化であり、文字や五線譜では習得できず、近代西洋の音楽学、特に理論に関する学問が想定する形とは明らかに異なるものである。

自らが演奏家でもあるラースィーは、旋法に関して理論的整合性をもって説明することはなかったが、アラブ音楽の様々な特徴を検討し、タラブとは英語ならば feeling[41]（情緒あるいは感性）であると結論付けるに至っている［Racy 2003, 203］。これはまさしくナガム概念とタラブ概念の強固な関連性を示しているのではないか。しかし、彼の世代においてもナガムは過去の遺物となりかけていたためか、それとも専門用語としての地位の低さからか、その体系が持つ意味構造に

41 ラースィーは、この英単語を複数形 feelings ではなく不加算名詞として解釈するように説明している［Racy 2003, 203］。ゆえに、諸感情の集合体や個別・個人的な感情というよりは、抽象的な情緒や感性などを意味していると解釈すべきであろう。

注目することはなかった。この関心の欠如は、序章で紹介したように特に近代カイロにおいて音階概念が重視され、マカームという言葉の一般化に伴い、名称に対する考え方が変化し、数の削減が目指されたことなどが影響しているのだろう。それにもかかわらずラースィーの前述のコメントが示すように、音楽知としてのナガム体系の論理構造が失われても、聴き方の作法であるタラブの作法は消え去ることなく今日まで残ったのである。

後続する章では、これまでに明らかにしたナガムの名称体系の構造を手掛かりに、アラブ古典音楽の旋法体系を抽象化・一般化を目指す音楽学的視点で分析し、この音楽の伝統の更なる理解を図りたい。

第２部

旋法の名称とその音楽学的機能

第4章　一音の響きとしての名称
——旋律の開始部と支配音の概念

はじめに

音楽であれ美術であれ、人は心打たれたものに心理的に強く影響される。古典アラブ音楽の場合、こうした心理的作用に基づくタラブの概念は、音に対する感性を重視する姿勢となって表れ、旋律様式から感じ取られる「響き」の差異を名称によって分類するナガムの体系を編み出した。この体系は名称を用いた言葉の体系であり、この音文化の言葉に通じ、この体系に慣れ親しんできた者には理解可能な合理性がある。前章では、名称の指示内容を確認して、この体系に文化内在的にはある種の構造があることを論じた。よってこの仕組みに基づき稽古を積めば、この体系の習得は可能なはずである。しかしながら、この名称を介した枠組みは、旋律様式の差異を感じ取る感性とそれを記憶し実践するという長い時間を要する経験の積み重ねによってのみ成立しているため、その内部構造を文化的他者が体得するのは極めて難しい。そこで本論後半では、この名称体系に関してこれまで検討してきた文化内在的枠組みを尊重しつつ、体系の構造を音楽学的な枠組みへと置換し精査・検討して一般化を図り、感性による名称体系を大きな特徴とするこの音文化のさらなる理解に努めたい。

三種類の「響き」に関わる音楽学的課題

文字の使用を前提としない伝達手段によって成立していたナガムの体系は、具体的な音的現象と、それによって喚起される印象と、それらを関連付ける名称という三つの要素によって築かれてきた。第2章の**図2．4**および**図2．5**で既に触れたように、この三者の中でもナガムの名称に注目すると、名称が指示する外延である音的響きは音楽学的には三種類の音的現象である楽音、旋律、旋法（旋律様式）に区別される。そこで本論後半の音楽学的分析においては、文化内在的には「響き」としてくくられていたこれら三要素を、音楽学的枠組みによって精査し、その役割の理解に努めることにより、文化内在的名称体系と音楽学的理解の接点を探りつつ議論を進める。

ナガム体系内におけるこのような名称の役割に関して、文化内在的な認識と音楽学的理解の関係を整理し、これからの議論の焦点を明確にすることが最初に着手すべき課題である。手掛かりとして前章でも参照したラーストという名称の指示対象を再度確認してみよう（**図3．3**および**図3．4**参照）。文化内在的な名称枠組みにそったラースト的な旋律（ラースト旋法）には、ラーストという名称の楽音（ド音、C）が中心的に響きながら、その音を構成音として持つラーストの小音階（ドレミ𝄳ファソ、CDE𝄳FG）を基にした比較的狭い音域の旋律（狭旋律）[1]が旋律の開始部で形成されて、さらにラーストの小音階以外の音域へと旋律が進行してゆく特徴があった。このような、楽音、狭旋律（小音階）、旋法という響きとしての三要素が有機的に関係して形成される一連の流れが、ラーストという名称から連想される文化内在的なラースト旋法の旋律を形成する。その一方で、こうした旋律形成過程はラースト旋法の典型的な旋律行程[2]であるゆえに、音楽学的には旋律モデル、すなわち規範的なラースト旋法の旋律に関する説明であるとみなせる。文化内在的な解釈と音楽学的な説明は、序章の**図0．3**で示したように異なる認識で一つの現象を見ているゆえに言語表現は一致しないが、表現内容を精査すれば呼応関係がはっきりするだろう。まずはこの点を本章第1節で詳しく検討して、本論後半の課題を提示したい。

1　小音階（ジンス）を基にした比較的狭い音域で形成される旋律。小音階との関係は第5章でさらに検討する。

2　序章の第2節第3項を参照。所与の旋法に関して、その使用音階を使ってどのように旋律が進行するかを示す概念。第6章で詳しく検討する。

歴史的史料としての『アラブ音楽会議の書』とアレッポの伝統

本章の議論に入る前に、ここで本論後半で使用する資料を簡単に紹介しよう。歴史的に重要な資料は、1933年にカイロで出版された『アラブ音楽会議の書』[Kitāb 1933] および関連する研究であり、このような文献資料を参照しながら、現在でもアレッポに残るレパートリー群を使用して諸問題に関する分析および考察を行う。

序章第2節でも紹介したように、『会議の書』とは1932年にカイロで開催されたアラブ音楽会議の議事録的な文献である。同会議では、旋法、リズム様式、音楽教育、音楽史などに関して小委員会が設けられて議論されただけでなく、伝承されてきた歌や器楽曲の採譜、音楽実践の録音など幅広い研究活動が行われた。その成果として会議の翌年に出版されたのが前述の『会議の書』であった。同会議を発案したのは男爵の称号を持つフランス貴族デルランジェである。彼はアラブ芸術への傾倒から1910年代にチュニスに邸宅を構えるようになった人物で、チュニジアの歌謡の伝統であるマアルーフ ma'lūf のパトロン的存在として知られていた [Davis 1997, 73; 1993, 138-9]。マアルーフのみならず、アラブ世界の音楽の伝統が全般的に衰退の一途をたどっているとみなした彼は、伝統の保存や継承の基盤を作るために音楽会議の開催をエジプト国王フアード一世 Fu'ād al-Awwal（1868-1936／在位1922-36）に勧めた。これが同会議開催のきっかけとなっている。

こうした経緯から、フアード一世はアラブ世界における旋法やリズム様式の集成をデルランジェに託し、彼を補佐するためにアレッポ出身のアリー・ダルウィーシュが王の命により東アラブ地域の伝統のインフォーマントとしてチュニスに派遣された [d'Erlanger 1949, 380: Saḥḥāb 1997, 37]。ダルウィーシュは1920年代後半にはカイロの東洋音楽倶楽部[3]に音楽教授として招聘（しょうへい）され、会議が開催されたころには同地で既に活躍していた [M. Darwīsh 2001, 26]。そのため、デルランジェによる旋法研究のインフォーマントという重責を担うこととなったのであろう。この二人の協力の成果が『会議の書』に掲載されている95の旋法（マカーム）に関する報告である。この後、デルランジェ独自の研究書も1949年に

3　1913年に正式に発足した [Kitāb 1933, 19]。後に王立アラブ音楽学院となり、さらにエジプトが共和制に移行してからはアラブ音楽高等学院となる。

遺稿としてフランス語で出版されているが、同書は119の旋法を掲載し、そのうちの96個にはダルウィーシュによるタクスィーム（器楽による即興演奏）のサンプルが付けられている［d'Erlanger 1949, XIII-XV］。このような経緯から、『会議の書』とデルランジェの研究書はほぼダルウィーシュの旋法実践に基づいていたと考えることができる。

アリー・ダルウィーシュはと言えば、19世紀中ごろにエジプトのミヌーフィーヤ[4]から祖父がアレッポに移住し定住した一族の一人としてアレッポに生まれ、音楽を専門の生業（なりわい）とする前は、前章でも簡単に紹介したようにアレッポのマウラウィー教団で音楽教育を受けていた。その力量から1914年にはオスマン帝国による官制学校の師範試験に音楽師範として合格し、帝国崩壊までの期間は内地のカスタモヌ[5]で音楽教師をしていたほどにオスマン系音楽に精通している。その一方で、アレッポの非マウラウィー系音楽家たちとも交流し、世代から世代へと受け継がれていたカッドやムワッシャフなどアラブの伝承歌謡のレパートリーも当然、熟知していた。1920年代から40年代にかけてはカイロ、チュニス、バグダードなどでも公的音楽教育機関で教え、当時のアレッポを代表する音楽家であるとともに、アラブ音楽教育の分野では第一人者でもあった［M. Darwīsh 2001, 17-41］。会議が開催された1930年代のアレッポの伝統に関しては、採譜や旋法研究はこれ以外に存在していないことから、『会議の書』はアレッポにとっても貴重な歴史的記録となっているのである。

本論後半の音楽学的分析においてはアレッポの音楽実践自体を素材として使用するが、上記のように1933年にカイロで出版された『会議の書』［Kitāb 1933］にあるデルランジェによる旋法分析と彼自身の名前で出版された研究書［d'Erlanger 1949］は、アレッポの伝統に関する最も古い音楽学上の資料とみなすことができる。次の時代の資料は、1956年頃に出版された『我らが宝庫から：アンダルシアのムワッシャフ』［N. Darwīsh & Rajā'ī c. 1956］で、アリー・ダルウィーシュの息子の一人であるナディーム・ダルウィーシュ（Nadīm al-Darwīsh, 1926-1988）が楽譜を担当している。最も重要で最新の資料は2006年に出版された『宗教的カッド』［Dalāl 2006b］と『サブリー・ムダッラル：シャイフたちのムトリブ』

4 al-minūfiyya：カイロの北西に位置するデルタ地方の地域。
5 Kastamonu：アンカラから北へ200キロほどの都市。

[Dalāl 2006a] で、カドリー・ダラールによって執筆・採譜されている。その他にアレッポの歌手たちによる録音や筆者のフィールドワークでの体験・記録も考察のための資料となっている。

第1節　文化内在的認識から音楽学的理解へ

第1節では、これまでに検討した文化内在的な「ナガム」を音楽学的に理解・解釈するために、ナガムの外延である響きとしての三要素、すなわち楽音（一音）の響き、旋律としての響き、そして旋法としての響きの音楽学上の性質や機能、そして三者の関係を確認し、音楽学的分析のための課題を検討する。

響き（ナガム）に関する言語表現：文化内在的認識と音楽学的理解

これまで検討したように、ナガムという音的現象は、文化内在的枠組みにおいてはそれを聴いたときの心理的な印象やイメージとして捉えられている。これらを内包と外延に分別して把握するとき、ラースト旋法を例とすると実際に耳にする旋律は外延であり、そのイメージは内包である。その一方で、同じ音的現象に対して音楽学上の把握はどのようになっているのだろうか。序章で述べたように、今日、旋法は基本的には使用される音階とそれに基づく旋律モデルによって把握されている。すなわちこの二つの要素が音楽学上の内包にあたる。ゆえに、ラースト旋法をめぐり、この二つの把握の仕方すなわち認識様式は図4．1のような関係にある。

図4．1：「ラースト旋法」をめぐる二つの認識様式

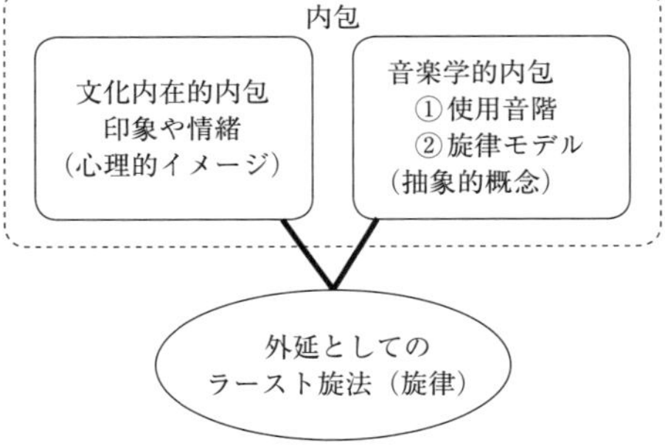

図4．1に見るように、二つの認識様式ごとに内包概念の内容は異なるが外延は同じ現象である。さらにこの二つの内包

は、外延の他にもう一つ共有しているものがある。名称ラーストである。文化内在的にはこの図の左側のように外延現象の響きの特徴が把握され、名称と結びついてきた。逆に、名称を想起することによってそれに呼応する旋律的現象がイメージされることは、前章でも説明した通りである。

以上のように、旋法（旋律様式）としてのラーストには、文化内在的な捉え方と音楽学的解釈が並存している。では名称ラーストに関して再度、第２章および第３章での議論を振り返ってみよう。**図３．３**で示したように、所与の旋律はラースト音が響き、ラーストの小音階による狭旋律が開始部で提示され、旋律が展開してゆくことでラースト旋法となった。これらは音楽学的には定義可能な概念を持つ音的響きである。ゆえに、**図４．２**のように解釈できる。よって、文化内在的認識から音楽学的理解への橋渡しは、文化内在的には情緒や心理的影響を与える響きとして認知されながらも音楽学的には異なる三つの要素、楽音、小音階、旋法の有機的な相関関係の中に見出されるだろう。なお、この三者の中の二番目の要素である小音階としてのラーストは、音的響きという意味においては実際にはその小音階を基に形成される狭旋律を指していると解釈する方が妥当である[6]。しかし、これ以降の議論では便宜上、使用音階とそれを構成する小音階を中心に議論をするため、特に断らない限り、狭旋律を指しうる名称であっても、基本的には小音階名として捉えることとする。

図４．２：名称「ラースト」と対応する音楽的要素

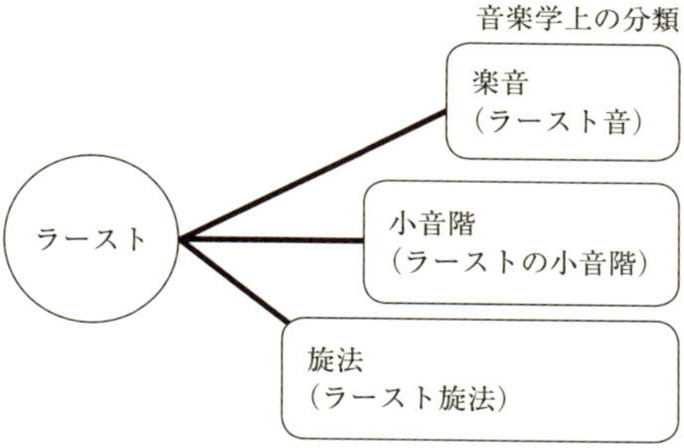

6　小音階と狭旋律の関係に関しては第５章で再度検討する。

名称が包摂する階層性の音楽学的な説明

図4．3：名称「ラースト」が持つ指示内容の階層性

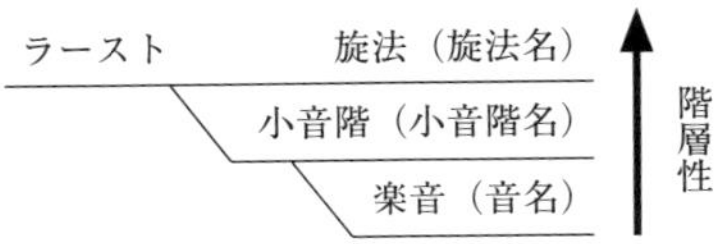

これまでに見たように、ナガムの名称は音楽学的には楽音、小音階、旋法に付与されている。すべての名称がこの三つの要素を備えているのではないが、その中には上述の名称「ラースト」のように、三つの要素間で音楽学的に相互の関連を説明しうる例がある。**図4．3**は文化内在的枠組みにおける「ラースト」という名称が示しうる三要素間の関係に関する図である。「ラースト」という名称は、文脈によって楽音、小音階、旋法を示すが、それぞれの要素は相互に無関係なのではなく、「ラースト」の響き、特に旋律的響きを実現しうる、有機的な関連性がある。前章（**図3．3**）で説明したように、楽音ラースト（ド音、C）を起点として小音階ラースト（ドレミ𝄳ファソ、CDE𝄳FG）は編み出され狭旋律となり、それを中心にしてより大きな旋律が形成されラースト旋法と言いうる様式感ある旋律が出現する。この旋律形成過程からわかるように、これら三要素は一種の階層構造をなしており、注目すべきはまさしくこの秩序ある階層性である。「ラースト」という名称が「旋法としてのラースト」として成立するためには、**図4．3**に見る階層下方の二要素は欠くことができないのである。この階層性を手掛かりに議論を進めていくことができるだろう。

図4．4：名称「フサイニー」が持つ指示内容の階層性

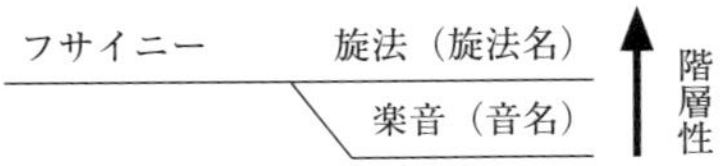

「ラースト」では三つの要素が階層性をなしているが、次のように二層構造をしている例もある。たとえば「フサイニー」の場合、名称は二つの要素を示し、二層から成る意味構造をしている（**図4．4**）。この例では、旋法名と同じ名称を持つ一つの楽音すなわち「一音の響き」が重視され、その音の響きが旋法の旋律的特徴を形成する。このような例は、ムハイヤルなど他にもいくつかある。この例では旋法名と関係のある検討すべき要素は音名となっている楽音のみ、すなわち一要素のみであることから、関連要素が二つである**図4．3**のような例よりも分析がしやすいだろう。よって、本章ではまず、この旋法名と楽音の名称すなわち「一音の響

き」が連動している事例を次節以下で検討することとする。

詳しい分析に入る前に、他の二つの事例に関しても考えてみよう。このフサイニーなどのように楽音に付けられた名称は「一音の響き」と関係があるが、音的響きは一音よりもその音と連動して数音で形成される旋律の方が特徴が把握しやすく、認知もされやすい。ゆえに名称は、音名よりもジンスという概念の下で説明される小音階名として広く知られている。これまでにも触れたように、たとえば「ラースト」とは、旋法名だけでなく小音階（ジンス）名としても一般には認知されている。このような例を、次章（第５章）で小音階（ジンス）の定義とともに、ジンス名と旋法名との関連性を中核に据えて考察する。

以上のように検討していくと、最後に残る課題は旋法名としての名称である。上述の二つの事例は、第一に音名が旋法名と同じ例、第二に小音階名が旋法名と同じ例であるが、名称群の中には旋法名しか存在しないものもある。言い換えると、旋法の名称としてのみ認識されている名称である。このような例では、実際に旋律を形成する際に何が重要になるのかを第６章で検討する。名称の階層性を手掛かりにこれらの手順を踏むことで、最終的には文化内在的な名称体系にも音楽学的に説明しうる構造があることが明らかになり、旋法体系についての理解がさらに深まるだろう。

第２節　一音の響き：旋律の開始部と支配音としての名称

旋律の開始部で顕著に響く音については第３章でも簡単に紹介し、序章でも触れた。音楽学的には「支配音」と言いうる音であるものの、この音に関しては、これまで十分には議論されてこなかった。ここで現在の議論では不明瞭な点をまず整理し、次に歴史をさかのぼって『会議の書』およびデルランジェの研究書での議論を精査して、この音の特徴や性質に関する理解を深めよう。

支配音の概念と旋律の開始部：議論の不在、ないしは不備

旋法理論に関する術語としては、今日、最もよく知られているのは基音（アラ

ビア語でカラール）と小音階（アラビア語でジンス）である[7]。基音であるカラールは、旋律が最終的に戻る音として認知されており、小音階であるジンスは各旋法の使用音階を構成する三音、四音、五音の小音階として説明されている。そして、使用音階は基音を第一音とし、その内部に二つの小音階を擁する上昇するオクターブの音階として説明され、学習者にもよく知られていると言えるだろう。これに対して、ここで検討する支配音[8]は、その概念もそれに対応するアラビア語のガンマーズという用語も一般的には普及していない。カイロの専門家の間では以下に示すように何らかの形で知られているが、その定義や機能などに関しては議論はあまり深まっていない。

たとえば、19世紀末から20世紀前半にかけて活躍したカイロの音楽家カーミル・フライー（Kāmil al-Khulaʻī, 1881-1931）は、1904年に出版した『音楽に関する東洋の書』［Khulaʻī 2000］において支配音に言及してはいるものの、定義としては各旋法において一律に基音から五度上方にある音という説明がなされているだけで［ibid., 39］、そもそもいかなる機能を持っているのかなどの説明はない。その後、公式にこの音に言及した文献は『会議の書』であるが、同書では必ずしも基音から五度音程であるとは限らないと記されてはいるものの、明確な定義はやはりなされていない［Kitāb 1933, 144］。

20世紀後半になると、ガンマーズという名称自体は音楽関連の高等教育機関などでその使用が見られ［S. Marcus 1989a, 549-50］、また、今日のカイロではガンマーズとは理論よりも実践上重要な音であり、使用音階中の第二小音階の最低音［S. Marcus 1992, 177］として一部の演奏家たちの間では知られている。また、チュニジアの研究者もデルランジェの研究書などを引用してガンマーズを紹介している［Qarīʻa 2007］。しかし、これらは今日、序章でも紹介したように、マカームという単語が音階を示す方向へと強く傾斜し、旋法という意味合いが低下して

7　主な理論用語については、序章の第2節第3項45-7頁で簡単ではあるが整理してある。

8　英語でdominant：西洋起源の音楽学の用語で、和声音楽の用語としては日本語では通常、トニック音は主音、ドミナント音は属音と翻訳され、また和声用語としても同様にトニック和音は主和音、ドミナント和音は属和音と翻訳されている。他方、旋法音楽用語としては、トニック音は主音ないしは基音、ドミナント音は支配音という翻訳が一般的である。本研究ではトニック音の訳語に「基音」を当てているが、もともとラテン語起源のドミナントdominantという単語には「主」に当たる語感があり［Oxford Latin Dictionary 1971, (II) 571］、これに対してトニックtonicには「主」に当たる語感がないことから［Oxford Latin Dictionary 1980, (VII) 1949］、「基音」を選んだ。

いく中での議論であるため、旋法に関して議論している『会議の書』などとは論点がかみ合っていないのである。実際、近代化や西洋化志向の教育においては音階重視の比重が高く、旋法名称が簡素化のために減少したりして、同じ使用音階であるならば旋律様式が異なっていても同じマカーム（音階）とみなされたりもする［S. Marcus 1989a, 640; Qarī'a 2007］。その一方で、マカームという単語を使って旋法的な特徴を議論することもあり、こうした状況下では、マカームという単語の定義が確定せず理論的考察の進展も望みにくかったと言えよう。

これに対してアレッポの伝統においては、カイロで起こった近代化や西洋化の影響は小さく、ウマル・バトシュやアリー・ダルウィーシュらの系譜に続くムンシドたちの下でも、音階分類を重視するあまり旋法名称の数が切りつめられるということは起こらなかった。それゆえに、旋法と名称には一対一の対応関係があり、いくつかの旋法がほぼ同じ使用音階を持つバヤーティー旋法群においても、名称は旋法ごとに存在し混乱はない。それぞれの旋法は異なる響きを中心とした旋律となり、聴覚的にもまた音楽学的にも一貫性ある理解が可能となるのである。しかしながら、支配音にあたるガンマーズという用語に関して言えば、実際にはアレッポにおいても一般的でない、というよりもこうした専門用語はムンシドたちの間では使用されず、また支配音と併せてこれ以降に検討するような旋律の「開始部」という概念についても一部の音楽家を除いてあまり意識されていない［Shannon 2006, 177, 224］。第3章で示したように、実践者にとっては旋法とは具体的な旋律やその響きのイメージで想起されるものであり、概念用語で説明される現象ではなく、そもそも音楽学的発想が存在しない、ないしは希薄なのである。換言すると、文化内在的には概念用語は使用されず存在さえもしていない。しかし、支配音の特徴自体が存在しないのではないゆえに、支配音（ガンマーズ）の概念は音楽学的考察に限って使用するならば、その有効性は損なわれないであろう［Stokes 2001, 394］。それゆえに、音楽学的には、概念化を図ろうとしていた1930年代のデルランジェの議論へと立ち帰ることは重要なのである。先にも触れたように、彼の分析は『会議の書』の下敷きにもなっていることから、ここではまず、この支配音の概念に関して1933年出版の『会議の書』にまでさかのぼり検討する。

支配音に関する旋法委員会の見解

『会議の書』では旋法をマカームと呼び、個々の旋法を使用音階と旋律モデルで説明し、これらを補足するために現在普及している二つの概念、アラビア語のカラールとジンスを使用している。前者は、旋律が開始された後、一定の軌跡を経て終止する際に必ず戻る音という説明［Kitāb 1933, 144］においては終止音としての役割があり、かつ使用音階の説明においてその重要性から基音として扱われている。この「カラール」というアラビア語は、単語としては安定した基盤としての「底」に相当する意味を持つ。この音よりも低い音も使用されるものの、旋律を形成する構成音の中で「底」と感ぜられるイメージと、最終的に旋律が戻り、終止して安定する基盤という役割とが認知され、語感に反映されていると解釈できよう。繰り返しになるが、「ジンス」は、元々は「種類」を意味し、使用音階中に三音、四音、五音から成る小音階を示している。

『会議の書』によると、アラブ音楽会議のマカーム委員会はデルランジェの提出した旋法分析リストを基にその内容を検討し、いくつかの旋法に関しては若干の修正を行った。その結果が同書に掲載されている旋法リストである［ibid., 182-328］。総数95個の旋法に対して同書では見開きで各々二頁を費やし、一頁目にアラブ音名による旋法の使用音階を基音（カラール）を最低音として表記し、二頁目には旋律モデルを説明するための旋律行程が主に小音階（ジンス）単位で説明されるとともに、旋律の開始部で重要な音や終止の際の注意点などが記されている。これら見開きの分析リストとは別に、旋律の開始部に関する旋法委員会による指示書きが委員会報告の総括部分［ibid., 133-4］と第八回会合の議事録［ibid., 144-5］にほぼ同様の文言で掲載されている。支配音（ガンマーズ）に関する説明は、この二か所で旋律の「開始部」とともに紹介されている。

この部分に関しては先にも簡単に紹介したが、内容をもう少し詳しく確認してみよう。当該個所の指示書きはムハイヤル旋法を参照例とし、この旋法においては支配音（ガンマーズ）であるムハイヤル音（レ$^{+}$音、d）が旋律の開始部で使用され尊重される音である点を述べ、さらにその使用音階中の位置を基音との関係で示そうとするが、この点に関しては次のように曖昧である。指示書きは、支配音をフランス語のドミナント dominante に当たると紹介するものの、西洋音楽で用いられる概念との混同を避けるため、「東洋音楽においては、ガンマーズ（支配音）が旋法の基音に対して常に五度音程にあるというわけではない」[ibid., 144]と読者に警告している。整理してみると、支配音は基音から五度音程にある場合もあるし、そうでない場合もあるとし、固定的に捉えないようにと促しながらも、（ちなみに、ムハイヤル旋法を例とすると、支配音に当たるムハイヤル音と基音の音程はオクターブ〔八度〕であり、やはり五度ではない）、旋律を開始する場合、支配音の周辺の音域内から始めることが妥当であり、かつ支配音が常に認識できるよう、その響きがともかく聴こえているべきであると指示されているのである。

このように、支配音と開始部について紙面を割いているにもかかわらず、その意図は必ずしも明瞭ではない。それは次のような状況に起因している。まず確認すると、この指示書きはマカーム委員会で起草され、合意されたものである。マカーム委員会の委員たちは、アリー・ダルウィーシュに代表されるような当時の一流の音楽家たちであり、彼らは個々の旋法の旋律的特徴、とりわけ旋律の開始部に出現する旋律の特徴をよく知っていた。なぜならば、『会議の書』に掲載された旋法リストの各旋法に付されている解説では、個々の旋法で最初に導入すべき音が提示され、旋律行程が示されているからである。その一方で、上述のようにその定義を音楽学的に簡潔に表現することは極めて難しいので、委員会としての見解を集約しきれずに終わったのであろう。この問題に関する『会議の書』の結論は、前述のように支配音を尊重した開始方法を勧めながらも、「イジュティハード[9]の門は開いている bāb al-ijtihād maftūḥ」[ibid., 136]、すなわちまだ議論の余地はあるという文言で締めくくられ、この文言を用意したマカーム委員会構成委員の間でも意見が分かれていることが不明瞭ながらもわかってくる。しかしながら、デルランジェにとってはこの問題は既に解決されていることであり、議論の余地はないとみなされていたことが、彼のフランス語による研究書[d'Erlanger 1949] によって明らかになる。

支配音に関するデルランジェの見解

デルランジェは1932年に研究半ばにして亡くなったため、今日参照可能な彼

9 イジュティハード ijtihād とはイスラームにおける学問上の概念で、「イスラーム諸学において、学者が知識と思索を動員して、特定の結論を得ること。専門家による解釈行為。」[小杉（泰）2002, 110] を示す。

の旋法に関する研究書は遺稿に当たり、1949年に出版された。「ヨーロッパの作曲家とは異なり、アラブの作曲家（旋律を作る者の意）は旋律を開始する音を自由に選ぶことができない」[d'Erlanger 1949, 105] と彼は述べ、また、「出発点は、あらかじめ旋法ごとに決まっている。すなわち、選択するのがその間では自由な二つの音を作曲家は使う」[ibid.] と主張している。この「二つの音」が旋律の開始部にとって重要であることがわかり、一つは支配音であり、もう一つは旋律の冒頭に出現する特定の音、すなわち旋律を開始する際に冒頭で使用する開始音と解釈できるような音と読み取れる。さらに支配音に関しては、使用音階中の「他の音に対して行使する影響力を持っている」[ibid., 106] とも述べ、旋律形成における支配音の中心性を間接的に認めているマカーム委員会の指示書きとも概念的に呼応している。彼の説明からは、支配音は使用音階を構成する他の音に対して影響力や中心性を持つため、旋律形成時の出現率が高く、強調されていると判断でき、一種の「強調音」とみなせる特徴を持っているのである。そこで、彼が説明しているような強調音が各旋法に存在するのかを、彼の研究書にある各旋法の使用音階および旋律行程に関する指示書きやタクスィームの譜例を参照して確かめてみよう。

デルランジェによる旋法ごとの具体的な指示書きは次のようになっている。たとえば、**譜例4．1**にあるように使用音階は小音階ごとに分割され、低い方から第一小音階、第二、第三となっている[10]。旋律行程に関してはムハイヤル旋法の場合、「まずド⁺音（c）によって先行されるレ⁺音（d）から出発して第三小音階を使う」[ibid., 268-9] とあり、その一方でアリー・ダルウィーシュによる同旋法のタクスィーム・サンプルではレ⁺音（d）が開始部で強調されていることがわかる。これゆえムハイヤル旋法の支配音はレ⁺音（d）、先行する特定の音はド⁺音（c）とみなしうるだろう。同様に他の例についても検討すると、バヤーティー旋法ではソ音（G）が強調され、フサイニー旋法ではソ音（G）によって先行されるラ音（A）が強調され、サバー旋法ではミ𝄭音（E𝄭）に先行されるファ音（F）が強調され、さらにラースト旋法ではド音（C）が強調され、ラースト・カビール旋法ではソ音（G）が強調されていることがそれぞれわかる [ibid., 232-3, 240-1,

10　旋法の使用音階において、基音を起点として低音部の小音階から第一、第二、第三としている。本研究でもこれ以降、同様の表現を使用する。

282-3, 178-9, 180-1]。**表4．1**は、上記の諸旋法に関して、支配音とみなしうる強調音およびその位置に関して、デルランジェの研究書にある分析を基に筆者がまとめたものである。

譜例4．1：ムハイヤル旋法の使用音階

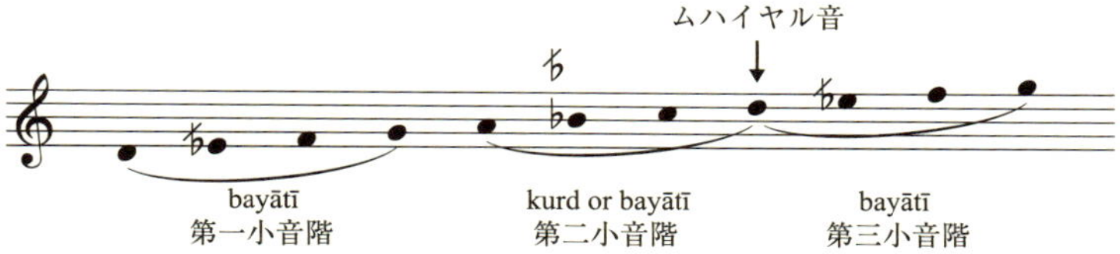

表4．1：各旋法の支配音とみなしうる強調音とその位置

旋法	基音	強調音	基音からの音程	小音階
ラースト	ド（C）	ド（C）	一度	第1
サバー	レ（D）	ファ（F）	三度	第2
バヤーティー	レ（D）	ソ（G）	四度	第2
ラースト・カビール	ド（C）	ソ（G）	五度	第2
フサイニー	レ（D）	ラ（A）	五度	第2
ムハイヤル	レ（D）	レ⁺（d）	八度	第3

表4．1からわかるように、各旋法における支配音の基音からの音程は一定していない。しかし、同表からは、これらの支配音は各々が属している小音階の第一音であるという共通した特徴もわかる。デルランジェは小音階の第一音の重要性も指摘しており［ibid., 108］、これらをマルカズ markaz（中心、核などの意）と呼び、基音以外に「音が一時的に休止したりする場所［ibid., 100］」とも述べている。すなわち、支配音と言いうる音は、このような性質を持つマルカズの中でも開始部に出現する音と言えよう。これらの観察から支配音の位置は、『会議の書』でも言及された西洋音楽のドミナント音のように基音との音程（五度音程）によって一律に決まるのではなく、むしろ使用音階を構成する小音階構造に照らして考えるべきであり、端的に言えば、支配音とは使用音階を構成する小音階群の

いずれかの第一音でかつ開始部で使用され、マルカズと呼びうる強調音とみなすことができるのである。支配音を基音との音程によってのみ議論することは、非常に誤解を招きやすい説明であったと言えよう。

第３節　アレッポの実践と『会議の書』における旋法分類の整合性

では次に、各旋法の旋律の開始部における支配音に関して、アレッポのレパートリーであるカッドやムワッシャフを例にしてさらに検討してみよう。

バヤーティー旋法群に見る支配音の特徴

各旋法の支配音に関する考察のために、ここでは古典音楽で最も基本的なバヤーティー旋法群を考察の対象とする。次章で詳しく検討するが、諸旋法は使用音階とその第一小音階によってグループ分けされる傾向があり、最も規範的とされるバヤーティー旋法は第３章で紹介したアラブ音楽のブルダ音階（**譜例３．１**）を基本的には使用音階とし、使用音階がほぼ同じであるウッシャーク・トゥルキー旋法、フサイニー旋法、ムハイヤル旋法などとともに一種の旋法群ないしはグループを形成している（使用音階は**譜例４．２**を参照）。これらの差異は、本章第１節の**図４．１**で確認したように、文化内在的には各旋法が聴き手に与える心理的イメージや旋律そのものに感じる情緒感や味わいであるが、他方、聴いたときの印象が異なるということは、音楽学的には旋律モデルが異なる、すなわち各旋法の典型的な響きが異なることを意味する。これらの旋法は、ほぼ同じ使用音階であることから、差異は使用音階中の構成音間の関係性であり、ここで取り上げる諸旋法はそれぞれに支配音が異なり、旋律の開始部に現れる旋律的特徴が異なることを意味するのである。

譜例4．2：バヤーティー旋法およびフサイニー旋法の使用音階とその小音階構成

バヤーティー旋法の使用音階

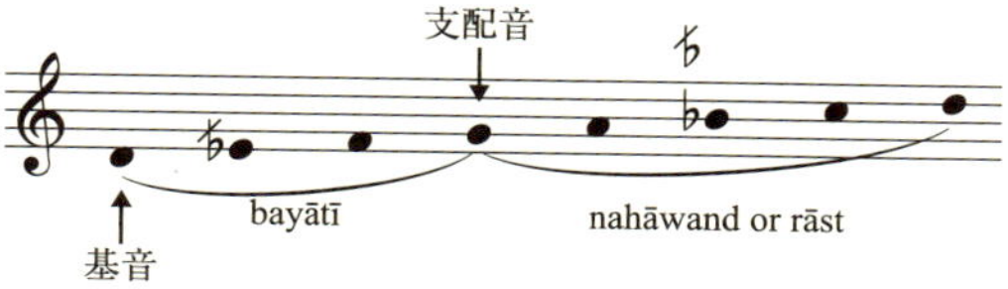

フサイニー旋法の使用音階

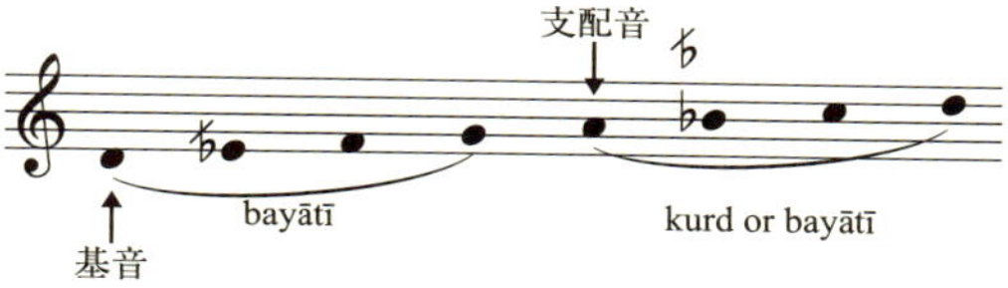

このような議論を確認するために、前節で行った考察をアレッポのレパートリーにも適用してみよう。ダラールの採譜による『宗教的カッド』[Dalāl 2006b]などに見る諸例では、バヤーティー旋法の支配音はソ音（G）とみなせ、カッドの例でも旋律は開始部でソ音（G）を中心に展開することが多い。これに対してフサイニー旋法ではラ音（A）が支配音とみなせ、旋律の開始部でラ音（A）が中心的役割を果たしている。ソ音（G）とラ音（A）という支配音の違いから、後者を中心とした例はフサイニー旋法であると認識される。また、この支配音の差異は使用音階の小音階構造にも影響し、**譜例4．2**に示したようにバヤーティー旋法では第二小音階がソ音（G）から始まるのに対して、フサイニー旋法ではラ音（A）から始まるとみなされている[11]。

『宗教的カッド』の中にはバヤーティー旋法と分類されている歌が6曲あるが、すべての開始部が支配音に先行する音すなわち開始音としてレ音（D）を使い、次に四度上方の支配音ソ音（G）に続くという旋律になっている。他方、フサイニー旋法と分類される歌は4曲あるが、すべてがレ音（D）から始まりすぐに五度上方のラ音（A）に上昇し、ラ音（A）を中心にした旋律を形成している。但

11　この解釈は、支配音は旋律の中核となる音でもあり、その音が小音階の第一音であるというデルランジェの解釈とも一致している。今日のカイロでも、ラ音（A）を強調するゆえにマカーム・フサイニーとする解釈をS. マーカスが紹介しているが、使用音階の小音階構成はあくまでバヤーティー旋法のそれと同じ、すなわち第二小音階の第一音はソ音（G）と解釈されている［S. Marcus 2002a, 40］。バヤーティー旋法群の小音階構成と旋法的特徴に関しては、次章でさらに触れる予定である。

し、『我らが宝庫から』[N. Darwīsh & Rajā'ī c. 1956] に掲載されているムワッシャフでは旋律の開始部でソ音（G）からラ音（A）に移行する例が多く、「ソ音（G）からラ音（A）に」移行するとしているデルランジェの説明と一致している[12] [d'Erlanger 1949, 240–1]（**譜例４．３**、**４．４**、**４．５**を参照[13]）。

譜例４．３：バヤーティー旋法のカッドの冒頭 [Dalāl 2006b, 236]

譜例４．４：フサイニー旋法のカッドの冒頭 [Dalāl 2006b, 169]

譜例４．５：フサイニー旋法のムワッシャフの冒頭 [N. Darwīsh & Rajā'ī c. 1956, 170–1]

次の例（**譜例４．６**[14]）はムハイヤル旋法であるが、ムハイヤル旋法の場合、使用音階だけを問うとフサイニー旋法同様にバヤーティー旋法とほぼ同じであるため、レ⁺音（d）を支配音として旋律を開始するという規則がなければムハイヤル旋法として認識するのは難しい。またムハイヤル旋法は例にあるように、支配音に近い音域すなわちシ𝄳音（B𝄳）やド⁺音（c）付近から始まりレ⁺音（d）を強調することで、この旋律はムハイヤル旋法と認識される傾向がある。『宗教的カッド』にはムハイヤル旋法のカッドが３曲あるが、すべての開始部はシ𝄳ド⁺レ⁺（B𝄳cd）という短いフレーズの後にレ⁺音（d）を中心にした旋律になっている。

12　このような二種類のフサイニー旋法に関しては、第５章で差異を考察する。
13　**譜例４．５**は、参考となる録音がアンサンブル・アル＝キンディーの録音 [al-Kindi 2001] の CD Ⅰトラック４に収録されている。
14　**譜例４．６**は、参考となる録音がアンサンブル・アル＝キンディーの録音 [al-Kindi 2001] の CD Ⅰトラック 12 に収録されている。

デルランジェが記述している開始部もド$^{+}$レ$^{+}$（c d）という短いフレーズで始まっている［ibid., 268-9］。また、**譜例4．7**はムハイヤル旋法によるタクスィーム（器楽の即興演奏）の例であるが、同様にレ$^{+}$音（d）へと上昇する旋律で始まっていることは明らかである。

譜例4．6：ムハイヤル旋法のカッドの冒頭［Dalāl 2006b, 208］

譜例4．7：ムハイヤル旋法のタクスィームの冒頭（［al-Kindi 2001］の録音より）

以上は支配音が第二小音階や第三小音階の第一音の例であるが、これに対してバヤーティー旋法と同じ使用音階で支配音が第一小音階の第一音、すなわちレ音（D）が支配音になるとウッシャーク・トゥルキー旋法と認識される。『宗教的カッド』にはウッシャーク・トゥルキー旋法と認識できる歌は3曲あるが、いずれもド音（C）に導かれレ音（D）へ移行するという開始部を持っている。デルランジェもドレ（CD）という短いフレーズを記録している［ibid., 1949, 236-7］。**譜例4．8**は『我らが宝庫から』のムワッシャフの例で、カッドのように支配音はド音（C）に導かれてはいないが、レ音（D）の響きがある程度の長さで印象に残るように始まり、旋律の冒頭で響いていることが確認できる状態で、かつ開始部の二小節がレ音で始まりレ音で終止している点もその中心性を響き知らせていると言える例である（**譜例4．8**[15]）。

15　**譜例4．8**は、アンサンブル・アル＝キンディーの録音［al-Kindi 2006］のCD Ⅱトラック4に収録されている。

ここまでの例を整理すると表４．２のようになり、旋法によって開始部で響く一音、すなわち支配音が各々に異なることがわかるだろう。バヤーティー旋法群の各旋法は、旋律の開始部で支配音を意識的に使用し明瞭に響かせることによって、響いている旋律がどの旋法かを聴き手に明示している。それゆえ開始部に支配音を意識して響かせることは、旋法識別上、非常に重要なのである。なお、ここまでの議論は支配音の差異という音楽学上の問題であるが、支配音の差異はそれを中心にして形成される旋律的響きの差異でもあり、これを文化的な認識に変換すると、文化内在的には旋法ごとに異なる情緒感や味わいの差異として感じられるため、欠かすことができないのである。

譜例４．８：ウッシャーク・トゥルキー旋法のムワッシャフの冒頭
[N. Darwīsh & Rajā'ī c. 1956, 166-7]

表４．２：カッドに見られる旋法別開始部の特徴

旋法	カッド開始部	デルランジェ開始部	支配音
ムハイヤル	シ𝄳→ド⁺→レ⁺ (B𝄳→c→d)	ド⁺→レ⁺（c→d）	レ⁺（d）
フサイニー	レ→ラ（D→A） ソ→ラ*（G→A）	ソ→ラ（G→A）	ラ（A）
バヤーティー	レ→ソ（D→G）	レまたはソ(DまたはG)	ソ（G）
ウッシャーク・トゥルキー	ド→レ（C→D）	ド→レ（C→D）	レ（D）

＊『我らが宝庫から』の例

おわりに

旋法の名称をめぐり、本章では旋法名として使用されている名称の中でも、「フサイニー」旋法と「フサイニー」音の例にみるように、旋法名と音名とが一致する例に着目した。フサイニー旋法におけるフサイニー音（ラ音、A）のような音は音楽学的には支配音として説明できる特定の音で、デルランジェが指摘しているように、旋律の開始部で特に一音の響きとして重要な音であることが本章で明らかになった。彼がアラビア語でガンマーズと呼んで紹介したこの音は、まず、各旋法の使用音階におけるマルカズの一つで、旋律の開始部で他の構成音を引きつけ旋律形成において中核的役割を果たし、その旋法に固有の響きを創出する音である。特に、その定義は基音からの音程ではなく、使用音階の小音階構造から捉えるべきで、また、各旋法に一つしかないため、使用音階がほとんど同一のバヤーティー旋法群においては各々に特徴的な旋律を形成するための牽引（けんいん）役であると解釈できる。

しかし、旧市街のムンシドたちは、このような特徴を支配音という抽象的な概念では捉えていない。むしろ、本章で参照したような伝承歌謡の開始部に現れる具体的な響きとそれを連想させる名称の組み合わせ、すなわち記号論的関係で口伝の体系に組み込んでいたのである。たとえば、本章で取り上げた音名が旋法名と同じ事例は、フサイニー旋法とムハイヤル旋法で、各々、ラ音（A）とレ$^{+}$音（d）が支配音に当たり、音名としては各々、フサイニー音、ムハイヤル音である。名称体系に精通している専門家は旋律の開始部で旋法の特徴を捉えるとき、フサイニー音の響きやムハイヤル音の響き、厳密にはこれらを中心としてその周辺に形成される旋律の響きを認知し、始まった旋律がどの旋法であるかを察知する。支配音名が旋法名と同じであるとき、旋律の開始部の支配音の響きはまさに音名を連想させる響きとなり、その響きと名称は記号論的関係で結ばれている。本章第1節の**図4.4**に示した名称「フサイニー」の指示内容の階層性は、旋法とその支配音の関連性によって成立している例であり、音楽学上の概念である支配音はこのようにして名称体系内に組み込まれているのである。

そこで以下の点に関して補足したい。学術用語はそれを定義する理論的な体系の中でのみ意味を持つ。他方、ムンシドたちが生きる文化内在的な名称の体系は別の世界を構築している。彼らが生きている音文化の体系は口伝によって成立し、序章で紹介したオングが指摘しているような声の文化的性質を非常に色濃く持つ共同体の中で形成されてきた。抽象的な学術用語は彼らの体系ではなく音楽学的体系においてのみ機能し、声の文化に生きているインフォーマントにそういった説明を求めても望むものは得られないのである。実際、アレッポの伝承歌謡文化に生きる実践者たちは、支配音のアラビア語名であるガンマーズという言葉も知らなければその概念も知らず、この名称の体系を抽象的に捉えてきた形跡はない。抽象的理論が存在しないからこそ記憶されるのは名称であり、それと記号論的関係を持つ響きとなるのである。彼らは多くのレパートリーをその旋法分類すなわち名称体系とともに次世代に伝え、その連鎖が途切れることなく続いてきたゆえに、音楽理論の不在にもかかわらず微細な旋法識別が忘れられずに残ったのであろう。

本章では、一音の響きが重要になり支配音である例を考察した。旋法の名称が支配音である音の名称でもある場合、文化内在的に使用され続けてきた名称は音楽理論の概念である支配音を指し示す記号でもあることも明らかになった。次章では、小音階（ジンス）とその名称を手掛かりとして、文化内在的な名称体系とその音楽理論上の性質に関してさらなる考察を行う。

第５章　狭旋律の響きとしての名称
——核音と小音階

はじめに

前章ではカッドやムワッシャフを例に、旋律の開始部で旋律形成に重要な役割を果たす支配音の定義や機能を検討した。支配音という「一音」に着目し、響きと言いうる音的現象の最小単位についての考察であり、楽音に付与された名称（音名）と同じ名称を持つ旋法がその手掛かりとなった。これは音楽学的考察の第一段階であると同時に、響きと名称の記号論的関係に関する考察の最初の一歩でもあった。本章では第二段階として、三度・四度・五度の音程で構成され、それぞれに名称を持つ小音階（ジンス）を対象とし、小音階によって形成される旋律的響きと名称の関係について検討して、名称が指し示す固有の音的響きに関する理解をさらに深める。

序章の第３節で述べたように、旋法の音楽学的定義に不可欠な使用音階とは、所与の旋律で使用されている構成音について重複を避けて並べて示す理念型であり、旋律そのものではない。音階の構成音は、構成音間の音の秩序に関する情報（例えば基音や支配音など）が与えられて初めて、静止した状態から動的な状態へと移行し、旋律が進行する。この意味では小音階も静的存在であり、必要な情報が加えられた後にこれらの音階から生じるのが狭旋律である。動かないのならば小音階は響くはずもなく、よって、音的響きとして名称が付与されているのは小音階というよりもむしろ狭旋律であろう。しかし、常に進行し、絵画のように静止することのない旋律を議論するのは極めて困難である。それゆえに、旋律モデルだけでなく、使用音階を示し、支配音などの情報でその構成音の関係を示すことが旋法に関する説明になっているように、本章でも名称が指し示す音的響きをめぐり、小音階にいかなる情報を付加するかに議論の重心が置かれることをここに断っておく。

さて、一般には音楽的な響きは、いくつかの音から形成される旋律的特徴のある響きとして捉える方が自然である。そのためか、フサイニーやムハイヤルなどの音名よりも旋律的響きと関連する名称としてより知られているのは、アラビア語でジンスやアクドと呼ばれている小音階の名称である。既に触れたように、ジンスは元々「種類」という意味があり、他方、アクドには「つながり」や「結び目」などの意味がある[1]。このような意味から、アクドは元々は音と音を連結した状態という意味合いが強く、音階を前提とし音楽学的であり、他方、ジンスはどちらかというと旋律の種類であり、それを静的に捉えた説明が音階であるとみなせる。ゆえに本研究でもジンスを基本的には小音階として解釈し、便宜上、これ以降の小音階に関するアラビア語はジンスという表現に統一する。

小音階が旋律的響きを形成するには、前章で扱った支配音のような、旋律を形成するために核になる音が必要となる。核となる音に関して、先に紹介したようにデルランジェはこのような音をアラビア語でマルカズ、すなわち中心などと呼び、彼と同様の観察は20世紀前半の他の比較音楽学者たちも行い、20世紀後半でも研究者たちの間には同様の認識があった[2]。そこで本章では、まず彼らの観察した「核になる音」の性質を検討し、小音階群との関連性を考察することで、小音階を動的な狭旋律へと変える要素を考えてみたい。この目的のために本章では前章以上に多くのカッドやムワッシャフを参照して、名称の指し示す現象に関して更なる音楽学的解明を試みる。

1　序章脚注42および43を参照。
2　序章第2節第3項を参照。

第１節　小音階（ジンス）の音楽学的定義：核音とジンスの関係

特定の一音を中心に旋律が形成され、周囲の音に影響し旋律形成の中核となるこのような音を20世紀前半の比較音楽学者たちは主要音、デルランジェはアラビア語でマルカズ、20世紀半ば以降の日本の民族音楽学では核音などと呼んだ。序章でも断ったように、本研究ではこれらを統一して核音と呼ぶこととし、まず本節でその性質や役割に関して概観した後に、小音階（ジンス）の概念との関係を考察する。

一音の響きと求心力：核音の性質と旋律形成における役割

ドイツの比較音楽学者のラッハマンは、非ヨーロッパ世界の音楽に関する研究を記した1929年出版の著作の中で、旋律形成時に核となって他の構成音に影響する音をドイツ語で「主要音 Hauptton」と呼んだ［ラッハマン 1960, 24-6, 68-9］。アラビア語ではジンスやアクドと呼んでいる小音階の概念が比較的広く知られているのとは対照的に、この核になる音の概念はあまり注目されず、その後、20世紀後半になって注目したのはドイツ語圏で研究をしたトゥーマーである［Touma 1976b, 36-41］。彼は前述の主要音や核音に当たる音をドイツ語で「軸 Achse」と呼び、またこの軸音は隣接する音域に「軸空間 Achsenräume」を作り、その周囲の諸音に影響を与える存在であることを示した。

トゥーマーは、これを特にソ音（G）を軸としモデル化した形で説明しているが［ibid.］、次に見るようにアレッポにはこの概念を具体的に示す歌の例が存在する。なお、彼は言及していないが、ソ音（G）はアラビア語で「核」などの意味のあるナワー音 nawā と呼ばれ、このような旋律の旋法、すなわち前章で行った考察に従うと「支配音がソ音（G）であり」、かつ基音でもある旋法はナワー旋法と呼ばれている。音名と旋法名が一致し、かつ音名が支配音を示しているこの旋法は、前章で検討したフサイニー旋法やムハイヤル旋法の例と同じ命名法に従っており、しかも「核」という語義がこの音の音楽学的な機能をも示している稀な例である[3]。また、軸としての役割のあるこのナワー音（ソ音、G）は、これ以降で検討する多くの旋法の支配音でもあることも付言しておく。

譜例 5.1：ナワー旋法の旋律の例

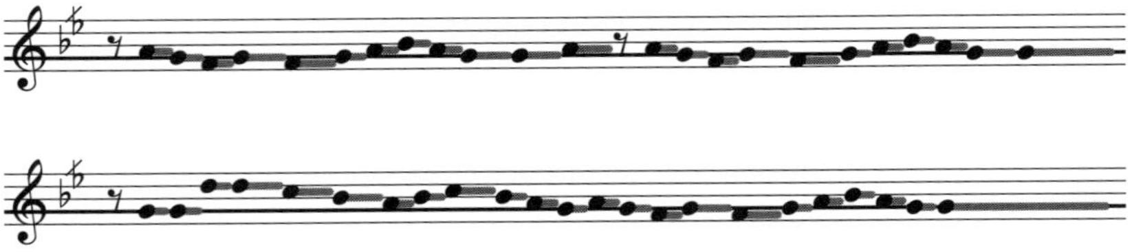

ナワー音（ソ音、G）の中心性を確認するために、音価（音の長さ）が横線で示され、かつソ音を確認するために第二線の色が他よりも若干濃くなっている（ダラールによるカッドの採譜［Dalāl 2006b, 363］を基に筆者作成）。

譜例5．1はナワー旋法による宗教的な歌詞を持つカッド一節分である（すなわち歌の冒頭から終止までであり、旋律は完結している）。特に旋律の開始部である譜面の一段目で、ソ音（G）を中心にした音域で旋律が上下している様子からソ音（G）の中心性が観察でき、トゥーマーの説明や核音の性質を如実に示しているだけでなく、デルランジェや『会議の書』の核音や支配音の説明にもあったように、旋律形成時に全体としてはその音が響いて聴こえている特徴も示している例である。なお、中核となる一音のみが旋律形成に影響を与え、印象に残るこのような例は、使用される音域の狭さも相まって音楽的というよりも朗誦的な音空間を感じさせる。そのため、音楽的な旋律よりも朗誦的な旋律に多く、タフキーク様式[4]のクルアーン朗誦に用いられることが少なくない[5]。こうした傾向から、ナワー旋法には他の旋法にはない宗教的な雰囲気があると言うこともある。また、

3　このナワー音（ソ音、G）のような旋法の旋律形成上で基音（ないしは終止音）の次に重要な音の概念は、西洋の中世教会音楽の理論においてはテノール（伊 tenor）や朗誦音 reciting pitch などの名称で説明されている［H. Powers &Wiering 2001, 785］。後述の脚注6で触れるように、朗誦音とは朗誦時に中核的な音として使用されたり、旋律において他の音に対して参照的に使用されたりする意味合いが強い音を指す。ナワー旋法のナワー音は、朗誦音ないしは支配音として機能しかつ基音でもある稀な例である。

4　第3章脚注7参照。

5　アザーンに関する論考で堀内勝は、アザーンと比してクルアーン朗誦は「起伏に乏しくまた長文であるだけ長たらしく感ぜ」［堀内（勝）1990, 29］られると評しているが、起伏に乏しく感ぜられるのは、部分的には朗誦時の音域の狭さに起因していると言える。

他の宗教や文化でも一音を中核的な音として朗誦を行う形態は多く見られる[6]。

ジンスの定義：核音に挟まれた小音階

こうした核音の性質から、一般に最も良く認知されている核音は使用音階中の基音である。いかなる旋律も完全に終止する際には基音に引かれるようにして戻り、基音の影響を受けている。基音の次に重要な核音は、前章で検討した支配音である。前述のナワー旋法ではナワー音の中心性は顕著なものがあり、旋律形成時に中心的役割を果たす音すなわち支配音も、そして終止する際に重要な基音も同じナワー音であるソ音（G）で、かつ使用される音域も狭いため、中核となる音はナワー音一音以外にはほとんど観察されない。しかし、他の旋法の例では旋律は一つの核音で形成されるというよりも、むしろ、二つないしはそれ以上の数の核となる音から形成されていることをラッハマンが次のように指摘している。

> 一つの主要音の代わりに、二つの主要音が、あるいはこのような変化が何回も起こる場合は多くの主要音が骨組みをつくるのである。しかもそれら主要音は互いに、我々が協和音程と呼ぶ関係に立っている。[ラッハマン 1960, 25]

彼による観察の要点は、第一に旋律は二つの核音（ラッハマンの言う「主要音」）から形成される例が多く、核音が旋律の骨組みを作っていることであり、第二に核音同士は協和音程をなす傾向があることである。協和音程とは、四度音程と五度音程、さらには八度音程（オクターブ）に関して使用される用語で、音響学や音響心理学でも説明されるように、その他の音程よりもはるかに心地よく響くゆえに結びつきが強く、親和性を強く認識しやすい音程とみなされている。それゆえ、協和音程にある音程は、ラッハマンの指摘のように旋律の骨組みとして機能する傾向がある。

これらに関して実例で観察してみよう。**譜例５．２**は典型的なバヤーティー旋

6　グレゴリオ聖歌に関する研究で同聖歌の専門家であるクロッカーは、祈禱や聖書の朗読などで繰り返し使用される単一の音高を「朗誦音 reciting pitch」とし、旋律的により動きのある聖歌の旋律中で繰り返されたり強調されたりする音高を、周囲の音に対する参照性から「参照音 referential pitch」と呼んでいる［クロッカー 2006, 10-1, 47-54］。

法の旋律である。核音の中心性という観点から旋律を観察すると、譜例の冒頭においてレ音（D）とソ音（G）が核音として機能し、旋律を形成していることがわかる。さらに旋律が進行すると、基音であるレ音（D）から一オクターブ高いレ$^{+}$音（d）に関しても同様の観察が可能である。この特徴を使用音階上に示すと**譜例5．3**のようになり、レ音（D）、ソ音（G）、レ$^{+}$音（d）の音程関係は、四度と五度の協和音程にあることがわかる。

譜例5．2：バヤーティー旋法の器楽曲冒頭部分［N. Darwīsh & Rajāʾī c. 1956, 153］

矢印は核音を示す。

譜例5．3：使用音階中の核音の位置（バヤーティー旋法）

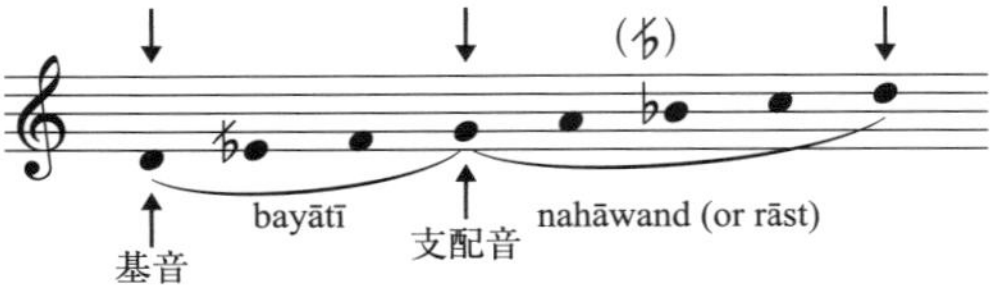

矢印は核音。

また、旋法の使用音階は前章でも示したように小音階によって構成されていると説明され、**譜例5．3**ではレミ𝄳ファソ（DE𝄳FG）の音列はバヤーティーのジンス（小音階）と認知され、ソラシ♭ドレ（GAB♭cd）の音列はナハーワンドのジンス（小音階）と呼ばれている。ここで小音階と核音の関係を確認すると、ジンス（小音階）は最低音と最高音が核音であることに気づくだろう。これまでは、ジンスをめぐる説明は慣習的なもので、音階数が三つか、四つか、五つかに関しては必ずしも音楽学的定義が明瞭でなかった［Qarī'a 2007, 60–1］。また、音階中のどの位置でもジンスは成立するという極端な見解も存在する[7]［C. Powers c. 2005］。しかし、このように最低音と最高音を核音とみなすことによって各ジンスの構成音数は音楽学的に定義可能であり、この点は非常に重要である。なぜならば、ジンスを核音によって挟まれた音階と定義することによって初めて、ジンスの構成音は旋律形成のための方向性を得て、どちらかの核音が中心となり、旋律形成上の一種の軸となってその小音階の音域で旋律が進行する狭旋律を形成するようになるからである。序章で指摘したが[8]、トゥーマーとS. マーカスはそれぞれに重視している要素が異なっていた。前者は核音と同じ概念である軸音、後者はアラブ世界で重視されている小音階（ジンス）である。上述のように解釈することにより、この二つは音楽学上の二種類の要素をそれぞれに重視しながらも、旋律的響きとしては同じ響きに注目していたとわかるのである。さらに付言すると、後述するように、核音の一つである支配音とジンスの関係も確定し、各旋法にとって重要な響きが音楽学的により明瞭に定義できるようになる。

このように、小音階（ジンス）を核音によって定義する、ないしは核音で挟まれた音階であると解釈し、旋律の動きを小音階と核音の役割で説明する見解は、日本音楽の音階に関する小泉文夫の分析［小泉 1994, 298–301］によって日本の民族音楽学者の間ではよく知られている[9]。彼の音階理論の基本概念は1950年代に発表され、それ以降、様々な形で修正が試みられているものの、核音に関する基本原理自体は未だその価値を減じず、古典アラブ音楽の音階に関する理解にも参考になるのである。

---

7 例えば**譜例5.3**の使用音階のバヤーティーのジンスはレミ𝄳ファソ（DE𝄳FG）の音列で成立している。この中にはミ𝄳ファソ（E𝄳FG）の音列も含まれているため、この使用音階にはスィーカーのジンス（**譜例5.5**を参照）もあるとする解釈である。これは一般的でない上に、ジンスは核音によって挟まれているとする本研究の解釈とも異なる。

8 序章第2節第3項の50–3頁参照。

9 小泉の音階理論の原型は1958年に出版された『日本伝統音楽の研究』［小泉 1958］である。1974年に出版された『日本の音楽』［国立劇場事業部宣伝課 1974］に掲載されている「理論篇」［小泉 1974, 65–93］は理論的側面に関する案内的な文献で、一般向けによりわかりやすく説明されている（これは『日本の音』［小泉 1994］などにも転載されている）。蛇足ながら記すと、この文献で小泉が例に挙げている旋律三種［小泉 1994, 299–300］はソ音（G）が中心になり同じ音で終止している、すなわちナワー旋法と同じ性質を有していると言える。

枠組みとしての核音と中立音程の関係

小泉もラッハマン同様に、このような核音による枠組みは協和音程であることが多いことも指摘しているが［小泉 1994, 299］、アラブ音楽において四度ないしは五度音程の枠組みが重要な点[10]は、音階中に存在する中立音程に関して以下のような推測をも促すだろう。

協和音程に関するこのような解釈を基に考察すると、第３章で紹介したブルダ音階（アラブ音楽の基本音階）の中でも中立音程となる傾向のある音に関して、次のような特徴が観察される。多くの旋法で支配音となるナワー音（ソ音、G）を音階中の軸としてブルダ音階を検討すると、中立音程が出現するのは**譜例５．４**のようにナワー音から上方三度音程のアウジュ音（シ𝄳音、B𝄳）および下方三度音程のスィーカー音（ミ𝄳音、E𝄳）であることがわかる。これら二音は旋法ごとに、また旋律の進行状況によっても音程が変化しやすい音として知られている。五度音程や四度音程は協和音程であるため比較的安定しているが、三度音程は相対的に協和度が低く、安定しにくいことが高い可変性の一因であると推測される。

譜例５．４：ナワー音（ソ音、G）と中立音程の関係

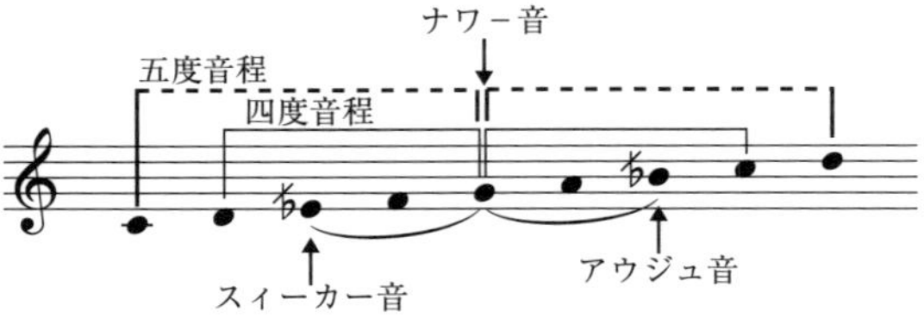

10　序章脚注 26 で紹介したように、ウードの調弦の基本は四度音程である。一般には、ナワー音であるソ音（G）を中心として高音の弦が四度上方のド$^{+}$音（c）、低音の弦が四度下方のレ音（D）であることが多い。しかし、地域差もあり、また専門家はさらに異なる調弦であることも多い。

第２節　小音階と支配音による狭旋律：名称を持つ小音階の音楽学的機能

旋法と同様に、小音階（ジンス）には名称があることは広く知られている。先の説明で小音階と核音の音楽学的関係が明らかになったことにより、静的存在であった小音階が動的に旋律を形成するための要件が整った。これにより、文化的な印象論として言及されていた小音階の持つ雰囲気や情緒、そしてそれぞれの違いは、音楽学的により正確な表現で説明される響きやそれぞれの響きの差異に起因するとみなすことができるようになる。響きの差異が旋法分類に影響する点について、前章では支配音との関連でのみ検討したが、本節では小音階に関連する議論にまで敷衍し、小音階と核音や支配音との関係を整理して、さらに後続する節で各旋法に関して個別に議論する予定である。

小音階（ジンス）の種類

現在、東アラブ諸国の音楽学校などで教えられている小音階（ジンス）は次のように、三音音階（トリコード、trichord）、四音音階（テトラコード、tetrachord）、五音音階（ペンタコード、pentachord）があり、紹介する数としては８から12個程度が一般的である（**譜例５．５**）。**譜例５．５**では８個を挙げ、音階数ごとに分類して掲載してある。これらは基本レベルであり、本研究で考察対象としているカッドやムワッシャフはこの範囲から出ることは稀である。これらよりもさらに専門的なジンスを挙げる教本なども存在するが、そのようなジンス群はより高度な器楽曲で使用される旋法に含まれているものであり、本研究では対象としていない[11]。

各々の音階数に関しては慣例的な解釈を尊重しつつ、先に行った音楽学的解釈、すなわち小音階の構成音はその最低音と最高音が核音であるという定義に従って分析を行う。但し、「慣例を尊重しつつ実践も尊重」したため、以下の点に関して留意していただきたい。ラーストの小音階とナハーワンドの小音階は五

11　この点に関しては、終章で議論している。

音音階と分類したが、四音音階となることもあるためその際に除かれる第五音を丸括弧に入れた。また、サバーの小音階は単純に核音挟みの原則を当てはめると四音音階のグループには入らないが、慣例的な解釈を尊重して四音音階とした。これらの点に関する詳細は、後続する頁に譲ることとする。

譜例５．５：主な小音階（ジンス）の種類と形態

この小音階群を音階数や音程に関して分類すると、**図５．１**のような相関関係が明らかになる。図からわかるように、小音階群はブルダ音階とナワー音を核音として成立しているスィーカーの小音階、バヤーティーの小音階、ラーストの小音階が中心となり（図の中央縦方向のグループ）、特徴を分け合ういくつかのグループを形成している。五音音階のラーストは、中立音程がより低くなるとナハーワンド、四音音階のバヤーティーの場合はクルドとなる。バヤーティーのジンスは第三音と第四音が変化するとそれぞれヒジャーズとサバーとなる。このような音程の微妙な変化はそれぞれに異なる響きを創出していると解釈できる。

名称に関しては小音階名もいくつかが音名と相関関係にあり、その性質から二つに分類できる。第一の分類は、ラーストの小音階の例のように、小音階中の第一音でかつ支配音として機能する音の音名が小音階名と一致している例で、他にはスィーカーとアジャムがある（該当音に↑を付した）。第二の分類は、支配音ではないがその音階に特徴的な音の音名と相関関係がある例でサバー、ヒジャーズ、クルドである。これらは必ずしも音楽学的には特別な機能を有していないが、標準的なバヤーティーの小音階とは異なる響きを創出するゆえに音名と小音階名が連動していると推測される（該当音に↓を付した）。以上が音名と小音階名が一致している例で、これらの例から漏れたバヤーティーとナハーワンドには音名は存在しないが、小音階の響き自体に名称が付けられていると考えられよう（図５．１ではスラーが付してある）。いずれにせよ、一音の響きや小音階の響きなど、特徴を認められる響きに名称がつけられており、名称は単なる飾りではなく、響きに付与され、それぞれ分別するために存在していることがわかる。

図５．１：小音階（ジンス）の相関関係表

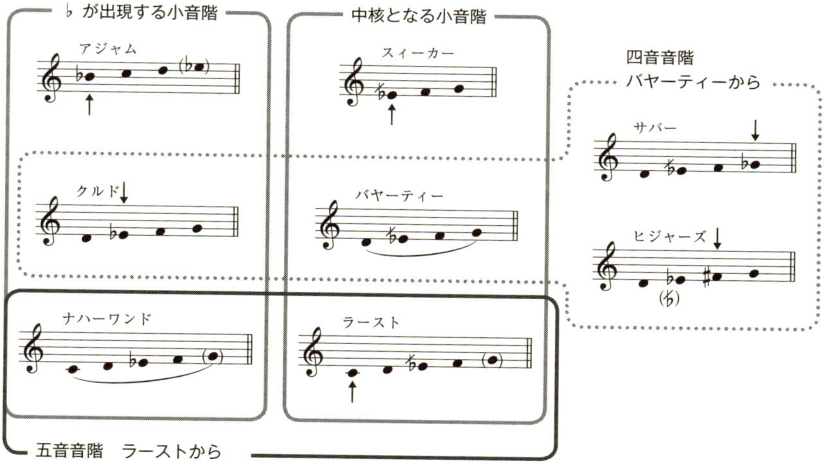

これら小音階の音程に関して簡単に補足説明しておこう。第３章で触れたように、音程は平均律に基づいているのではなく、また、中立音程は旋律の進行状況、特に上昇しているか下降しているかという方向性に左右されたり、さらには旋法ごとに微妙に変化したりする傾向がある。これには地方差、同じ町の中でも集団による差、さらには個人差もある[12]。またヒジャーズの小音階のE♭はE𝄳

12　音程に関して子細に調査すると、東アラブ地域にイスタンブールも含めた東地中海地域出身の演奏家の間でも差異があることが、デルランジェの研究書［d'Erlanger 1949, 24-44］からわかる。また、粟倉が調査を行ったアレッポの三人の音楽家の間でも差異がある［粟倉 1987a, 94-8］。さらにこのような中立音程の微妙な音程変化などに関しては、理論と実践の接点を探りながら論じているS. マーカスの論考があるが、彼のカイロのインフォーマントたちもスィーカー音（ミ𝄳音、E𝄳）の音程に関して様々な

と表記される場合もあり、全くのフラットではなく、それゆえこの小音階のE♭とF♯間の増二度は平均律による増二度よりは狭い傾向がある。こうした微細な点は、第３章で説明した「コンマ」一つの差異を聴き分ける専門家には微妙な音色や響きの違いとして感じ取られる。その一方で、例えばバヤーティー旋法のスィーカー音（ミ𝄳音、E𝄳）の音程が出身地によって微妙に違っていても、やはりバヤーティー旋法として認識されるゆえに、音程の微妙な違い自体が旋法分類を決めるための最重要要素ではないことも付言しておく。

また次の点も補足が必要であろう。**譜例５．５**に記したのは、各小音階の基本的な位置であり、旋法によっては小音階の位置が**譜例５．５**とは異なる位置にあることもある。たとえば**譜例５．３**のバヤーティー旋法の使用音階の場合、第一ジンスのバヤーティーの小音階は**譜例５．５**と同じ位置にあるが、第二ジンスには、ソ音（G）を第一音としたナハーワンドの小音階（ないしはラーストの小音階）がある。このように、基本位置とは異なる位置にあっても、前節で説明したように、小音階（ジンス）はその両端（最低音と最高音）が核音であり、使用音階中での配置はあくまで核音の位置で決まる。小音階は単なる音列ではない。たとえば、**譜例５．５**の位置でバヤーティーの小音階とラーストの小音階の違いを検討してみると、バヤーティーの小音階はラーストの小音階の第二音から始まっていることがわかる。それゆえラーストの小音階にはバヤーティーの小音階が含まれていると誤解される可能性があるが、小音階であるジンスは使用音階中にはどこでも作ることができるのではなく、あくまでそれによって形成される狭旋律の響きが重要になるため、核音の位置が重要であり、ド音（C）とソ音（G）が核音である場合、形成される小音階（ジンス）はラーストの小音階であって、バヤーティーの小音階ではないのである。

使用音階を構成する音的要素：小音階と支配音の関係および各要素の整理

次に上記のような小音階（ジンス）の定義にそって、前章で検討したバヤーティー旋法群の差異を確認すると以下のようになる。前章ではウッシャーク・トゥルキー旋法とバヤーティー旋法の差異を支配音の位置で説明した。この説明

見解を述べている［S. Marcus 1992, 45-6］。

にジンスの情報を付加すると次のように説明できる。

譜例５．６：使用音階の小音階構成と支配音
バヤーティー旋法とウッシャーク・トゥルキー旋法の使用音階の例

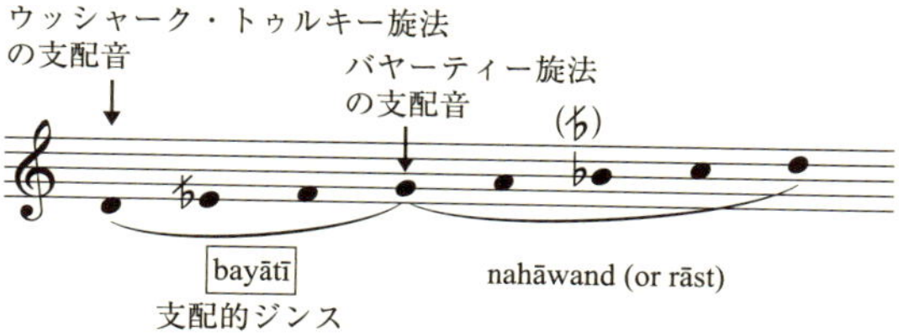

譜例５．６からわかるように、バヤーティー旋法とウッシャーク・トゥルキー旋法はそれぞれ同じ小音階構造をしているため、レ音（D）、ソ音（G）、レ⁺音（d）を核音に持ち、同じ核音構造をしている。両者は、響きの中核である第一ジンスのバヤーティーの小音階を共有しつつ、バヤーティー旋法では第一ジンスの最高音ソ音（G）が支配音となり、他方、ウッシャーク・トゥルキー旋法では最低音レ音（D）が支配音として響く。この解釈をより一般化すると、各旋法の中心的響きは旋律の開始部で重要な小音階と、小音階に属しそれに動きを与える支配音の組み合わせであると解釈できる。前章ではデルランジェの解釈に従って支配音を小音階の第一音（最低音）としていたものの、開始部においてどの小音階が支配的に響くのかに関しては明らかにしていなかった。この点に関して本章の議論にそって修正すると、上記の二旋法の例のように解釈でき、各旋法にとり重要な小音階と支配音の情報を関連付けて示すことができるのである。

また、以上のような解釈から、小音階と核音に関して次のような観察もできよう。使用音階中に存在する核音に関しては、その役割から基音と支配音およびその他の核音が存在する。これに対して小音階にも、各旋法の響きの中心となる小音階とそれ以外の小音階が存在している。ゆえに、**表５．１**のようにまとめることができる。響きの中心となる小音階は、文化内在的に個性があるとか、雰囲気がある、または情緒があるとみなされる傾向の

表５．１：旋法の使用音階の構成要素

核音	基音、支配音、その他の核音
小音階（ジンス）	響きの中心となる小音階（支配的ジンス）、その他の小音階

ある小音階であり、本研究では他との識別が必要な場合は、支配音との関連から「支配的ジンス」ととりあえず呼ぶこととし、その小音階は**譜例5.6**に見るように名称を枠線で囲んで表記することとする。**譜例5.6**の使用音階で説明すると、バヤーティー旋法の響きの中心は支配的ジンスであるバヤーティーの小音階と支配音であるソ音（G）の組み合わせによって創出される。

なお、使用音階は以上のような構成要素によって通常、基音からオクターブが表記され、特に説明がない限り、オクターブ以上は繰り返しとなるが、基音より低い音は明示されないことが多い。明確な理由は不明であるが、次のような点が考えられるだろう。使用音階を小音階による構成と考えることは、単にオクターブの音階を小分けしているのではなく、あくまで核音と小音階によって生じる狭旋律の響きが意識されているためと考えられる。他方、基音以下の音域に関しては使用しないのではないが、それが中心になって旋律が形成される機会があまりなく、補助的な役割しか果たさないため、特定の旋律的響きはあまり意識されないのであろう。また、基音以下の音に関してはさらなる研究が必要であることから、本研究では使用音階は、基本的には基音からオクターブのみを表記することとする。

支配的ジンス名と旋法名の相関関係：旋法情緒と小音階名

次に、使用音階の小音階構成に着目して、各旋法の支配音とそれを構成音として持つ支配的ジンスを分類すると、小音階名と旋法名の間に以下のような相関関係があることがわかる。**表5.2**は第一ジンスの種類によって旋法を分別し群（グループ）とみなし、さらに支配的ジンスの位置でそれらを分類した表である。下線が引いてある旋法名は、各旋法群の中で最も基本的な旋法であり、かつ支配的ジンスと旋法名が同じ組み合わせのものである。これらはほぼ第一ジンスが支配的ジンスであり、それらの響きを代表する旋法に小音階と同じ名称が使用されている。枠線で囲まれている旋法名は、支配音の音名が旋法名と重複している例、すなわち前章で注目したタイプの例である。前章では支配音の音名に関して検討したが、**表5.2**からわかるように小音階名は支配音の音名以上に旋法名との関連が強い。これは単に使用音階中に同名の小音階が存在するからなのではなく、これから検討するように、旋法名と同じ名称の小音階が開始部において中心的響きとなるゆえなのであり、以下のように経験的にもこの特徴は指摘されている。

表５．２：旋法名と支配的ジンス名および支配音名の相関関係

第一ジンス	旋法群分類	支配的ジンスと支配音の使用音階中の位置	
		第一ジンス	第二ジンス
三音音階	スィーカー旋法群	スィーカー（フザーム）	
四音音階	バヤーティー旋法群	（ウッシャーク・トゥルキー）バヤーティー	フサイニー、ムハイヤル
	ヒジャーズ旋法群	ヒジャーズ	（ヒジャーズ・カール）
	クルド旋法群	クルド	（ヒジャーズ・カール・クルド）
	サバー旋法	サバー	
五音音階	ラースト旋法群	ラースト（ラースト・カビール）	（マーフール）
	ナハーワンド旋法	ナハーワンド	

注意：下線が付してある名称は小音階名が旋法名でかつ支配的ジンスの場合で、枠線による囲み文字の名称は名称が支配音の名称である場合、括弧で括られている名称はそのいずれでもない場合である。「ラースト」と「スィーカー」に関しては支配的ジンスと支配音の名称であるため下線を付し枠線囲み文字とした。

レバノン出身であるラースィーは、序章で説明したように既に旋法名称が簡素化されていく中で彼自身の音楽を培ってきたため、バヤーティー旋法群などを詳細に分類しない傾向がある。しかしながら、旋律の開始部は重視しており、開始部の中心的旋律が第一ジンス付近である旋法に関して、その音域にその旋法に独特の「旋法情緒 modal feeling」が現れるとしている［Racy 2003, 100］。各旋法に独特の旋法情緒とは、本研究で各旋法に独自の旋律的響きと表現している旋律が醸し出す雰囲気であろう。子細な旋法分類を行わなくとも、情緒や雰囲気を目安とした旋法的特徴のこのような文化内在的な捉え方は、名称数の減少などの混乱に囚（とら）われずに存続しているのである。

音階のジンス構成を基にした分類

表5．2では使用音階の第一ジンスの音階数によって旋法を分類した。この分類は小音階の構成音数による分類という静的な側面だけでなく、各小音階の核音の位置に関する情報も含んでいる。核音がどこに存在するかは旋律形成上の特徴を左右するため、音階数による分類は実際には旋律形成上の特徴による分類でもある。そこで、これ以降ではこの第一ジンスの音階数による分類を基に、各旋法の特徴をグループ別に検討する。

第3節　旋律的響きとしての小音階（1）：テトラコード型（バヤーティー旋法タイプ）

表5．2からもわかるように、第一ジンスが四音音階の旋法群は比較的種類が多い。まず、このグループをテトラコード型と命名してその特徴を考察する。各使用音階はオクターブ中に二つの小音階を含んでいるが、第一ジンスが四音音階のテトラコード型には、小音階の連結形態から、連結型 muttaṣil と乖離（かいり）型 munfaṣil と介入型 mutadākhil の三種類が存在すると説明される[13]。連結型は、バヤーティー旋法とウッシャーク・トゥルキー旋法に関する**譜例5．6**のように、第一ジンスと第二ジンスが一つの核音を軸として連結しているタイプを言う。他方、乖離型は**譜例5．7**のように連結部分が乖離している場合で、介入型は後に見る**譜例5．10**のように第二ジンスが第一ジンスに介入する形態で説明され、この形態を取るのはここで検討する旋法としてはサバー旋法のみである。以下、それぞれの特徴に関して考察しよう。

13　S. マーカスが説明［S. Marcus 2002a］しているように、使用音階に見るジンスの連結形態はアラビア語でこのように説明され、この知識に基づく論考［Āghā Qal'a 2002］などもあり、アラブ世界の専門家や演奏者には広く知られている。

小音階の連結型：バヤーティー旋法とウッシャーク・トゥルキー旋法

先に紹介したラースィーの指摘にもあるように、文化内在的には旋法ごとの特徴はその旋法の醸し出す雰囲気、すなわち旋法情緒によって認識されている。それは前章で確かめたように、同じ使用音階でも支配音が異なることによって支配的な響きが変化する点から音楽学的にも確認できる。この原則にジンスの響きも加味すると、バヤーティー旋法の場合、**譜例5.2**のように旋律の開始部で支配音を響かせながらも、バヤーティーの小音階が同時に響いていることが旋法としての特徴を感じさせる二大要素になっていると言える。それゆえ、敢えて使用音階にこの情報を入れるならば、**譜例5.6**で示したように第一ジンスが支配的ジンスで、ソ音（G）が支配音となる。

小音階乖離型：フサイニー旋法とムハイヤル旋法

バヤーティー旋法群には前述の二つのように支配的ジンスを共有しながら支配音がそれぞれ異なる組み合わせがもう一つある。フサイニー旋法とムハイヤル旋法である。これらの旋法の使用音階はバヤーティー旋法のそれにほぼ同じであるが、小音階構成としては第一ジンスと第二ジンスが連結部分の核音を共有しない乖離型とみなされている。そのため、使用音階の小音階構成は**譜例5.7**のように解釈される。

譜例5.7：フサイニー旋法の使用音階の小音階構成

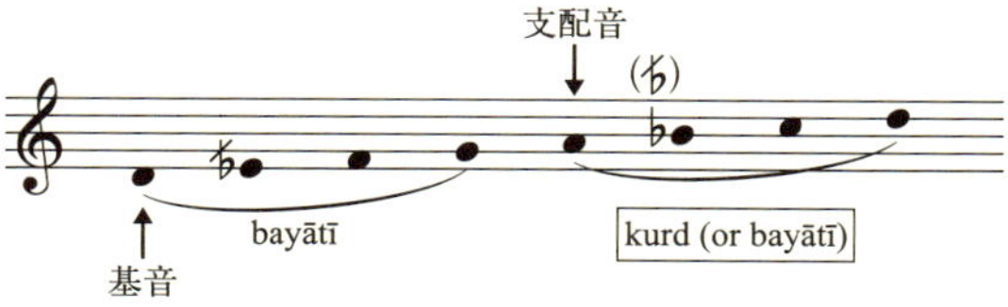

中立音程と核音の関係および音階の上昇型と下降型

譜例5.7を見ると、支配的ジンスの第二音ではシ♭音（B♭）とシ𝄳音（B𝄳）のどちらを使うのかが使用音階からは明確でない。どのように判断しているのだろうか。

前章で明らかになったように、フサイニー旋法とムハイヤル旋法は前者がラ音

（A）を支配音、後者がレ⁺音（d）を支配音とする旋法で、さらに支配的ジンスに関する情報を追加するとこの二つはどちらも第二ジンスが支配的ジンスと解釈しうる旋法である。従って両者の差異は、共有する支配的ジンスのどちらの端に支配音が位置しているのかということになる。これまでの考察から、核音は他の構成音に対して強い影響力があることがわかっている。この特徴を加味して考えると、次のようなことが明らかになる。ムハイヤル旋法の開始部では、支配的ジンスの第二音はシ♭音（B♭）ではなく、より高いシ𝄳音（B𝄳）として認識される音になり、支配的ジンスを響かせながらもレ⁺音（d）に向かって上昇する旋律が生じる傾向がある。他方、旋律が下降気味でラ音（A）に引かれている場合、特にフサイニー旋法の開始部に見られる性質であるが、支配的ジンスの第二音はシ♭音（B♭）となる。これらは一般には使用音階の上昇型および下降型として認識され、よって使用音階の上昇型ではシ𝄳音（B𝄳）、下降型ではシ♭音（B♭）と書き分けられ説明されることが多い。しかし、核音の役割を考慮してより厳密に考えるならば、単に上昇している、また下降しているゆえに使い分けられているのではなく、どちらの方向に引かれているかで音程が変化すると解釈すべきである。**譜例5．8**では、旋律の前半ではレ⁺音（d）に向かって旋律が上昇しているため、シ音はシ𝄳音（B𝄳）となり、後半ではレ音（D）に向かって下降するため、シ音はシ♭音（B♭）となっていると解釈できる。

譜例5．8：譜例4．5のムワッシャフの中間部分の一部［N. Darwīsh & Rajāʾī c. 1956, 171］

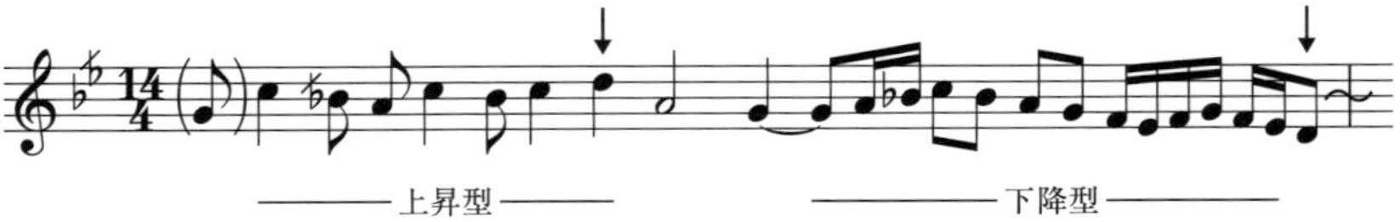

フサイニー旋法による旋律の顕著な特徴

すでに述べたように、フサイニー旋法はフサイニー音であるラ音（A）が支配音である点が主要な特徴であるが、次のように開始部のラ音の持続性に着目してみるとおおよそ二つに分類できる。第4章の**譜例4．5**のムワッシャフでは、ラ音が持続し高音部で旋律が続くが、これに対して、開始部でラ音が支配的になりながらもあまり旋律が上昇せずに下降する例もある。例えば**譜例４．４**では、開始部でラ音と支配的ジンスが使用されるが、必ずしもその響きを持続することなく旋律は下降していく。これはムワッシャフでも簡易なものおよびカッドに多く見られる。特に短いカッドでは、ラ音が開始部で使用されるものの、高音域はほとんど使用されずに旋律は基音へと下がり収束する。このような現象が起こる一因としては、旋律を使用する集団、もしくは旋律を作り出す集団に専門家といえる技術水準があるか否かによって、高音域を頻繁に使用できるか否かが決まることが挙げられよう。こうしたフサイニー旋法の旋律的特徴をまとめると、**表５．３**のように理解できる。しかし、旋律の開始部におけるラ音の響きの中心性はどちらもともに変わらず、バヤーティー旋法とは区別されるのである。

表５．３：フサイニー旋法にみる二つの分類

分類	開始部の音域の傾向	歌の種類	例
1	ラ音（A）を含む第二ジンスが中心	比較的難しいムワッシャフ	譜例４．５
2	ラ音（A）は使用されるが、早い段階でそれより低い音域に移る	簡易なムワッシャフとカッド	譜例４．４

クルド旋法とヒジャーズ旋法：二種類の旋律

クルド旋法とヒジャーズ旋法も、基本的にはバヤーティー旋法と同じように使用音階は第一ジンス・テトラコード型である。さらにバヤーティー旋法と類似している点は、バヤーティー旋法同様に基音から四度音程に支配音がある例（バヤーティー旋法タイプ）と、五度音程に支配音がある例（フサイニー旋法タイプ）の二種類が存在していることである。ゆえに、それぞれにフサイニー旋法タイプはクルド・フサイニー旋法とかヒジャーズ・フサイニー旋法などと言いうるが一般的ではない（前者の使用音階は**譜例５．９**、後者に関しては巻末の基本旋法リストを参照されたい）。

譜例５．９：クルド・フサイニー旋法の使用音階

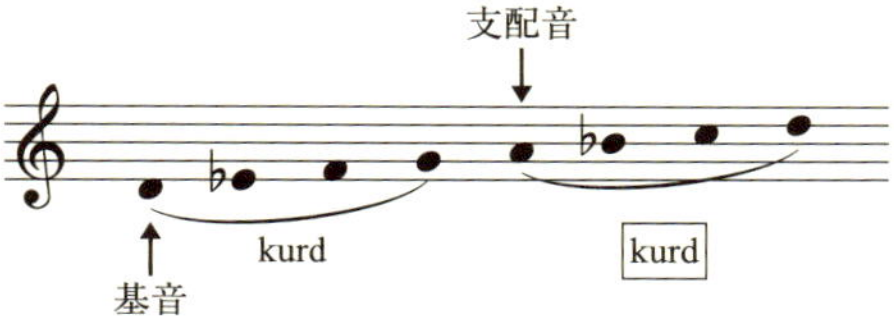

特にクルド旋法に関しては次のような点が観察されている。ナディーム・ダルウィーシュによる『我らが宝庫から』[N. Darwīsh & Rajā'ī c. 1956]、ダラールによる『宗教的カッド』[Dalāl 2006b]、そしてジャバクジーによる『アレッポのカッド』[Jabaqjī 1970?] を基にアレッポのムワッシャフやカッドのレパートリーを調べると、クルド旋法と分類されている歌は掲載されていないのである。当然ながら、これをもってしてクルド旋法の旋律が存在しなかったとは断定できないが、あまり多くなかった可能性が高い。これに対して20世紀中ごろ以降のカイロで作曲された歌はマカーム・クルド（すなわち使用音階はクルド音階）とみなされている作品が多く存在する。ゆえに、クルド旋法ないしはクルド音階を主たる響きとして使用した旋律が比較的新しいことが推測される。

いずれにせよ、マカーム・クルドという名称は今日、使用音階のみを示すことが多く、分類を正確に行うと、旋法としてはクルド・フサイニー旋法と呼びうるものもその中には存在している。例えばエジプトの歌手ウンム＝クルスームの最も有名な歌の一つであり1964年に初演された『あなたは私のいのち inta 'umrī[14]』[Saḥḥāb 2001, 320] は、一般にマカーム・クルドの歌であると言われるが、この場合のマカームは音階名を意味しており、その一方で旋律は開始部において基音（ラ-音、AA）[15] から五度音程のフサイニー音、すなわちミ音（E）が支配音で、この音が属するジンス（すなわち第二ジンス）が支配的ジンスとなり開始部の旋律が進行する。ゆえに厳密にはクルド・フサイニー旋法と呼びうるが、そのように呼ばれることはない[16]。

第二ジンス介入型：サバー旋法

この節の最後に、使用音階のジンス構成による分類が「介入型」と呼ばれる旋

14 この歌のタイトルは口語アラビア語で知られているため、口語表記とした。

15 クルド旋法の基音の基本位置はレ音（D）であるが、この場合は本文に示したように四度下がったラ-音（AA）が基音となっている。

16 ダラールは、ウンム＝クルスームなどが歌う新古典系の歌にはマカーム・クルドと呼ばれている旋律が多いことを承知しているが、彼の耳にはクルドというよりはスィーカー音（ミ𝄳音、E𝄳）が低すぎるバヤーティー旋法やフサイニー旋法に聴こえるらしく、完全にはクルド旋法とはみなしていないらしい。これは、クルド音階がバヤーティー音階のスィーカー音を完全にクルド音（ミ♭音、E♭）まで下げた音階であることから生ずる判断である（**譜例5．7と5．9**を参照）。スィーカー音を完全にフラット（♭）なクルド音と認識するためには、後述する本章第5節においてナハーワンド旋法で指摘するような旋律の流れ、すなわち高音から低音へと旋律が下降する流れが必要なのかもしれない。

法、サバー旋法を検討しよう。

譜例5．10：文化的な響き概念によるサバー旋法の使用音階と小音階構成

サバー旋法の使用音階における小音階構造は**譜例5．10**のようになっており、第一ジンスのサバーの小音階を四音音階とみなすものの、第二ジンスであるヒジャーズの小音階がこのサバーの小音階の第3音にまで介入していると解釈している。ゆえにこの音階構成は介入型とされている。この旋法に独特の響きはサバーの小音階であるため、支配的ジンスはサバーの小音階であるが、介入型という特殊な連結型であることから、サバーの小音階に属する核音ではなくヒジャーズの小音階の核音であるファ音（F）が支配音とみなせる構造をしている。この支配音の位置を考えると、**譜例5．11**の（a）部分のように小音階構成を考えることも不可能ではないが、文化的な響きの概念を重視して**譜例5．10**のように解釈しているのだろう。それほどにこのサバーの響き、特に「ミ𝄳ファソ♭（E𝄳FG♭）」という三度の狭い音程でファ音（F）を軸にして響く旋律は、独特の印象を聴き手に与えている。

『宗教的カッド』［Dalāl 2006b］にはサバー旋法の歌が14曲あるものの、すべてがサバーの小音階を中心とした歌で、支配音ファ音（F）を含む小音階による旋律のみが使用されており（**譜例5．12**）、高音域に関しては観察ができない。そこで高音域を使用した旋律の核音構成に関してムワッシャフや器楽曲サマーイーを参照して考察すると、ド$^{+}$音（c）を核音としながらサバーの小音階と類似した響きが用いられていることがあるとわかる。大半の旋法の高音部は、基音から一オクターブの使用音階を再度繰り返す傾向があるが、サバー旋法の場合はそのような構造はしておらず、あえて言えば、**譜例5．11**の（b）に示したように五度上方で繰り返しているのかもしれない。

譜例５．11：サバー旋法の核音構成に基づく使用音階解釈

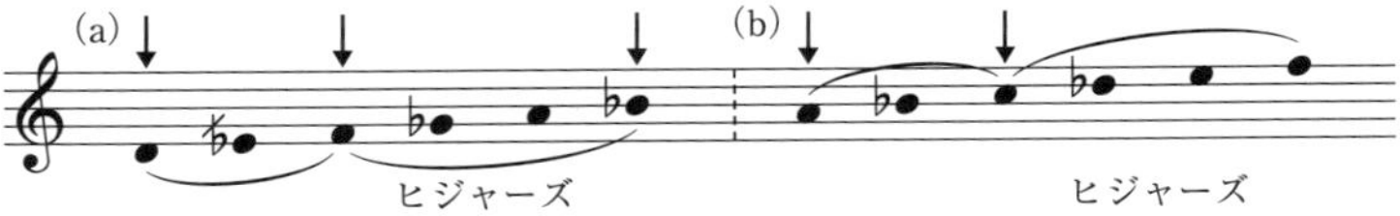

譜例５．12：サバー旋法のカッド mā as‘adak ṣubḥiyya（筆者による採譜）

第４節　旋律的響きとしての小音階（２）：トリコード型（スィーカー旋法タイプ）

トリコード型は、第一ジンスが三音音階で、第二ジンスが四音音階という使用音階構成をしているとみなされている。ここでは、最も基本的なトリコード型の旋法として、スィーカー旋法とフザーム旋法を例に挙げその差異に注目するとともに、東アラブ地域には厳密な意味でのスィーカー旋法の旋律、特にムワッシャフがあまり多くないこと、またこの二つが名称において混同されてきたことに関して、音楽学的な視点と文化内在的な視点の双方を用いて考察する。

スィーカー旋法とフザーム旋法：音楽学的差異

スィーカー旋法とフザーム旋法は、使用音階において第一ジンスがともにスィーカーの小音階で、第二ジンスがそれぞれラーストの小音階、ヒジャーズの小音階と異なる構成をしている（**譜例５．13**および**５．14**参照）。開始部における支配的ジンスは共有している第一ジンスのスィーカーの小音階であるが、支配音

はスィーカー旋法ではスィーカー音（ミ𝄳音、E𝄳）、フザーム旋法ではナワー音（ソ音、G）であり、この差異によって、生じる旋律的響きが異なる。

譜例5．13：スィーカー旋法の使用音階

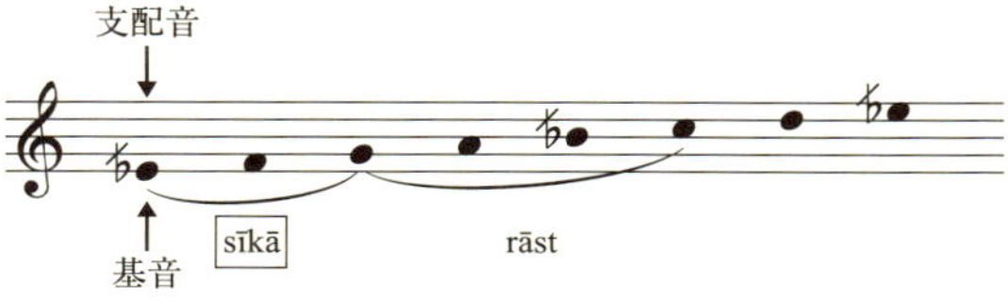

譜例5．14：フザーム旋法の使用音階

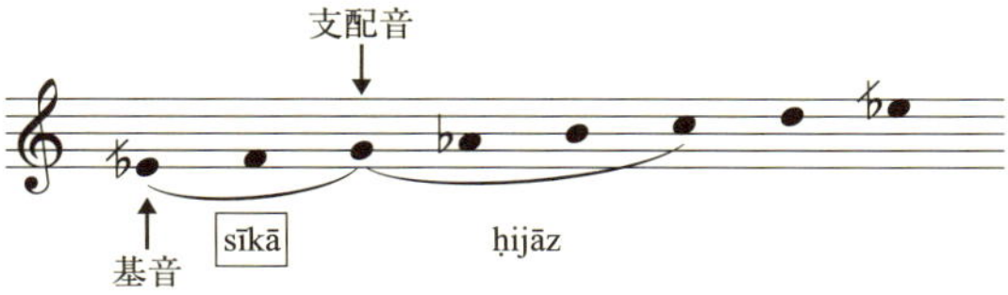

譜例5．15：フザーム旋法のカッド subḥāna man asrā bihi［Dalāl 2006b, 281］

この二つの旋法は、使用音階中の同じ位置にある同じ小音階が支配的でかつ三音音階であるため、支配音が異なりながらも旋律の動き次第では支配的な響きの差異を聴き分けることが難しく感じられることもある。例えば**譜例5．15**では開始部にミ𝄳ファソ（E𝄳FG）という上昇する旋律が現れ、ソ音（G）の響きが重視されることからまずフザーム旋法とわかり、かつ続く高音域の旋律でヒジャーズの小音階が出現することからもフザーム旋法であることは明らかである。しかし、『宗教的カッド』の中には第一ジンスのみで歌われている、すなわち第二ジ

ンスがほとんど登場しない上に、第一ジンスであるスィーカーの小音階もソ音（G）が中心なのか、ミ𝄳音（E𝄳）が中心なのか明瞭でない例もある。このために、判別が不可能で、「スィーカー旋法もしくはフザーム旋法」とダラールが記していることもある［Dalāl 2006b, 256 など］。

このように、旋法分類や識別では、使用音階ではなく開始部の「小音階の響き」が重要であるため、三音音階であるスィーカーの小音階を支配的ジンスとするこれら二つの旋法は、他のタイプ、例えば支配的ジンスが四音音階のバヤーティー旋法群の識別と比べると混同が起こりやすい。支配的ジンスが三音音階の場合、支配音が第一音であるか第三音であるかが明瞭でなく、単にスィーカーの小音階の響きのみが感じられてしまうのである。

名称ないしは記号の恣意性

こうした現象は音楽学的に興味深いことは確かであるが、この二つの旋法の混同は、旋法名の決定をめぐる歴史・文化的な性質をも垣間見せてくれるため、さらに興味深い。

この二つの混同は、20 世紀前半の比較音楽学者たちの研究に記録されている。一つは 1920 年代から 30 年代のカイロなどにおける旋法実践を記録しているラッハマンの『東洋の音楽』における採譜例［ラッハマン 1960, 86-7］で、もう一つは 1930 年代前半にカイロで調査をしているベルナーの採譜例［Berner 1937, 78-80］である。これらの例では、いずれもフザーム旋法と分類できる旋律がスィーカー旋法として分類されている。すなわち、これら採譜例の諸旋律は開始部においてソ音（G）を支配音、第一ジンスのスィーカーの小音階を支配的ジンスとし、かつフザーム旋法の使用音階を用いているにもかかわらず、スィーカー旋法と分類されているのである[17]。

これには次のような理由が考えられる。第一に、当時、東アラブ地域ではスィーカー旋法の旋律があまり豊富には存在しなかったゆえに、厳密には区別し

17　パレスチナでは次のような例も観察されている。コーヘンとカッツによって 1960 年代に収集されたパレスチナ民謡に基づく旋法研究では、スィーカー旋法として示されている採譜例には、スィーカー音（ミ𝄳音、E𝄳）が支配音であるが基本的にフザーム旋法の使用音階を用いている例が散見される［Cohen & Kats 2006, 347, 349-50, 399］。これは名称に混同があるというよりも、旋律の開始部における支配的響きが旋法の支配的情緒感や旋法名を決定している例の一つとみなすべきであろう。

ていなかった可能性がある。この可能性に関しては、アレッポに次のような逸話が残っている [Mahannā c. 1998, 139]。1930年代のある年、エジプトの人気作曲家兼歌手であるムハンマド・アブドゥルワッハーブがアレッポを訪れ、コンサートを催し、アレッポの音楽家たちとも親交を深めた。そこで彼は次のような発言をした。「私はマカーム・スィーカーのムワッシャフを聞いたことがないのだが、アレッポにはあるのだろうか」、と尋ねたのである。同席した人々はないことを承知していたため返答に窮したにもかかわらず、ウマル・バトシュだけが「ええ、あります」と答えたという。ぜひ聴かせてほしいとアブドゥルワッハーブが言うと、バトシュが返答することには、「マカーム[18]というものは天空の星々との関係が深いことはご存じでしょう、この時間はマカーム・スィーカーには適しておりません、明日、神がお望みならば、スィーカー旋法のムワッシャフによるワスラ（組曲）をお聴かせしましょう」。バトシュは友人たちとその場を退席すると、マカーム・スィーカーによるムワッシャフを一晩で作り、翌日、アブドゥルワッハーブに聴かせたという。

この伝承に頼らずとも、ムワッシャフには確かにスィーカー旋法の旋律が少ないことは明らかである。『宗教的カッド』にも前述の「スィーカー旋法もしくはフザーム旋法」とダラールが判断している二曲しか収録されていない。そのような事情もあり、現在ならばフザーム旋法と呼ぶ特徴を持つ旋律を当時、アラブ系の音楽家たちがスィーカー旋法ないしはスィーカー・フザーム旋法と呼んでいたため、ラッハマンやベルナーのインフォーマントはその慣行に従ったものと推測される[19]。他方、『会議の書』では、スィーカー旋法とフザーム旋法は個別のものとして扱われていることから、この二つを明確に区別していたのはオスマン系音

18 バトシュはマカームではなくナガムを使用していたと本研究では指摘しているが、この逸話ではアラビア語でマカームという単語が使用されている。これは、1990年代に執筆されたマハンナーによる伝承集にある逸話であるため、単語がナガムからマカームに置換されていると解釈可能である。この件は音楽用語の例であるが、たとえば、クッターブをマクタブ、サフラをマジュリスと置換して記述しているカッズィーの例（第1章脚注11および91頁参照）にあるように、執筆者が意味上の差異を覚えない単語に関しては、時代の変遷による置換や、書き下す際の口語から文語への置換はさほど抵抗なく行われているようである。

19 タウフィーク・サッバーグはこの点に関して、「スィーカー・アラビー（アラブのスィーカー旋法）」と呼べば良いではないかとある種の民族主義的感情をもって訴えている [Ṣabbāgh 1950, 49]。フザーム旋法をスィーカー・フザーム旋法と呼ぶこの習慣は、サッバーグの著作出版から30年ほど経ったアレッポでも観察されている [粟倉 1987a, 106]。

楽の伝統をよく知っているアリー・ダルウィーシュたちなどであったのだろう。ゆえに、これは単純に文化や習慣の違いとして了解することもできる一方で、旋法として同じ特徴を持つ旋律の呼び名が異なるというこれらの例は、名称というものは文化的に決定されるのであって絶対的なものではないことを如実に示している。

この状況を記号論的に整理してみると、**図5．2**のようになる。実際に耳にする旋律である外延と、それを音楽学的に定義する内包が実質的には同じであっても、それらを示す記号としての名称は文化ごとに、そしておそらく地方や集団によっても異なることもありうる、すなわち地理的距離や社会階層・言語などの社会文化的な距離によって記号が異なっても不思議はないのである。

図5．2：「記号」の恣意性

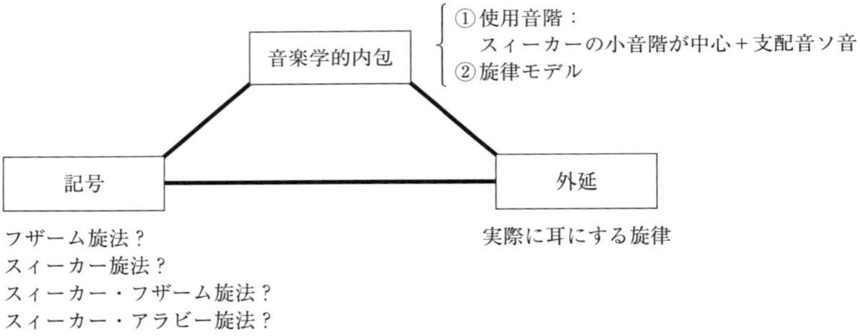

第５節　響きを左右する旋律の方向性：ペンタコード型（ラースト旋法タイプ）

これまでの分析例では、旋律の開始部で支配的ジンス（小音階）と支配音によって形成された狭旋律が中心的役割を果たし、旋法ごとの響きの差異を形成していた。また、旋法群を使用音階における第一ジンスの音階数で分類することによって、そのグループ内で旋律形成の特徴を分類できることも明らかになった。次に検討するペンタコード型に関して注目したい特徴は、ラーストの五音音階を基準にした場合、第一には中立音程である第三音の性質や機能であり、第二にはそうした中立音程の性質と関連する旋律の方向性の問題である。

ラースト旋法群と核音構造：中核的構成音の準核音化

ラースト旋法の使用音階と同じジンス構成の旋法は、支配音の位置の違いによってラースト旋法、ラースト・カビール旋法、マーフール旋法の三種類がある。これらのラースト旋法群は、第一ジンスが四音音階とみなされていることがあるが、旋律形成時の核音構成の特徴から、第一ジンスはむしろ五音音階とみなすべきであろう。それゆえペンタコード型に分類した[20]。これはジンスを核音に挟まれた音階とした定義に従っているが、ジンスが四音音階か五音音階かという区別は次のような点からも重要である。

両端に核音を持つ五音音階は、最低音と最高音が旋律形成における核としての機能を果たすが、さらに構成音で核音の内側にある三音のうち中心にある第三音（スィーカー音、ミ𝄳音、E𝄳）も準核音的な働きをする特徴がある。四音音階ではこのような特徴は観察されない。この特徴は特にラースト・カビール旋法に顕著で、使用音階（**譜例５．16**）上の第一ジンスの第三音ミ𝄳音（E𝄳）は準核音的動きをするが、四音音階である第二ジンスのラーストのジンスでは核音に挟まれたラ音（A）やシ𝄳音（B𝄳）には核音としての役割はない。

譜例５．16：ラースト・カビール旋法の使用音階

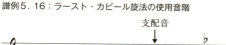

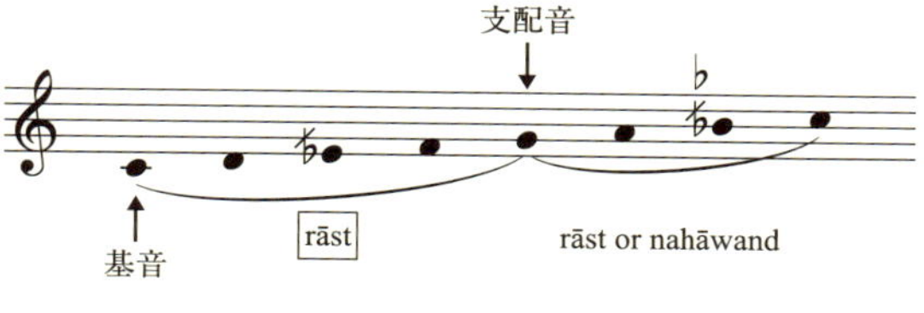

20　テトラコード型のバヤーティー旋法群とは異なり、ペンタコード型のラースト旋法群の場合、第二ジンスがソ音（G）から始まる種類しかないため、連結型や乖離型などのジンス連結に関する議論はない。

譜例5．17と5．18は典型的なラースト・カビール旋法の例である。この旋法はソ音（G）を支配音として第一ジンスであるラーストのジンスを響かせる特徴がある。それゆえに、開始部でド音（C）からミ𝄳音（E𝄳）を経由してソ音（G）へと直進する傾向があり、我々にとっては、次に扱う「ラースト旋法」よりも「ラースト」という単語が「まっすぐ」を意味することを連想しやすいかもしれない。このソ音（G）へと上昇し直進する特徴は、**譜例5．18**の19世紀初めのヴィロトーによるカイロでのアザーンの採譜にも表れている。実際のヴィロトーの採譜には中立音程を記す工夫はないため、この旋律の構成音は全音と半音のみで記譜されている［Villoteau 1826, (14)192］。そのため、使用音階の音程にのみ着目すると、次に検討するナハーワンド旋法であるかに思えるが、旋律の開始部で五度音程の上昇が聞かれ、かつ基音（ド音、C）から支配音（ソ音、G）へと上昇する際に第三音も使用する特徴が**譜例5．17**と一致している[21]。アザーンの節回しの旋法は判断が必ずしも容易でない例も多いが、この例はラースト・カビール旋法の特徴がよく現れており、比較的わかりやすい[22]。

支配音がド音（C）であるラースト旋法の場合、第一ジンスは基本的には五音音階であるが（**譜例5．19**）、あくまでド音を中心にして旋律が開始されるため、譜例のように基音であるド音以下の音が頻出することになる（**譜例5．20**）。使用音階中に、他の音に影響を与える核音の中で重要なのは、支配音だけでなく、基音でもある。そのため、支配音が基音でもあるラースト旋法では、開始部で双方の影響が相まって、ド音（C）を中心に旋律が形成され、基音以下の音が頻出することになる[23]。また、支配音がド⁺音（c）であるマーフール旋法では、支配

21　この採譜の旋法に関してダラールに確認したところ、やはりラースト・カビール旋法と判断していた（私信〔電子メール〕による、2010年3月）。なお、採譜では基音はラ音（A）だが比較のために譜例ではド音（C）とした。

22　19世紀以降、アザーンの採譜が旅行記や研究書に散見される。興味深いことに、19世紀初めのヴィロトーの採譜［Villoteau 1826, (14)192-4］と19世紀半ばのレインの採譜［Lane 1986, 381; レイン 1964, 240］はともにラースト・カビール旋法とみなすことができ、これらとの比較を目的とした1960年代の採譜例［堀内（勝）1990, 34］も同じ旋法であることから、同旋法の特徴がわかる好例となっている（前者二例は堀内勝の研究に引用されている［ibid., 32-4］）。これら三つの採譜には旋法名がなくかつ半音と全音のみを使用した五線譜による採譜であるため、音階の音程関係からのみ旋法名を確定する場合、ナハーワンド旋法とみなされる可能性も排除できない。しかし、ヴィロトーによる**譜例5．18**のように、これらのアザーンはその旋律的特徴からラースト・カビール旋法であるとみなされるべきであろう。

23　支配音だけでなく基音も旋律形成に影響を与え、重要である点に関しては、次章で扱う。

譜例５．17：ラースト・カビール旋法のカッド yā ṣāḥib al-wajh al-malīḥ［Dalāl 2006b, 474］

譜例 5.18：ヴィロトー採譜のアザーンの冒頭部分［Villoteau 1826, (14)192］

筆者が加工。ソ音（G）を確認するために第二線の色が他よりも若干濃くなっている。

譜例５．19：ラースト旋法の使用音階

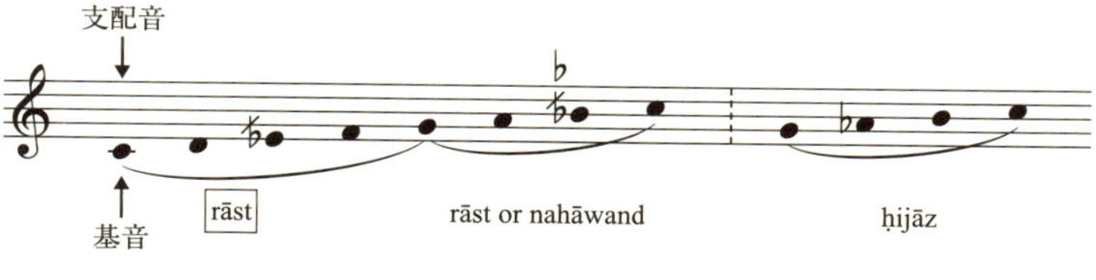

譜例５．20：ムワッシャフ aḥinnu shawqan より冒頭部分［Dalāl 2006b, 156］

音であるド⁺音とそれを構成音とする第二ジンスのラーストの小音階であるソラシ𝄳ド⁻（GAB𝄳c）が中心的旋律を形成し、バヤーティー旋法群におけるムハイヤル旋法と同様の旋律パターンが展開される（**譜例５．21**参照、また、ムハイヤル旋法の旋律例は前章**譜例４．６**および**４．７**と次章**譜例６．２**を参照）。

譜例５．21：マーフール旋法の使用音階

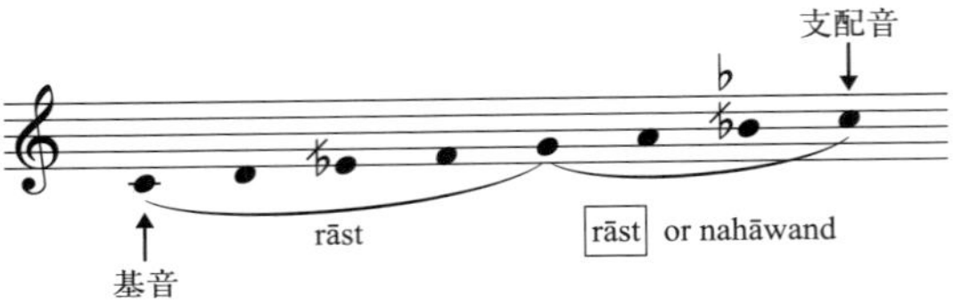

旋律の方向性と中立音程：ナハーワンド旋法

以上のような考察過程から、基本的な諸旋法に関してはある程度、分類の基準が明瞭になってきただろう。しかし、いくつかの問題点も残る。その最大のものは、ラースト旋法とナハーワンド旋法の違いやバヤーティー旋法とクルド旋法の違いは、使用音階中にあるスィーカー音（ミ𝄳音、E𝄳）などの中立音程の有無だけなのかという問題である。**譜例５．５**や**図５．１**に見るように、これらはジンス構成のレベルで比較した場合、例えばミ音（E）に関してスィーカー音（ミ𝄳音、E𝄳）なのかそれともクルド音（ミ♭音、E♭）なのかという音程の違いのみが最大の差異であるかに見える。そこでこれらの差異を、旋律形成過程に留意して考えてみたい。

フサイニー旋法の例（**譜例５．８**）では、旋律が進行する際に核音間の相関関係によって旋律の方向性が発生し、中立音程はその影響を受ける傾向があった。ナハーワンド旋法はラースト・カビール旋法と同様にナワー音（ソ音、G）が支配音とみなせるが、音程という観点からは最も特徴的な差異はスィーカー音（ミ𝄳音、E𝄳）が使用されずクルド音（ミ♭音、E♭）が使われることである（**譜例５．22**）。これは音程が固定化されていると言うよりもむしろ、ラースト・カビール旋法では旋律は単純に上昇傾向にあるためにミ音（E）はクルド音（ミ♭音、E♭）ではなく、上昇的な旋律によって生じるより高い音スィーカー音（ミ𝄳音、E𝄳）

であるのに対して、ナハーワンド旋法では下降傾向にある旋律によって生じるスィーカー音よりも低いクルド音となることに起因していると推測される。このミ♭音（E♭）が音階中に生じるには旋律が下降気味であることが条件であり、広く知られているカッドの例（**譜例５．23**）はこの点をよく示している。

譜例５．22：ナハーワンド旋法の使用音階

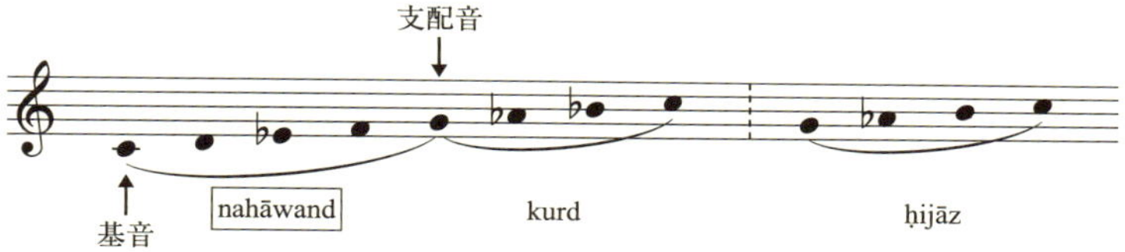

譜例５．23：al-bint al-shalabiyya（筆者による採譜）

この歌によるナハーワンド旋法の特徴は、第一ジンスであるナハーワンドの小音階の響きが開始部で現れ、かつ旋律はソ音（G）付近からド音（C）へと流れる下降気味の旋律（譜例中の矢印参照）、すなわち旋律の方向性は明らかに低音部へと向かう性質があることである。こうした特徴はダラールによる『宗教的カッド』掲載の二曲やジャバクジーによる『アレッポのカッド』の三曲にも現れ、またウマル・バトシュのムワッシャフ［N. Darwīsh & Rajā'ī c. 1956, 87］にも多少技巧的に凝った形であるものの出現する。この場合、使用音階中のナハーワンドの小音階の音程構成を固定的に捉えかつこの小音階が支配的ジンスという解釈も可能である。しかし、こうした旋律の流れないしは方向性自体が支配的で、それがナハーワンドの小音階にみる音程を生じさせ、ナハーワンド旋法の旋律的特徴となりかつ味わいとなっていると解釈する方がより適切なのかもしれない。

このように考えると、アレッポのレパートリーにクルド旋法が極めて少ない理由も以下のように推測できるのではないだろうか。先に指摘したように、ダラールは20世紀カイロのレパートリーでマカーム・クルドと呼ばれるものを必ずしもクルド旋法とは捉えず、その旋律的特徴から中立音程が非常に低いバヤーティー旋法やフサイニー旋法と捉えていた。すなわち、ダラールの認識やアレッポの古いレパートリーによる基準では、クルド旋法と呼ぶことが可能な旋律には下降気味の旋律的特徴が必要であり、その決定要因は中立音程が単にスィーカー音（ミ♭̸音、E♭̸）かクルド音（ミ♭音、E♭）かという音程の問題とは関わっていないのである。そこで再び**図5．1**に戻ってみると、同図にはフラット（♭）が出現するジンスを左側に三つ挙げたが、クルド旋法にも下降する旋律が支配的な響きを作るという特徴が当てはまるならば、これらのジンスが支配的な旋法では旋律の開始部で聴かれる支配音や支配的ジンスの情報だけでなく、「下降する旋律的特徴」という情報も必要である。しかし、この点に関してはさらなる研究が必要であろう[24]。

24　なお、余談であるが、ナハーワンド旋法に関してもクルド旋法と同様に伝承歌謡のレパートリーは必ずしも多くなかったようである。本文でも触れたように、ダラールによる『宗教的カッド』［Dalāl 2006b］では二曲のみであり、またジャバクジーによる『アレッポのカッド』［Jabaqjī 1970?］でもそれと思しき歌は三曲しかない。『我らが宝庫から』［N. Darwīsh & Rajā'ī c. 1956］に掲載されているムワッシャフの場合、掲載されているものの、その九曲すべてが19世紀末から20世紀入って作曲されたものであることがわかる。これは、このムワッシャフ集の選曲に偏りがあるためとも考えられるが、作者不詳の古い伝承によるレパートリーについて言えば、ナハーワンド旋法の使用頻度は必ずしも高かったわけでは

おわりに

旋法には名称がある。前章では、音楽学的には旋法の支配音とみなされる音が音名を持ち、それが旋法名と一致する例を検討した。支配音は旋律の開始部において旋法に特有の響きを創出する役割があるゆえに、旋法名と音名の間に響きをめぐる連想関係があることは、言葉の持つ記号論的な性質から明らかにした通りである。本章はアラブ音楽においてより広く知られている小音階（ジンス）の名称にこのような文化的に構築された体系を見出し、それを音楽学的に精査することに努めた。ジンス名と旋法名が一致している例では、旋律の開始部においてその旋法にとって支配的な響きを、名称を同じくするジンス（小音階）とその構成音である支配音とが連動して創出する。言い換えれば、ジンスと支配音が一つの組み合わせとなり名称を連想させる響き、より正確には狭旋律の響きを創出し、支配音一音で分析した前章よりも、「名称の響き」の音楽学的仕組みがより明瞭になり、より旋律的になった。

このジンス（小音階）の概念自体は、20世紀に音楽学校などの普及により旋法を一オクターブの音階として説明するようになった過程である程度は知られるようになった。しかし、もともと旋律や響きの種類として始まった概念であったため、音楽学的には必ずしも定義が明瞭でなかった。ゆえに、個々のジンスの構成音数に関する解釈は一様ではなかった。こうした中で、比較音楽学者たちに認識されていた核音の概念を小音階（ジンス）と関連付けることにより、ジンスは「核音と核音に挟まれた音階」と定義され、支配音をジンス構造に組み込むことが可能となったのである。

また、保留付きであるものの付け加えたいのは、旋法分類における旋律の方向性である。20世紀カイロにおいてマカーム・クルド（クルド音階）の曲が増えた理由は、西洋音楽や西洋楽器の影響下で音階を重視する慣習の普及により、旋律の方向性に対する認識が変化し、音程の固定化が進んだためとも言えるのではないか。これには更なる検証の機会が必要であろう。

ないとも推測できるだろう。

次章に移る前に、ここで実践者たちの認識と音楽学的認識の差異を再度確認したい。名称の体系は文化内在的には重要な知識であるものの、それらは慣習的であり理論的に認知されていたわけではなかった。それにもかかわらず、用語すら存在しなかった支配音と同様に、実践者たちは、定義は知らないが響きの性質を熟知し、十分に利用して音楽実践を行ってきた。これは認識様式の差異の問題なのであり、どちらかが正しくどちらかが間違いであるといった相互排他的な問題ではない。この認識の差異に十分に注意を払って、次章では名称が指し示す響きに関する最後の課題に取り組みたい。

第６章　名称を付与されている旋律と名称の記号論

はじめに

第２部最終章である本章で取り組むのは、旋法の名称に関して未だに残る疑問である。これまでの考察から明らかなのは、旋法の名称が、支配音や小音階（ジンス）によって形成される狭旋律という音楽学的概念によって説明される要素を指し示していることである。その一方で文化内在的には、旋法の名称には旋律や旋律的響きのイメージと連動する記号としての機能もある。ゆえに名称として使用されている音名や小音階名を旋法名との相関関係に着目して考察すると、**表6.1**に示すようなイメージの連鎖が存在していることがわかる。これは名称「ヒジャーズ」の例であるが、ヒジャーズ旋法のヒジャーズという名称は、支配的ジンスであるヒジャーズの小音階（レミ♭ファ♯ソ〔DE♭F♯G〕）と支配音ソ音（G）によって形成される旋律的響きに由来している。次にフサイニー音（ラ音、A）を支配音としたときは、支配音名が加わることによって旋律的特徴の情報が追加され、ヒジャーズ・フサイニー旋法と言いうる旋法となる（但し、前章で述べたように、この命名例は慣習的には存在しないが）。これらが、第４章と第５章で明らかになった名称の記号的性質である。では、同表の第三の例である「ヒジャーズ・カール」の場合はどうなるのだろうか。ヒジャーズが小音階の響きを指すことまでは明らかであるものの、カールは小音階名でも音名でもなく、複合語であるヒジャーズ・カールが何を指し示すかは現在のところ不明である。しかしながら、これまでの考察から判断すると、この例においても何らかの旋律的響きを連想させる情報が名称に備わっていると推測できよう。そこで、本章では、小音階名でも音名でもない旋法の名称が何を指し示しているのか、ないしはどのような「響き」に関する情報を含んでいるのかに関して、これまでと同様に文化内在的な解釈と音楽学的分析を相互補完的に使用することによって明らかにしたい。

表６．１：名称に由来するイメージの連鎖、「ヒジャーズ」の例

	ヒジャーズ旋法	（ヒジャーズ・フサイニー旋法）	ヒジャーズ・カール旋法
名称の由来となる響き	「ヒジャーズ」 小音階の名称	（ヒジャーズの小音階）	（ヒジャーズの小音階）
		「フサイニー」 支配音の名称（音名）	
			カールとは何か？ →由来となる響きは？

ヒジャーズ・カールの例のように、旋法名として存在する名称は何を指し示しているのかという疑問に答えるためには、「支配音と小音階（ジンス）」の組み合わせによって形成される「狭旋律」以外に、名称が指し示す旋律に関する何らかの解釈や概念がさらに必要となるだろう。たとえば、先に紹介した「ヒジャーズ・カール」では支配音と小音階の組み合わせ以上に広い音域を使用する傾向があるため、これまでの議論をもう一歩前進させる必要があるのである。そこで本章では、名称が付与されている一音の響き、ジンスによる狭旋律の響きの次の段階であるより音域の広い旋律的響きを検討するため、そのような響きを便宜上、名称が付与されている旋律という意味で「名称旋律」と呼ぶこととする。名称旋律は、これまで検討した二例と同様に旋律の開始部に出現するが、本章では開始部以降の旋律行程についても検討して、旋律が始まって名称旋律が出現し、さらに進行してから終止するまでの一連の流れも考察する。

旋律が始まり、展開し、終止する流れを考察するということは、音楽学的には旋律モデルに関する考察である。序章で紹介したように[1]、旋律モデルは旋律が

1　序章第２節第３項（45-7頁）参照。

どのように進行するのかという旋律行程の概念として知られており、アラビア語ではサイル sayr［S. Marcus 2002a; 2007; Racy 2003］やマサール masār［Qarī'a 2007］などと呼ばれ、英語で melodic path と翻訳されたりしている。これまでは旋律の開始部を重点的に分析したが、旋律自体は開始部以降も進行する。旋律行程に関する議論は、旋律がいかに開始し、展開し、収束するかを音楽学的に扱う議論である。その一方で、旋律がどのように進行するかに関しては文化内在的解釈も存在する。それは第３章の最後に検討したムワッシャフの歌謡形式論である。こうした歌謡形式論は、音楽学的研究においてはむしろ楽曲形式論の中で説明されるが、第３章で紹介した「ダウル」と「ハーナ」などの用語を用いた議論は、むしろ一種の旋律行程モデルとみなしうるだろう。そこで本章では、旋律行程のモデルとしての歌謡形式論も参考にしながら、開始部以降の旋律の流れに関しても考察する。

このように旋律行程に関する解釈は、音楽学的見地によるものと伝承による文化内在的なものの二種類が存在している。前述の名称旋律に関する課題だけでなく旋律行程に関しても、文化内在的な解釈と音楽学的分析の双方から検討し、旋法の名称体系に関する議論を終わりたい。

第１節 旋律行程の概念と歌謡形式に見られる共通した特徴

第１節では、まず、音楽学的研究で言及される旋律行程に関する説明と、ムワッシャフの歌謡形式論で用いられる楽曲形式 AABA に関する説明とを比較検討する。二つの説明に見られる共通点と差異を特に旋律行程の開始部とその後の進行過程に関して確認し、後続する分析につなげていきたい。

小音階を単位とした旋律行程（サイル）概念：器楽の即興に基づく即興サイル論

先に触れたように、今日の音楽学的研究では、使用音階と旋律モデルの二つを旋法が成立する基本的な要件としている。アラブ音楽では、後者の旋律モデルはサイルやマサールなどの専門用語として専門家の間では知られているが、用語としては必ずしも統一されていない。このサイルの概念は1933年に出版された『会議の書』[Kitāb 1933] においては、主に小音階（ジンス）をもとにした狭旋律を旋律単位として紹介されている。しかし、こうした説明は20世紀半ばに音階を重視する説明が一般化する過程で、理論に付随する説明としての重要度は低くなっていった [S. Marcus 1989a, 650-712]。すなわち、音階分類が普及する中で厳密な旋法分類をする必要が低下したためである。その一方で、音的現象としては旋法であるゆえに、以下に見るように旋律モデルの概念はその重要性が全く消えてしまったのではなかった。

先行研究では、近年、S. マーカスがサイルという用語を使って具体例をもとに旋律行程を説明しており [S. Marcus 2007; 2002a]、またこの用語は使用しないものの、トゥーマーも実質的には同じように具体例で旋律行程を示し説明している [Touma 1996; 1976b; 1971]。具体例を用いなくとも旋律行程に関する説明は『会議の書』以降のアラビア語による教則本などでも示されており [S. Marcus 1989a, 665-78]、また現在においても、古典音楽を熟知している音楽家ならば専門用語を使用しなくともその内容は理解しているとも言える [Thomas 2006, 251-6]。以上の例のような旋律行程概念はジンスを単位とした旋律形成過程として説明されることが多いゆえに、ポシェはこれを形成的 formulaire であると述べている [Poché 2005, 256-7]。

旋律形成に関する欧米の研究でこれまで特に重視されてきたのは、ウードやその他の器楽による即興演奏で、それは、低音域ないしは中音域から旋律が開始され、中・高音域に上昇して旋律が展開し、最終的には基音へと戻り収束する旋律行程を取る演奏であった。この過程を、S. マーカスは小音階を主な単位として、他方、トゥーマーは軸音と軸空間[2]を単位として説明している [S. Marcus 2007; 2002a; Touma 1996; 1976b; 1971]。前章の議論で明らかにしたように、核音に関する情報を備えた小音階は一つの旋律単位として捉えることが可能であり、この点から考えれば、二人の議論の差異は重視するのが小音階か軸音（核音）かという点のみであり、内容は基本的に同じなのである。このような旋律、特にこの場合

2　軸音と軸空間に関しては序章第2節第3項（46頁）に既出。

は狭旋律の単位をラテン文字アルファベットで表現した場合、開始部の旋律Aの後に、旋律Bが出現するが、それ以降も旋律Cや旋律Dと捉えうる旋律単位が出現し、最終的には終止部へと至り、基音に戻ることとなる。こうした考察は即興演奏の分析を基にしていることから、次に検討する古典歌謡の形式論と対比して、ここでは即興サイル論と呼んでおこう。

旋律を単位とした説明：古典歌謡に基づく伝統的解釈

即興サイル論と比すると、ムワッシャフの歌謡形式論はこれまで旋律形成との関連では論じられてこなかった。その主な要因としては、それが基本的に歌の形式に関する議論とみなされ、旋法研究の一部には組み込まれてこなかったことがあろう。しかし、その遠因としては、上述のように20世紀の旋法研究における器楽演奏の重視、特に楽器としてはウードおよびその即興演奏の過度の重視が挙げられる。本来、古典的音楽環境においては歌が基本であった点、また音楽の基礎は既成曲の習得から始まる点、さらには既成曲とは異なり即興演奏は旋律が定まっておらず、西洋音楽などの外的影響にさらされやすい点などを考慮すると、器楽の即興演奏重視の姿勢は古典音楽の旋法研究にはそぐわない。むしろ既成曲が参考になるのである。そもそも歌の形式とは旋律行程の説明なのであるから、この意味においても歌謡形式論は旋律行程についての議論の一形態として捉えることが可能なのである。

ムワッシャフを主に分析している先行研究［Shannon 2003a, 88-9: Al Faruqi 1975, 16-7］では、ムワッシャフの一般的な楽曲構造を詩行構造と関連させて捉えていることが多い。第３章で触れたように、第一詩行と第二詩行に当たる旋律をダウル、第三詩行をハーナ、第四詩行をギターないしはカフラと呼び、それぞれ旋律としてはダウルがA、ハーナがB、ギターやカフラはダウルと同じないしは類似した旋律であるためAとみなされ、これゆえに全体としてはAABA形式と言われている。

このように旋律を分析単位としている点は、即興サイル論でもムワッシャフ歌謡形式論でも同じである。しかし、次のような点に関して、即興サイル論は本研究でこれまで検討してきた議論とは状況が多少異なっている。即興サイル論では、前述のようにあくまで低・中音域から始まる即興が重視されているため、この形態以外は議論の対象から除外される傾向がある。他方、ムワッシャフ歌謡形式論においては、あくまで旋律はダウルとハーナすなわちAとBの二単位で捉えているため、除外される旋律行程モデルはない。また、音楽学的概念である旋律の開始部に関しても、即興サイル論では特定の旋律行程、すなわちサイルがあるとしているゆえに暗黙裡にその存在を認めているが、開始部にどのような特徴の旋律が出現するかなどに関しては明確には論じられてこなかった。これは、「マカーム」という単語を「音階」と同義に捉える傾向になった20世紀半ばから、音楽実践において使われる旋法名が減少していたなどの事情によるところが大きい。旋法名の減少は細かな旋法分類が行われないことを意味し、旋法としての名称と、開始部に出現し、旋律的に特徴のある響きとの相関関係に関する議論が事実上、不可能なのである[3]。そのため、S. マーカスやトゥーマーは、旋律行程に関する議論は具体例で説明するのみで、どの旋法にも適応可能な説明がなされてこなかった。この状況と比較すると、ダウルとハーナ、すなわちAとBという二つの単位で説明するムワッシャフ歌謡形式論は、用語を用いて既に概念化がなされており、実際には即興サイル論よりも抽象度が高いと言えるのではないか。

そこで、次節以降ではこれまでの本研究の議論を基に旋律行程の概念を再検討し、具体例を用いずにどの旋法にも適応できるような一般化を試みる。この議論における課題は二つある。第一は、ムワッシャフAABA形式と即興サイル論で定型化されている中・低音域から旋律が開始される旋律行程とを比較検討することである。第二には、中・低音域以外から旋律が開始される旋律、すなわち高音域から始まる旋律に関してもAABA形式とみなすことができるのかを検討し、どのような旋律タイプであってもAABA形式が当てはまることを確認する。この議論の過程において、旋法名として存在する旋法のダウルすなわちA部分をいかに解釈すべきかに関する手掛かりも得られ、旋法名として使用される名称がいかなる旋律的響きを指し示しているのかに関する理解も得られるだろう。

3　S. マーカスの2002年および2007年の考察［S. Marcus 2002a; 2007］では、具体的な旋律行程（サイル）の説明の中で各旋法に重要な響きに関して若干コメントしているが、カイロを中心とした音階概念の強い実践を下敷きにしているため、名称との関連性がほとんど認識できない説明となっている。

第2節 一般的な旋律行程と二つの構成単位AとB：低・中音域から始まる旋律の例

まず、低・中低音域から始まる旋律に関して、第3章で紹介したムワッシャフ歌謡形式論に音楽学的な視点を加えて整理・検討してみよう。

アレッポのムワッシャフとその起源

まず、歌謡形式論を始める前に、ムワッシャフの起源などに関する議論を簡単に紹介し、アレッポのムワッシャフの地理的および歴史的な位置付けを確認しておこう。

第3章でも述べたように、ムワッシャフとは詩と歌謡の一形式である。その起源には諸説があるが、一般的には10世紀ごろのイベリア半島、アンダルシア地方で始まったとされている［Abou Mrad 2004, 193; Monroe 2004/1974, 8; シドファル 1983, 194; イブン＝ハルドゥーン 2001, (4)283-4］。このアンダルシア起源の文芸と歌謡が後に東アラブ地域に伝わったと伝説的に語られているため、東アラブのムワッシャフは「アンダルシアの andalusī」という形容辞が付くことが多い。その直接的なつながりは必ずしも歴史的には明らかにされていないものの、アンダルシア起源説は現代東アラブ社会では広く普及し、根付いている。

文化人類学者のシャノンや民族音楽学者のレイノルズは、地中海世界における文化交流史の枠組みの中でこのムワッシャフ・アンダルシア起源説をそれぞれの視点で説明している。シャノンは、アラブ文化が地中海において東から西へと拡大し、東アラブ文化の影響がアンダルシアに及んだ点を重視して東アラブ地域とアンダルシアのムワッシャフの接点を紹介している［Shannon 2003a, 85-6］。他方、レイノルズは、ムワッシャフのアンダルシアからの伝播（でんぱ）に関して、12-3世紀に活躍し、生地であるアンダルシアから東地中海地域に渡り、晩年をダマスカスで過ごしたスーフィー思想家のイブン＝アラビー（Ibn ʻArabī, 1165-1240）などに功績があると説明し、その後、ムワッシャフの創作がアレッポにも伝播し、13世紀には定着して、19世紀まで続いたとしている［Reynolds 2000, 74］。いずれにせよ、両者とも、中世バグダードからアンダルシアへと文化が伝播し、後に逆方向の伝播も生じた文化伝播や文化交流の流れの中でムワッシャフの伝播が起こったという、アラブ社会に流布している伝説を大筋で踏襲している。

これに対してフランスのポシェは、「アンダルシアの」という形容辞は中世以来というよりも近代的なものであり、その例として東アラブ地域においてはベイルートで書かれた文献に1874年に出現した点を挙げている［Poché 1995, 20-1］。また、バグダードからコルドバへ移り、地中海西側のマグリブ地域の音楽や文化一般の洗練に貢献したと言われる音楽家のズィルヤーブ[4]に関する伝説と同様に、近代史に組み込まれた文化的な伝説創造との関連性の方が強いという推測を示している［Poché 1995, 37; Wright 1992, 558-9］。

これらはアンダルシアからの伝播をめぐる議論であるが、他方、ヴァイオリン奏者でかつ研究者でもあるレバノンのアブー＝ムラードは歌としての楽曲形式に着目し、東アラブ地域のムワッシャフの直接の起源を15世紀ぐらいからとし、その後、17世紀ごろアレッポではムワッシャフ、イスタンブールではベステbesteという名前で知られるようになったと主張している［Abou Mrad 2004, 193］。これは歴史的かつ地理的な近接性に基づき、オスマン朝を中心とした東地中海地域の文化的交流を根拠にして東アラブのムワッシャフの起源を論じたものであり、それ以前の歴史的に曖昧な部分の議論を避けた妥当な見解であろう。オスマン朝期を通して、19世紀末から20世紀初頭にかけてまでアレッポは、その趨勢（すうせい）に浮沈はあるものの交易都市として重要であり続けた。その繁栄が東アラブ地域において「タラブの母」と呼ばれるほどに音楽的にも洗練された歌謡の伝統を育んできたのであり、多くのムワッシャフが作られ、伝承され、歌われ続けてきたのである[5]。

ムワッシャフの形式とその特徴

このようにアレッポや東アラブ地域のムワッシャフは、アンダルシアとの歴史

4　Ziryāb, 789-857：ペルシア系と伝えられている音楽家で、ハールーン・ラシード治世下（9世紀）のバグダードで活躍していたが、アンダルシアへ渡り、コルドバで東アラブ風の宮廷文化を広めたといわれている実在であるが伝説的な人物。

5　東アラブ地域における歌謡都市としてのアレッポに関する評価は、18世紀にカイロにムワッシャフをもたらしたのはアレッポ出身のシャーキル・ハラビー（アレッポ出身のシャーキルの意）であるという伝承にも表れている［Abou Mrad 2004, 193］。

的な関係は明瞭ではない。ゆえに、ここで紹介するのはアレッポを含む東アラブ地域で19世紀から20世紀にかけて歌われてきたムワッシャフである点にまず留意してほしい。

アラブ詩、特に古典詩と言えば韻律詩であるカスィーダが一般的であり、カスィーダに節をつけてムンシドが歌うことは第1章で引用したアキールの例にもある通りで、現在でも行われている。アレッポのムワッシャフも基本的に歌われる詩であるが、カスィーダが第一に詩であって、詩に合わせて朗唱されるのに対して、アレッポのムワッシャフは基本的に歌であり、固定旋律が存在する歌謡の一形態である。それゆえに、旋律の特徴に基づいて一曲の構成を分析し、その形式をめぐり議論することができるのである。

ここで改めて説明すると、ムワッシャフの詩形は一行二対句の四行詩の場合が多く、この点は一行二対句を延々と続けるカスィーダとは異なっており、固定旋律で歌われることを前提としていると言える。典型的な四行詩の場合、第3章でも紹介したように一行目と二行目をダウル、三行目をハーナ、四行目をギターないしはカフラと呼ぶ。一般にダウルの旋律は一行目も二行目も同じか類似した旋律で歌われ、三行目のハーナの部分でダウルとは異なる旋律が提示され一種のクライマックス部分を作り、四行目のギターでダウルと同じもしくは類似の旋律に戻り、ダウルをA、ハーナをBとすると、AABA構造をしている［Shannon 2003a, 88-9; Abou Mrad 2004, 194; Al Faruqi 1975, 4-5］。明らかにこの旋律構成で作られているムワッシャフが『我らが宝庫から』［N. Darwīsh & Rajā'ī c. 1956］では約75%にのぼる[6]。

また、古典詩であるカスィーダとアレッポのムワッシャフでは、韻律と脚韻に関して異なる特徴を持つ。カスィーダが単一韻律で単一脚韻の詩、すなわちすべての詩行において韻律が同じであり脚韻も一定しているのに対して、ムワッシャフではこのような一貫した形式以外の形態もある［Abou Mrad 2004, 193; Poché 2005, 275-8］。たとえば韻律に関して言及すると、ムワッシャフの韻律はカスィーダと同じく単一韻律の作品が多いが、ハーナで異なる韻律を用いることも多くはないがある。また、使用される韻律は基本である16の種類に属すものが大半で

6 この数値は、『我らが宝庫から』に収録された123曲に関する筆者の集計である。

あるものの、詩行末の詩脚が不完全なものも散見される。第2章で引用したバトシュのムワッシャフ（112頁）は、四行詩で、詩行の最後の押韻が nā で統一され、韻律はマディード調というように形式的には比較的整っている方である。

押韻に関しては、詩行の後半句のみが押韻するカスィーダと同じ形式を持つものの他に、後半句だけでなく前半句も前半句ごとに押韻している例も多い。さらにはこの二つの押韻形式を踏襲しつつも、ハーナのみが前半句と後半句で押韻する例もあり、『我らが宝庫から』ではこの三例で七割以上を占める。このように、ハーナのみが押韻する例が存在することからも、ハーナがダウルとは違う性質の旋律で歌われることが意識されているとわかる。

ラースト旋法のムワッシャフの例

次に扱う例はラースト旋法のムワッシャフであり、第1章（78頁）で歌詞を簡単に紹介したものである。このムワッシャフの旋律行程は A の部分で低・中音域で詩行 A1 と A2 の旋律が提示され、B でやや高めの音域に移り、A1–A2–B–A2 という構造をしていることがわかる。歌詞と旋律の関係は表6．2のようになっており、ハーナ部分は歌詞ではなく「ヤー・ライル（「おお、夜よ」の意）」などの挿入句が使用されている。

表6．2：ムワッシャフ aḥinnu shawqan の詩行と旋律の関係

詩行名	歌詞	旋律
ダウル	aḥinnu shawqan ilā diyārin	A1
ダウル	ra'aytu fī-hā jamāla salmā	A2
ハーナ	yā layl, yana lalala	B
ギター	ra'aytu fī-hā jamāla salmā	A2

伝統的解釈と即興サイル論

小音階（ジンス）の響きを中心に考察すると、ラーストの小音階とラースト音（ド音、C）を支配音とした旋律形成がダウルの A1・A2 部分すなわち開始部ではなされるため、この旋律は典型的なラースト旋法である[7]。これに対してハーナ

7　確認すると、同じ使用音階でもナワー音（ソ音、G）を支配音とする他の旋法、例えばラースト・カビール旋法の場合は支配音や支配的音域の違いだけでなく、その音域で形成される旋律の方向性がラー

であるB部分では第二ジンスのヒジャーズの小音階が聞こえ色合いを変え、まずソ音が中心になり旋律が進行する。次に第二ジンスから第一ジンスへと徐々に旋律が下降して、最終的にはソ⁻音（GG）まで下がりきり、ド音（C）を中心とした支配的な響きが再び意識されて、ギターでAの旋律（ダウル）へと戻り、ラースト旋法的情緒を確認しながら旋律を終える構造をしている（**譜例6．1**および**表6．3**参照）。

しかし、次のように捉えることもできる。**表6．3**のように、ラースト旋法のこのムワッシャフではダウルは低音域から始まり、ハーナでは中・高音域を探る旋律形成がなされるが、そこでは二つの旋律単位B1とB2と言える旋律的響きが登場し、最終的に終止部でダウルの音域に戻る旋律行程が作られている。Aの部分が終わり、B部分ではB1とB2ないしは「BからC」とみなせる響きが出現し、終止部となるAに戻ることから、即興サイル論で論じられている低・中音域から始まり高音域へと至り、終止部で元の音域に戻るという旋律行程が適度に具体化されている。すなわち、典型的なムワッシャフのAABA構造は即興サイル論の基本形と置換可能な構造をしているとみなすことができるのである。

このように解釈すると、即興サイル論においても開始部で示される支配的響きは、ムワッシャフ歌謡形式論ではダウルと呼ばれる部分に相当するとわかる。また、後続する旋律単位、すなわち即興サイル論では旋律が上昇する際の核音と小音階による狭旋律の響きの一つ一つはそれ自体も旋律単位であるものの、全体としては開始部で提示された旋律単位に対置するさらに大きな単位、すなわちB1＋B2＋B3…と捉えることが可能であろう。たとえば**図6．1**の上段に見るように、即興サイル論のモデルでは低・中音域Aから旋律が始まり、より高い音域でB, C, Dの狭旋律が形成され、最終的には基音へと戻る動きで収束する。Aのダウルに対して後続BとCとDは変化の部分であり、Aを参照軸とすることで存在すると考えると、この旋律行程はやはりAで始まり、BとCとDとで構成されるBの部分が続き、最終的に旋律は基音へと戻り終止するのである。

スト旋法とは異なる。ラースト旋法の開始部では旋律は比較的低音域に留まるのに対して、ラースト・カビール旋法では基音から支配音へと上昇する傾向がみられることからも違いは明らかである。

譜例6．1：ムワッシャフ aḥinnu shawqan［Dalāl 2006a, 156-7］（但し日本語解説は筆者追加）

表６．３：aḥinnu shawqan の旋律行程およびジンスの変化

伝統形式	ジンス進行	AABA 形式
ダウル	 ラーストのジンス	A1、A2
ハーナ	 ヒジャーズのジンス　ラーストのジンス	B（B1 ＋ B2）
ギター	 ラーストのジンス	A2

図６．１：即興サイル論のムワッシャフ的解釈

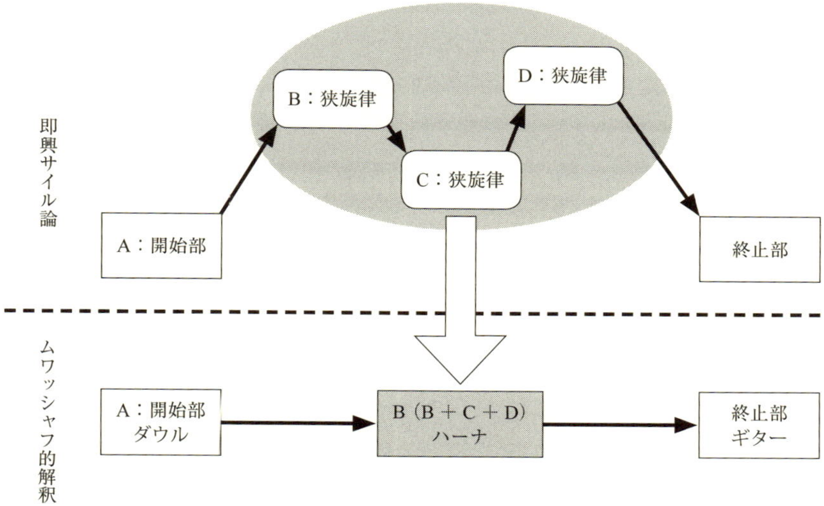

開始部であるダウルの重要性

アレッポのムワッシャフに関しては、その旋律類型が三つに分類できることをシャノンが指摘している。すなわち、基本パターンのAABA以外に、第二パターンとしてAのみが延々と続くAAA…、第三パターンとして完全にはAに戻らないABABがある［Shannon 2003a, 88-9］。この場合も、分類の基準とされているのは、二つの旋律単位である。基本パターンと第三パターンでは、Bが対をなす旋律単位として出現し、終止部へと至る。他方、第二パターンは、旋律が一種類しかなく、ダウルに当たる部分を延々と歌う形態であるゆえに一見すると異なるように思えるが、最も単純なこの形態は同じ旋律的響きが継続して旋法の支配的響きを提示し続け、Bを必要としていないだけなのである。B部分に関する考察をさらに付け加えると、ハーナであるB部分はある程度長くなっても問題がないとシャノンが指摘しているが［ibid., 89］、それはBが、Aであるダウルとの関係ゆえに成立している旋律行程中の一種の寄り道であるからであろう。図6.1の即興サイル論の例でも確認したように、開始部で旋律Aすなわちダウルが提示された後に出現するBやCはいずれもAに従属している。このように考えると、Aであるダウルは旋律行程を考える上では極めて重要であることがわかるのである。

第3節　旋法名が付与されている支配的響き：高音域から始まる旋律の例

一般的な旋律行程では、前節の例のように旋律の開始部ないしはダウルにおいて、低・中音域にある小音階の音域で支配的響きないしは「名称が付与されている狭旋律」が形成される。では次に、開始部に現れる支配的響きが高音域にあり、前節の例とは旋律が異なる動きをする例を検討してみよう。その一例として、バヤーティー旋法群において高音域の響きを特徴とするムハイヤル旋法を挙げることができる。そこで以下では、ムハイヤル旋法を事例として取り上げ、まずその旋律行程の特徴を観察し、次にダウルとハーナの組み合わせ「AとB」で説明可能かどうかを検討し、その結果を基にして旋律行程概念の一般化を行う。

ダウル（開始部）に出現する支配的響き、ないしは名称旋律

前節で検討したように、ムワッシャフの旋律単位であるダウルは、音楽学的には開始部に対応している。ダウルを一単位として開始部を観察すると、ムハイヤル旋法による旋律の特徴は、開始部では基音からオクターブ上方の高音域にある支配音へと上昇する動き、ないしは支配音に留まろうとする動きが顕著にみられる一方で、基音へと下降する動きも激しい点にある。**譜例6.2**は、典型的なムハイヤル旋法のムワッシャフの例である。開始部で旋律は支配音であるレ⁺音（d）に上昇しようとする動きをみせながらも下降する傾向があり、ハーナではレ⁺音（d）に留まる、ないしはそれ以上の高音域を探り、ギターで開始部の旋律へと戻りながら最終的には基音レ音（D）に収束している。このような旋律の動きは、ラースト旋法群のマーフール旋法やヒジャーズ旋法の類縁であるヒジャーズ・カール旋法などにも同様に見られる。これらの旋法群においては、前節で確認したような、旋律が小音階ないしは小音階を基とした狭旋律を単位として進行するステップ・バイ・ステップの規範的な旋律行程はそれほど意味をなさず、またダウルにおける響きを一個の小音階と支配音によって説明する組み合わせの概念も当てはまらない。

この旋法ではむしろ、次のような解釈が可能であろう。まず、開始部で支配音と支配的ジンスが響く特徴は、確かに小音階（ジンス）とその小音階の構成音の一つである支配音の組み合わせとみなせるものの、この種類の旋法はさらに広い音域が旋律の一単位を形成している。それは、支配音へと上昇しながらも基音へと降下していく旋律的流れであって、重要な核音である支配音と基音の間のある種の緊張関係が旋律を進行させていると解釈できるだろう。よって、旋法の支配的音域は、四度や五度などの小音階の音域よりもさらに広い「基音レ音（D）から支配音レ⁺音（d）までのオクターブの音域」となっており、この部分が名称を付与されている旋律、すなわち名称旋律を形成する音域なのである。**譜例6.3**では、使用音階中の支配的音域の範囲と影響力を網掛け部分の面積で示してみた。このような旋法の事例では、支配音だけでなく、基音もまた考察の対象に加えるべきなのである。このように音域の広さだけに注目すると、この例はこれま

譜例６．２：ムハイヤル旋法のカッド maḥbūbī qaṣad［Dalāl 2006b, 208］

但し日本語解説は筆者追加。

譜例６．３：ムハイヤル旋法の使用音階

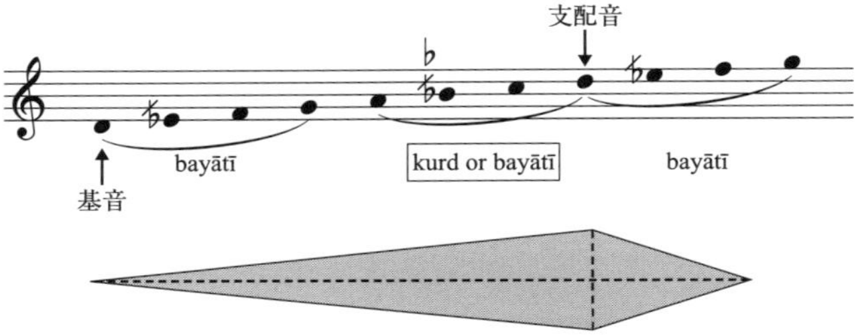

（網掛け部分が支配的音域の領域イメージ）

で検討してきた低・中音域に支配的な旋律的響きがある旋法の事例とは異なるように見えるかもしれない。しかし、ウッシャーク・トゥルキー旋法やバヤーティー旋法などで低・中音域にある第一ジンスが支配的ジンスになる例の場合、支配音だけでなく基音も支配的ジンスの核音として小音階構造に組み込まれている。この点から見るならば、これらの旋法も支配的な旋律的響きの形成は音楽学的には、基音と支配音で説明される原理に基づいており、それは名称旋律と言いうる特徴を備えているのである。

テーゼとしてのダウル、アンチ・テーゼとしてのハーナ

このムハイヤル旋法の例では、ダウルで基音と支配音の緊張関係を感じさせる「支配的な響き」が提示された後、後続するハーナの旋律はダウルとは対照的に基音の影響から一時的に逃れ、支配音レ$^{+}$音（d）を中心にさらに上昇する傾向を見せている。この流れを表にまとめたのが**表6．4**である。二つの対照的な「響き」が進行中に出現するが、後続する響きはダウルの支配的な響きに先行されているがゆえに成立している。この不均等な対比的関係をより一般化して考察するならば、支配的なダウルはテーゼ、ダウルとの進行的関係のみで自己規定が可能なハーナをアンチ・テーゼと考えることもできるだろう。

表6．4：譜例6．2のムハイヤル旋法による旋律の進行過程

	ダウル	ハーナ	ギター
旋律の進行	支配音へ上昇、のち基音へ下降 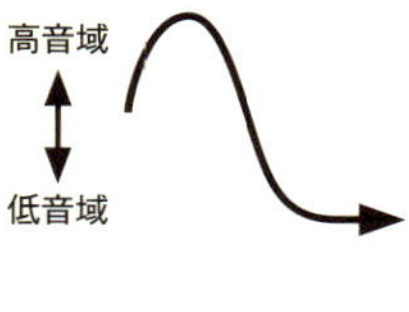	支配音を中心とした音域 	支配音へ上昇、のち基音へ下降 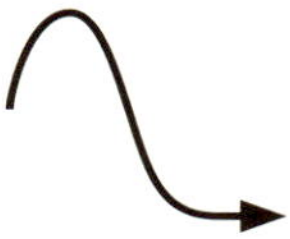
音の相関関係	支配音と基音	支配音	支配音と基音
構成単位の関係	テーゼ（名称旋律）	アンチ・テーゼ	テーゼ（名称旋律）
情緒の進行	基調（支配的情緒）	反基調（変化、展開）	基調（支配的情緒）

以上のように捉えることによって、低・中音域から始まるラースト旋法やバヤーティー旋法などの形態であっても、高音域が中心のムハイヤル旋法であっても、旋律行程上、共通した特徴があるとわかるだろう。アラブ古典旋法体系に基づく旋律は、旋律の開始部にあたるダウルにおいて、その旋法にとり支配的な響きでかつ名称が付与されている旋律、すなわち名称旋律が提示される。この開始部（ダウル）の名称旋律が参照軸としてその後の旋律は展開し、最終的にダウルに戻るか、あるいは直接終止部へと至り基音に戻るのである。この解釈を旋法と情緒の記号的関係の枠組み内で捉えると、ダウルの響きの情緒がその旋法全体の基調的すなわち支配的情緒となる。これがラースィーの指摘している「旋法情緒」［Racy 2003, 100］のイメージや記憶なのである[8]。

名称を付与された旋律：名称旋律と名称による記号論

ここで、旋法に固有の支配的響きを作り出す旋律とその名称との間にある記号論的関係を整理してみよう。すでに触れたように、ムハイヤル旋法では、旋法固有の支配的響きが支配音と基音の間の音域にあり、これら二音の相関関係によって旋律が形成される。そこでこの旋律の響きと名称との関係を考えると、記号としてのムハイヤルという名称はこの響きと対応関係にあることがわかる（図6.2）。それゆえ、旋律開始部であるダウル部分の旋律は、名称が与えられた響きという意味において「名称旋律」と名付けることができるのである。ちなみにムハイヤルとはアラビア語で「混乱させる」を意味する動詞 ḥayyara の受動分詞形であり、敢えて翻訳するならば「混乱した」状態をイメージさせる言葉である。「ムハイヤル音」であるレ$^{+}$音（d）に向かって上昇しながらも基音へと下降していく動きがせわしなく続くと、旋法の名称と実際の旋律から受ける印象がこの場合は一致していることがわかる。

しかし、旋法の名称は必ずしも名称の意味とすべてが連動しているのではないことは、前にも述べた。代表的な例はペルシア語の数詞起源の単語であり、これらの場合は、名称は言語的意味を伴わない。すなわち名称には、第一に名称となっている単語の意味と旋律的響きのイメージが連動しているタイプのもの

---

8 第5章197頁参照。

と、第二に旋律的響きのイメージと名称が言語的意味を伴わない全くの記号であるものとの二種類があるのである。この点に関しては、本章の冒頭で言及したヒジャーズ・カール旋法の例がわかりやすい。

図６．２：名称「ムハイヤル」の意味構造

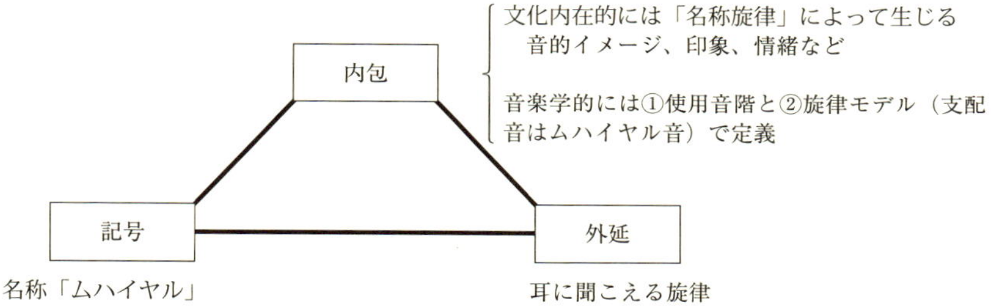

譜例６．４：ヒジャーズ・カール旋法の使用音階

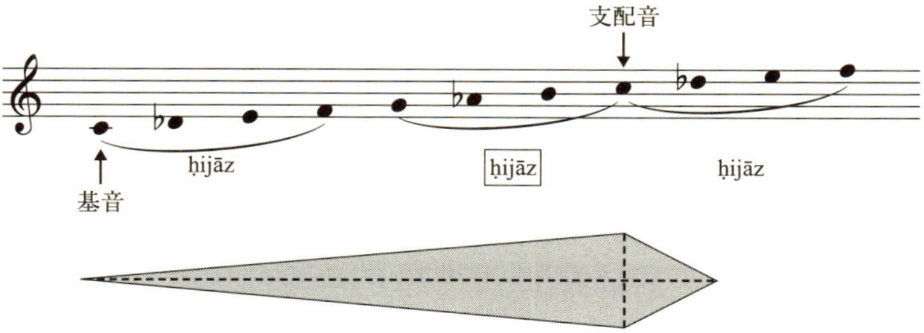

譜例６．４はヒジャーズ・カール旋法の使用音階である。音楽学的に説明すると、支配音はド$^{+}$音（c）であり、支配的ジンスは第二ジンスのヒジャーズの小音階で、支配音が基音からオクターブ高いことからムハイヤル旋法と同様に基音から支配音の音域が名称旋律の音域である（音階下方の図形も参照）。この部分の響きが支配音を中心として旋律開始部で聴かれ、後続する旋律へと進行していく。より具体的にはムハイヤル旋法と同様の旋律の動き、すなわち支配音であるド$^{+}$音（c）に旋律が残ろうとしながらも基音ド音（C）に向かって降下していく特徴

がある。**譜例６．４**の使用音階からわかるように、基調となるのは文化的にもよく知られているヒジャーズの小音階であり、その響きが鳴りながら旋律の動きは上昇方向を示しながらも下降していくのである。

このような特徴を念頭に置きながら旋法の名称に注目してみると、名称のうち「ヒジャーズ」は明らかに響きの名前であるが、それに付加されている「カール」とは何を意味するのかが問題となる。この単語の起源はアラビア語ではなくトルコ語かペルシア語と推測されるが、今のところ筆者には明らかにはなっていない。しかしながら、記号論的観点から考えるならば、この「ヒジャーズ・カール」旋法とその類縁である「ヒジャーズ・カール・クルド」旋法の二例は、**図６．３**のように解釈できる。ヒジャーズの響きにカールという単語が付加されている名称「ヒジャーズ・カール」は高音域から低音域へと流れるような旋律がヒジャーズの響きで展開する。言葉の意味とは関係なく記号作用としてこの旋律の流れ・動きのイメージがこの名称には備わり、「ヒジャーズ・カール」という単語に付帯するイメージ（内包）となる。本来の意味とは関係なく、旋法の名称が旋律のイメージを喚起する記号として機能しているのである。類似した名称ヒジャーズ・カール・クルドの場合は、「ヒジャーズ・カール」のイメージが先に存在しており、それに基づく連想で「ヒジャーズ・カールのような旋律的動きをするクルドの響き」がこの名称からイメージされるのである。

図６．３：名称「ヒジャーズ・カール」の記号作用

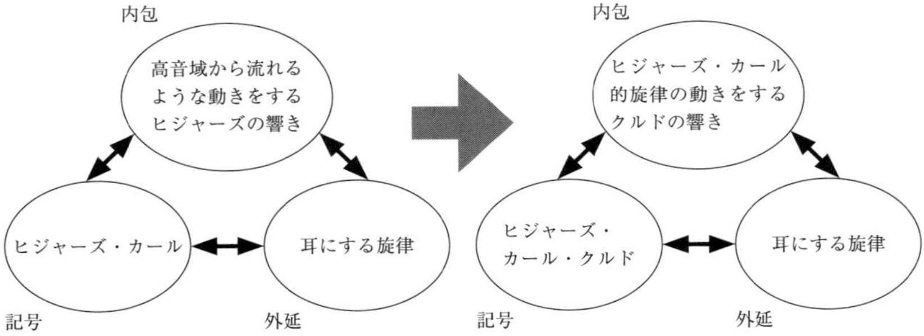

ここで旋法の名称に使用される言葉の意味が、どの程度重要なのかを簡単にまとめてみよう。名称群の中には第３章第３節で考察したように、命名の理由がある程度推測できるものと推測不可能なものとがある。推測可能なものはイメージをつかむために非常に有用であり、なおかつ言葉の意味と旋律の性質が音楽実践において結びついていた初期段階を想像させるゆえに重要である。しかし、現在の音楽実践においては言葉の意味よりも名称とそれが指し示す旋律的響きの記号作用の方が重要であり、歌手や器楽奏者が名称を耳にしたときや発音したとき、彼らの脳裏にイメージされるのは記号作用で結びついた旋律的響きなのである。ここで再度、日本語の例で確認したい。第３章第４節（152頁）では和歌の枕詞の一つである「ぬばたま」を例に挙げた。「ぬばたま」は檜扇（ヒオウギ）という植物の種子で色が黒く、黒を連想させ、枕詞「ぬばたま」は「黒」「髪」「夜」などの単語にかかる。和歌に詳しい人は「ぬばたま」とくれば何らかのイメージから次の単語が予測される。しかしながら、現代では「ぬばたま」とはすなわち「ヒオウギの種子」で黒いと了解している人はあまり多くないだろう。それでも、ある程度和歌で使用される言葉に通じているならば、「ぬばたま」とくれば「黒」ないしは黒や暗い感じを連想しうる。このようなときはまさに、元々の意味とは無関係に連想が成立している。言い換えれば、枕詞となる単語の意味は知らなくとも、さらには意味がなく音声だけであったとしても、音声としての名称から何らかのイメージが連想されるという記号作用は成立しているのである。これが旋律と名称の間で成立するとき、名称の意味はあってもなくても、知っていても知らなくても、名称から連想されるのは記号的に結びついた特定の響き、本研究で名称旋律と先に名付けた旋律的響きなのである。

第4節　「名称旋律」と新古典歌謡の事例

第4節では20世紀後半に作曲された歌を例にとり、新古典歌謡においても特定の名称と記号関係にある旋律的響きとその名称自体の相関関係は十分効果的に利用されていること、すなわち名称旋律の機能とその効果的な使用例を確認して議論を終えることとする。

ラーハ・アルワーフ旋法と旋法情緒

先に述べたように、旋法の名称が持つ機能は、必ずしも名称それ自体の意味と密接に連動している例ばかりではない。しかし、次に検討するラーハ・アルワーフ rāḥat al-arwāḥ 旋法は、名称とその意味に密接な関係があるという点で名称旋律に由来する情緒感やイメージが重要な例の一つである。使用音階（**譜例6．5**下方）を基に音楽学的に説明すると、この旋法の支配的な響きの中心は第二ジンスのヒジャーズの小音階とそれに属する支配音ソ音（G）から成り、旋律的な流れは支配音付近から基音へと下降する音域によって形成される。支配音が第二ジンスの最高音ソ音（G）であるため、開始部ではこの音域およびソ音（G）による旋律が中心的に響く。これらの特徴がラーハ・アルワーフすなわちアラビア語で「魂の休息」とか「魂の慰め」という意味の情緒感を醸し出す。しかしながら、使用音階としてはフザーム旋法のそれを四度音程下げたものと同じであるため、現在ではマカーム（音階）はフザームすなわちマカーム・フザームと呼ばれることがほとんどであり、旋法的特徴は名称からは判断しにくくなっている。にもかかわらず、カイロでもこの二つの旋法を区別し、その根拠がこの二つは「色合い lawn」が異なるためと説明する演奏家もいることをS. マーカスが紹介しているように［S. Marcus 1989a, 351-2］、各旋法の特徴の違い、すなわち固有の情緒感などは実践者たちにとって今日でも重要な指標なのである。

両者の違いを音楽学的に説明すると、フザーム旋法では支配音はソ音（G）で支配的ジンスが第一ジンスのスィーカーの小音階であるため、ラーハ・アルワーフ旋法とは基調となる響きが異なる（**譜例6．5**上方）。それゆえに、同じソ音（G）を支配音とするものの、基音がミ𝄳音（E𝄳）で音域が若干高めのフザーム旋法

譜例６．５：フザーム旋法とラーハ・アルワーフ旋法の使用音階

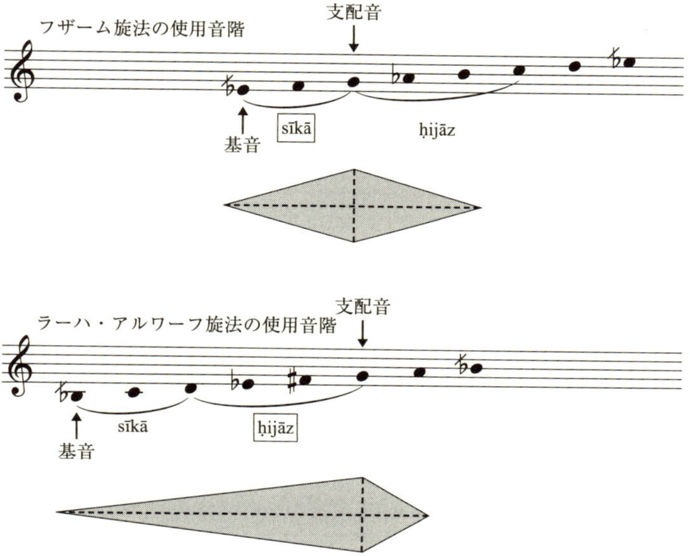

網掛け図部分が名称旋律が形成される支配的音域

は通常、比較的テンポは速めで快活なイメージがある。これに対して、ラーハ・アルワーフ旋法では基音がシ-𝄳音（<u>BB</u>𝄳）で使用音域が全体的に低めでテンポはさほど速くなく、また第二ジンスのヒジャーズの小音階が強調されるためか、明るいイメージはあまりない（**譜例６．５**下方）。むしろ、レ音（D）とソ音（G）を枠組とした第二ジンスを中心に、基音よりも六度音程高いソ音を支配音として開始される旋律は、ウンム＝クルスームの歌唱で有名な『廃墟（al-Aṭlāl）』[9]の冒頭では基音から一時的に解放されたかのようにふっと浮き立ち、旋法名にあるようにまさしく「魂の慰め」と感じられる印象を与え、この旋法の特徴に通じている者は強い情感を感じずにはいられない。この『廃墟』の冒頭に関しては次のような解釈もできる。第二ジンスのヒジャーズの小音階とソ音（G）のみを強調す

9 録音［Om Kolthoum 2005a］では、基音は基本位置（**譜例６．５**）より二度低いラ-𝄳音（<u>AA</u>𝄳）であるが、これ以降の本文では**譜例６．５**の位置にあわせて説明している。後続の譜例も同様の措置を施している。

ると、単なるヒジャーズ旋法として響く可能性も否定できない。この『廃墟』の冒頭部分に続く部分では、シ$^{-}$𝄳ドレ（BB𝄳CD）という第一ジンスの音列をオーケストラが強調することによって、使用している音階の「底」がどこかを鳴らし知らせ、第二ジンスであるレミ♭ファ♯ソ（DE♭F♯G）がより浮き立つように構成されていて、効果的に旋法情緒を出現させている。

さらに、『廃墟』の冒頭部分では次のような点も注目に値する。前奏であるこの部分では、まずゆったりとしたテンポで上述のように最初にヒジャーズの小音階の核音すなわち枠組みであるレ音（D）からソ音（G）へと流れが聴こえる。次にその内側の音がまずファ♯音（F♯）、次にミ音（E）と響くが、通常ならばミ♭音であるはずのミ音（**譜例６．５参照**）が若干高くナチュラル気味に聴こえてヒジャーズの響きの特徴である増二度の音程が微妙に狭まり、ヒジャーズの響きとしてはやや曖昧な印象を受ける。しかし、次のフレーズで第一ジンスの音列である上記のシ$^{-}$𝄳ドレ（BB𝄳CD）がテンポを上げて決然と出現し、それに続いてミ♭音、さらにファ♯音が聞こえると冒頭の曖昧な色合いは消え、曲が進行するにつれて徐々に現れるせわしなさや毅然とした調子が先取りされているかのような印象を与えている。微妙な音程操作を伴う一連の流れは、同じヒジャーズの響きでもニュアンスが変わりうることを示す好例の一つである。

新古典歌謡に見る名称旋律の機能

これまでの考察においては、今日まで歌い継がれ演奏され続けてきた古典的旋律を例として使用したが、最後にこの『廃墟』を例に、20世紀後半の新古典的創作においてこれまで考察してきた特徴、すなわち支配的な響きとしての名称旋律がどのように用いられているのかを検討したい。この分析によって、各旋法に独特の旋律的響きが新古典歌謡にも生かされ、それぞれに独特の色合いや味わい、そして情緒をも創出し、諸旋法間の微妙な差異を作り出していることがわかるだろう。

先に簡単に紹介した『廃墟』は、1966年4月7日木曜日にウンム＝クルスームの歌唱によってラジオ初演され［Saḥḥāb 2001, 319］、エジプトの詩人イブラーヒーム・ナージー（Ibrāhīm Nājī, 1898-1953）による同名の韻律古典詩（カスィーダ）から歌詞を取り、演奏家としても著名なリヤード・スンバーティー

(Riyāḍ al-Ṣunbāṭī, 1906-1981) が作曲を担当している。先行研究では、水野 [2004, 156-67] や松田 [2008, 26-8] も彼女の代表的な曲として言及しているほどに有名であり[10]、さらにダニエルソンも分析を試みているほどに音楽学的にも特徴がある [Danielson 1997, 179-81]。彼女も指摘しているように、この曲ではいくつかの旋法がメドレーのように登場しては消えてゆく。以下の筆者による分析では、彼女の分析も参考にしつつ、名称旋律の支配的響きが旋法の変化を知らせ、新たな色彩感や情緒感が創出されていく様子を主に観察する。なお、この曲の旋法に関しては、ダニエルソンもラーハ・アルワーフ旋法と解釈し、その根拠は明示していないものの、増二度音程、すなわち使用音階中の第二ジンスであるヒジャーズの小音階に含まれる音程が重要であることを指摘している [ibid., 179]。

情緒感の変化を可能にする旋法の名称旋律

先に触れたように、『廃墟』では冒頭の前奏で、まず、名称旋律によってラーハ・アルワーフ旋法の旋法情緒が出現し、曲の主たる旋法が確定される。続く部分では、概ね詩節ごとに旋法が変化していく。

詩としては全部で10節が歌われる。歌が始まる第1節では、基音であるイラーク音（シ⁻♭音、BB♭）が強調気味に響くが、前奏から連続しているとみなされ、前奏のダウルに対してハーナと言いうる部分となっている。第2節も同様に解釈される。これに続く部分からこの曲は次々と旋法を変えていくが、それは以下のような特徴を備えている。ラーハ・アルワーフ旋法の使用音階を構成する第二ジンス部分はヒジャーズの小音階であるが、旋律が進行するにつれ、核音レ音（D）を基点としてサバーの小音階、ナハーワンドの小音階、さらにはラーストの小音階へと変転し、響きが変化してゆき（**譜例6．6**参照）、旋律の情緒感も効果的に変えていくのである。以下の譜例は第4節までの主な部分である（**譜例6．7、6．8、6．9**を参照）。第4節以降もこの響きの変転すなわち旋法の変転は続いてゆく。

---

10 アラビア語の歌詞と日本語訳は以下の二つに [水野 2004, 158-61; 本田・師岡 2006, 76-7]、日本語訳のみであるが松田 [松田 2008, 27-8] にも掲載されている。

譜例６．６：使用音階および、第二ジンスの主要な展開

ラーハ・アルワーフ旋法の使用音階

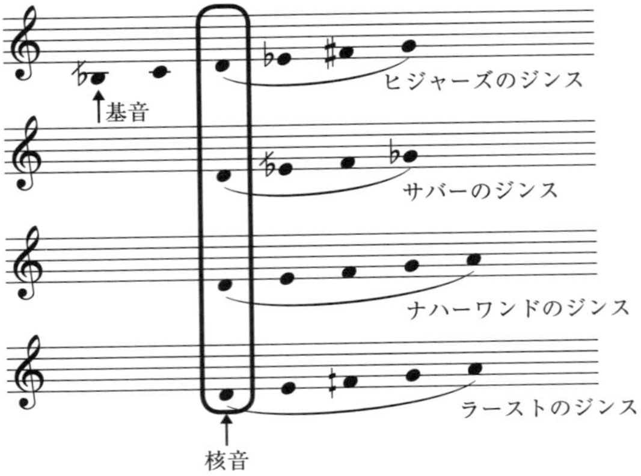

譜例６．７：『廃墟』から、第二ジンスがヒジャーズ（DE♭F♯G）の例、詩節は第２節

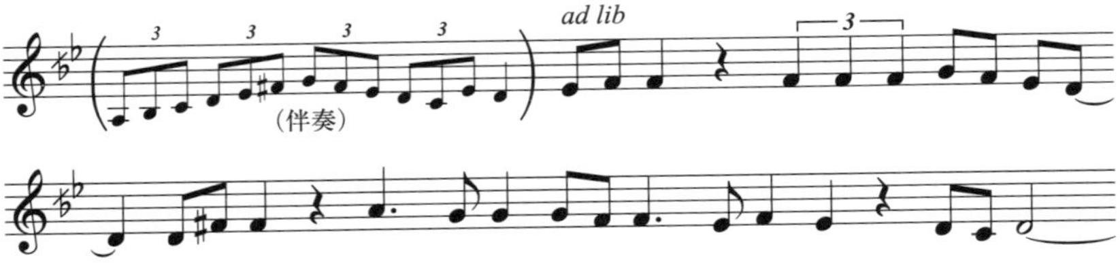

譜例６．８：『廃墟』から、第二ジンスがサバー（DE𝄳FG♭）の例、詩節は第３節

譜例６．９：『廃墟』から、第二ジンスがナハーワンド（DEFGA）の例、詩節は第４節

譜例６．10：『廃墟』から、詩節ごとの旋法名と名称旋律（支配的響き）（囲み数字は詩節順序）

ウンム＝クルスームによるコンサートは、当時、毎月第一木曜日の夜にラジオで生中継されていた。この木曜コンサートは彼女が歌い始めると数時間続いたと言われており、この『廃墟』も実際に何時間歌われたかははっきりしない。しかし、現在、一般に流布している録音でも約1時間はかかる長い歌である。**譜例6．10**は旋法の変化を詩節ごとに示し、それぞれの旋法の特徴となる「響き」を旋律の方向性に多少配慮しながら音階風に示したものである。

前奏から第2節まででラーハ・アルワーフ旋法がいったん終止すると、後続する第3節ではサバーの小音階が支配音ファ音（F）とともに始まり、新たなダウル、すなわち名称旋律が始まったことがわかる。ここで基音はシ⁻𝄳音（BB𝄳）からレ音（D）へと移動し、第9節の途中までは第7節を除いて基本的にはこの位置に留まり、基音を起点として音列を変化させながら、各旋法の名称旋律を出現させる手法である。第4節、第5節、第6節では、基音をレ音（D）として、支配的ジンスがレ音（D）からラ音（A）までの低・中音域で展開し、名称が伴う情緒感の変化が名称旋律の響きの変化によって感ぜられ（**譜例6．6**参照）、それぞれに味わわれる。基音を起点としてジンスの大きさが変わり、またその内部の旋律的響きが変化する様は、あたかも枠組みが拡大・縮小しては内部のモチーフを変えていくアラベスク模様のようであり、こうした旋法の変転が詩節ごとに情緒感や味わいを微妙に変えながら曲は進行していく。

第7節以降、旋律は支配的響きの音域を高音域へと移動させつつ進行する。特に、第7節ではラーハ・アルワーフ旋法と同じ使用音階で支配音がアウジュ音（シ𝄳音、B𝄳）に移り、緊張感と高揚感を高めつつ、第10節で基調的旋法であるラーハ・アルワーフ旋法へと戻り、直前のアウジュ旋法の高揚感を思い出しつつ、基音よりオクターブ上のアウジュ音（シ𝄳音、B𝄳）で終止する。

さらに、旋法の変転による旋律の流れを音域の変化に着目して検討すると、この曲は細部の構造と全体の構造が入れ子状になり、最終的なフィナーレを作り出していることがわかる。この構成を図化したものが**図6．4**である。各旋法では支配的響きないしは名称旋律を中心としたダウルとそれに対応する変化が繰り返され、個々の旋法内の情緒感を創出している。これと並行して全体構造としてはいくつかの旋法を束ねてこのような流れが創出され、同図に見るように低音域を中心としたパターンから中音域、さらには高音域を中心とする旋法へと変化することにより高揚感を獲得して終わっている[11]。低・中音域で比較的音域の狭い旋律群が繰り返され、さらに低音域から高音域を広く使用する旋律群が続き大きなうねりを作り出すような構造をしているとも解釈できるだろう。

図6．4：『廃墟』から、旋律進行過程の構造　（前：前奏、間：間奏、数字は詩節）

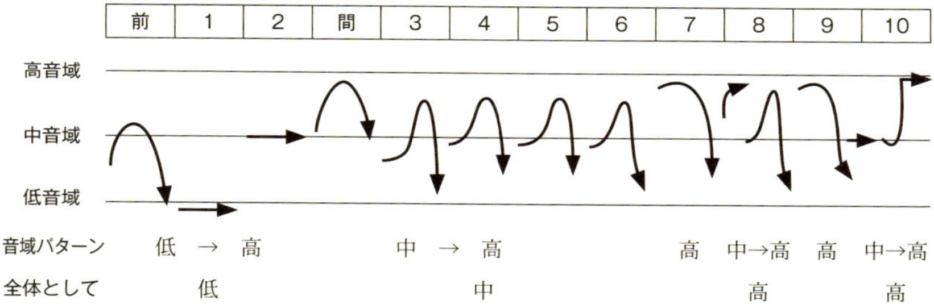

少年期にウンム＝クルスームのコンサートへ行った記憶のあるエドワード・サイードは、このような旋律群の繰り返しとその変化の様を「増殖的な変奏」[サイード 1995, 170] と、後年、記し、それを「ベートーヴェン的な意味でいうところの発展的な緊張がほとんどまったくないような反復」[ibid.] と評している。確かに、西洋音楽的な旋律の発展性を求めても、ウンム＝クルスームの歌唱には見出せないだろう。むしろ、この例に見るように、個々の旋法で情緒感の創出を小単位で行い、次にこの小単位を累加してさらに大きな展開を作りフィナーレを導く構造の中で、一瞬、一瞬の響きや情緒を味わうことが作曲者であるスンバーティーの意図していることではないのだろうか。このような構造を作り出すには、個々の旋法の持つ特徴を、すなわち最も重要な特徴としては情緒感を規定する各旋法に固有の響きの性質を作曲家が熟知している必要があることは言うまでもない。その一方で、この音楽の味わいを感じ取るためには聴き手の側にも、作り手ほどではないにせよ、ある種の熟練が要求されるのである。

11 このような、旋律が低音域から始まり、高音域へと至ることによって高揚感を得る手法は古典音楽では世俗系の組曲形式ワスラで使用され、宗教歌謡においてはズィクルにおける組曲形式ファスルでも用いられている。

おわりに

旋法の名称には、音名と同じもの、ジンス名と同じものがあり、それぞれ、旋法の支配音や支配的響きを創出する小音階（ジンス）として機能し、旋法名と対応していた。これらは、支配的ジンスとそれに属する支配音の組み合わせで音楽学的には説明できた。しかし、旋法名として存在する名称にはこの組み合わせでは説明できない例があり、それはさらに大きな単位で旋法固有の響きを示していたことが本章で明らかになった。**図6．5**に見るように、この名称の体系を使用する実践者たちは、旋法固有のこの支配的な響きを、一音の響きから、小音階と支配音によって形成される狭旋律の響き、さらには基音と支配音の間で時にはオクターブの音域で形成される名称旋律の響きまで、小さな単位から大きな単位までの三種類の響きを階層的に理解していたのである。

図6．5：響きの階層的把握

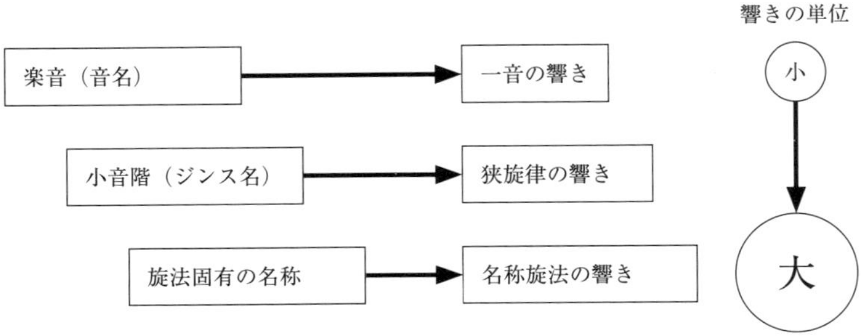

楽音（音名）や小音階（ジンス）に関しては名称との関連性はわかりやすく、それぞれに旋法固有の響きとの相関関係がある意味で直感的に理解しうるものであった。しかし、旋法名に使用されている名称の場合は、ヒジャーズ・カール旋法の例のように小音階よりも音域の広い響きを指すことがあり、既存の用語では説明が難しく発想することも容易ではなかったのである。こうした中で、本研究では支配音の概念やその機能を明らかにし、核音と小音階の関連性も整理することにより、広い音域で形成される名称旋律をも基音と支配音の関係によって示す

ことができた。また、基音と支配音のこうした関係によって形成される名称旋律という旋律単位は、基音と支配音の関係を既に内包している他の二例に関しても同様に当てはめることができるゆえに、旋律のまとまりを認知するために欠かすことができないのである。

再度確認すると、小音階一つでは示すことのできないより広い音域を旋法固有の響きに持つ旋法は、支配音を高音域に持つ例が多く、支配音に留まろうとする旋律の動きと基音へと戻ろうとする動きのせめぎあいの中で旋律を形成し、名称旋律が広い音域で響く。ムハイヤル旋法やラーハ・アルワーフ旋法はこうした例である。この二つは旋法名が名称旋律の性質を連想させるため、旋法の名称の持つ記号論的役割を端的に示す例でもある。

すでに見たように、名称が指し示す響きが出現するのが旋律の開始部であり、伝統的にはムワッシャフ歌謡形式論でダウルと呼ばれる部分であった。ムワッシャフ歌謡形式論では名称旋律がダウルで現れ、これに対して次にハーナの部分で異なる響きが出現し、最終的に旋律はダウルに戻るか基音へと収束する。通常、ダウルとハーナは繰り返されるため、テーゼとしてのダウルにアンチ・テーゼとしてのハーナが後続して出現することによって一連の流れを作り、ダウルを主とした文脈の中で旋律行程（サイル）が形成されてゆく。それゆえに、開始部でこの旋法の特徴となる旋律の提示すなわち名称旋律の提示は欠かすことができないのである。

以上で考察してきたように、名称旋律は、第一に旋法固有の響きとして機能し、第二に旋律行程においてテーゼを示し、後続する旋律との関係を示す参照軸としても機能している。演奏する側から考えると、名称は固有の旋律や響き、情緒を思い出させ、その響きは旋律形成の要となり後続する旋律との関係を規定するのである。他方、音楽学的には名称は、楽音（音名）、小音階（狭旋律）、そしてさらに広い音域の旋律的響きを指し示している。この三要素は、名称を介して実践者たちが記憶する響きの単位であり、それらが実際に演奏されるとき、さらに大きな旋律単位を統括することによって、古典アラブ音楽の旋法実践を支えてきたのである。

終　章

本研究は東アラブ地域の古典音楽で使用される旋法の名称とその体系を扱った論文である。旋法名称は、特定の旋律的響きを示すとともにそのイメージを喚起する記号であり、こうした名称が付与されている響きは、旋律の一単位として旋律形成を統括する機能を持っている。これまで音楽学的には使用音階と旋律モデルで説明されてきた諸旋法は、文化内在的に説明可能な名称という記号に基づく独自の体系を持っていたことが本研究で明らかになった。この旋法名称による体系は、東アラブの音文化に根付く美的枠組みであるタラブに基づき、特定の旋律様式の響きとそれから得られる印象を巧みに結びつける言葉によって構築されている。本研究の成果は、第一に、存在意義を疑問視さえもされていた旋法の名称群を議論の中心に据え、これらの名称が指し示す現象を精査・検討し、名称群が構築している体系の構造を明らかにしたことである。第二に、その構造を捉え直すことにより、この名称による体系は音楽学的理論体系にそった枠組みでも説明しうる内容を持っていたことを示した。この二つの成果は、マカームという単語が多様な指示内容を持つために混乱し、説明が難しくなっていたこの音楽の旋法体系に対する理解に、新たな方向性を示したと言える。以下では最初に本研究全体の成果を振り返り、次に補足説明が必要な項目に触れ、関連する議論に若干の考察を加え終わりとしたい。

文化内在的音楽の枠組み、すなわちナガム名称の記号体系

本研究は、従来の研究で注目されてきたマカームではなく旋法の名称群を研究対象としたため、東アラブ地域の中でも旧来の旋法分類の残るアレッポを調査地

とした。そして特に19世紀後半から20世紀前半の旧市街で続いてきた名士階層とムンシドの歌謡文化共同体が培ってきた伝統に着目した。そこでは、古典音楽の実践者であるムンシドとそのパトロンである名士は、宗教を基盤とした知識や古典アラビア語による文芸の素養を共有し、芸術というよりも技芸に基づく歌謡文化をたしなみ、それを彼らの中庭式邸宅ホシュで供するサフラで楽しんでいた。伝承されてきたレパートリーと関連する知識とは、実践者としてのムンシドたちによって保持されてきたとともに、彼らと名士たちとの文化的な紐帯(ちゅうたい)によって守られてきたのである。

レパートリーや知識は書かれることなく聴き覚えることで獲得されていたゆえに、音に対する感性と記憶力は際立って重要であった。この環境で成立していた音的感性は、美的対象に心理的に影響されることを中核概念とするタラブの土台である。こうしたタラブに基づく感性が旋律的響きの違いを聴き分け感じ取り、個々のナガムに名前を付けることによって分類が始まる。このようにして旋律的響きを一単位と捉えて命名してきた体系が、ナガムの名称群なのである。外来文化の影響が少なく、名称群の体系を支えるレパートリーが豊富に存在していたアレッポでは、この伝統は途切れることなく続いてきた。特に、名称が何を指し示しているのかを一節(ひとふし)すなわち一単位で簡単に伝えてきたカッドが豊富にあり、それを基にしてさらに凝った旋律モデルを提供するムワッシャフがアレッポのレパートリー群の豊かさを支えてきたのである。

さて、ここで名称群の記号作用を簡単に振り返ってみよう。**図7．1**は、アラブのブルダ音階の主要部分に説明のための譜面を入れた解説図である。ドゥーカー音（レ音、D）とジャハールカー音（ファ音、F）以外は、これらが支配音となる旋法があり、ラースト旋法やフサイニー旋法、そしてムハイヤル旋法の例のように開始部の旋律的響きがその名称の記号作用によって想起される構造となっていることがわかる。名称の多くは旋法名や小音階（ジンス）名として良く知られているものの、音名としての名称を確認することで、基本的な名称は多くが支配音の名称であることも明らかになった。こうした音名は、いわゆる階名歌唱用（ドレミ歌唱）ではなく、名称群を用いた記号の縮図であり、理論に先行して存在する、ムンシドたちの音楽実践により編み出された体系だったのである。

図７．１：ブルダ音階の支配音としての記号作用

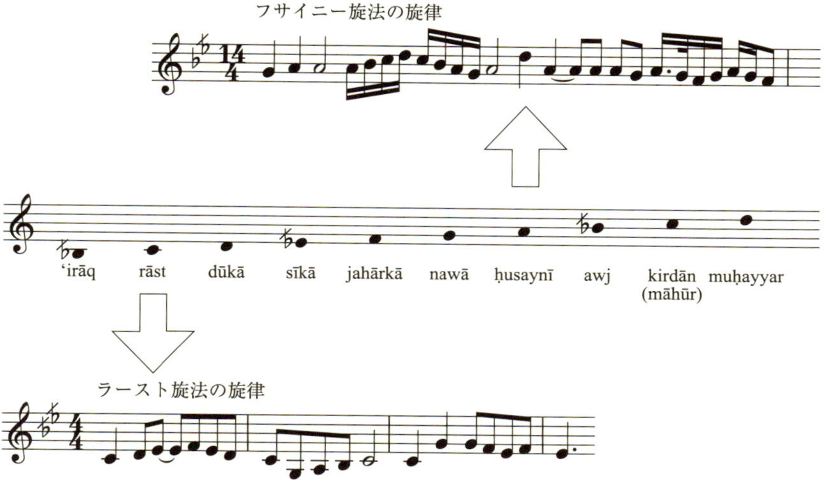

分類の基準を明らかにするための音楽学的思考

この名称のシステムは、一音の響きから四度や五度の範囲で形成される狭い音域やさらには一オクターブを使用する旋律的響きまで、規模は様々ながらも一つのまとまりとして認知可能な音的響きを一単位として感じることを重視しているため、従来の音楽学的研究では一元的に捉えられずにきた。しかしながら、名称の指し示す現象を音楽学的に精査した結果、それは楽音、狭旋律（小音階）、旋法という三種類の響きからなり、それらの相関関係を検討することにより、名称に関する文化的な体系がその内部に音楽学的なシステムをも包含していることが明らかになった。文化内在的体系は、響きから受け取るイメージと記憶の連鎖が命名の基盤となる。他方、音楽学的体系では、旋律を形成する音は機能によって分類され特徴づけられている。上記の三種類の響きを総体として捉えるか、機能ごとに分割して捉えるかがこの二つの認識の差異であるものの、本研究で示したように両者は相互参照が可能であり、旋法という音的現象を通して結びついているのである。

本研究では、名称群が指し示すこれらの響きは、旋律の開始部で提示される響

きであることも明らかになった。それゆえに音名を旋法名とする場合は、それは音楽学的には支配音を示すのであり、小音階名の場合はこの音階とそれに属する核音が形成する狭旋律であり、旋法名として存在する例ではさらに広い音域の旋律を指し示すこともある。いずれの場合にせよ、名称は根本的には基音と支配音の相関関係によって形成される旋律を示していたのである。本研究の音楽学的に大きな成果は、各旋法にとり重要な響きを創出する支配音に関してこれまで曖昧であった部分を補足し発展させ、さらにそれを名称が指し示す三つの響きの議論に組み込むことができた点であろう。これら三者はどの例でも、支配的な響きは使用音階中の基音と支配音の関係によって創出されるため、音楽学的には所与の使用音階に対して支配音と基音が示されることで説明可能であるが、他方、文化内在的には名称から連想されるイメージや旋律の響きそのものであったのである。さらには、名称が与えられている旋律的響きが一つの単位として旋律の開始部で形成されると、その後の旋律行程をも統括することも明らかになった。

このように、古くから伝えられてきたあまたの名称群は単なる飾りではないことは明らかであり、まさしく旋法体系を支える文化的なシステムそのものであったのである。こうした特徴を精査することで、名称による旋法体系と音楽学的な旋法分類は相互参照的に利用することが可能となった。本論文の第6章で試みた、名称旋律の音域の情報を使用音階中に図形を用いて視覚的に加える試みも、こうした成果が基になっている。この方法は本論文巻末の基本旋法リスト（269-77頁）にも採用した。文化内在的な名称旋律のイメージをつかむためのささやかな試みではあるものの、諸旋律様式の響きのイメージと音楽学的な情報の相互参照性を基にした試みであり、本研究の成果の具体的な部分の一部である。

アレッポ旧市街の旋法学習過程から学ぶ：基本から次の段階への可能性

以上のように、本研究は名称を手掛かりとしてアラブ古典音楽の旋法体系を考察してきたが、本論文で取り扱った旋法群は最も初歩的かつ基本的なものである。そこで、これらの基本的な旋法群の歌が歌われてきたアレッポの旧市街における旋法学習過程を振り返り、アラブ古典音楽を聴き楽しみ、あるいは実践する場合の学習過程全体における本研究の成果の位置付けを説明する。

第3章でムンシドたちの音楽教育を議論したときに明らかになったのは、歌を使った教育ではまずズィクルなどで聞き覚えるカッドがあり、次に師匠の下で学ぶムワッシャフへと進み、様々な旋法の特徴を具体的な旋律と名称の組み合わせで覚えていくことであった。ダラールによる採譜［Dalāl 2006b］にはカッド130曲が掲載されているが、これには巻末基本旋法リストに掲載中の28旋法のうち20旋法が使われている（図７．２参照）。残りの６つはムワッシャフでの使用があり、さらに残る二つは新古典歌謡で多用されるためリストに掲載した。この新古典歌謡で多用されるクルド旋法類の二種は別として、カッドで使用される基礎的旋法群とさらにムワッシャフでの使用が確認されている諸旋法との違いは端的に言えば難易度であり、それは旋律そのものの難易度もあるが、音程操作の難しさなどにも起因している。こうした難易度を考慮に入れて学習過程を図解すると、図７．３のように理解できる。図の右側の「旧市街の旋法学習」は習熟度レベルを階層化した説明である。最も基本的な部分がカッドであり、次の部分が歌ならばムワッシャフ、器楽ならばサマーイーなどの楽曲となる。その先にあるのが詩の朗唱や器楽の即興演奏などである。この意味では最も基礎的な部分を扱っている本研究は、初歩や初級段階に必要な知識を解き明かしたに過ぎない。しかし、それが実際には極めて重要であることは次のような点からも明白であろう。

図７．２：巻末基本旋法リストに掲載の旋法の使用範囲

ムワッシャフで使用 →

カッドで使用 →

ウッシャーク・トゥルキー	ラースト	ヒジャーズ・カール	その他
バヤーティー	ラースト・カビール	ザンカラー	クルド
フサイニー	マーフール	ラーハ・アルワーフ	クルド・フサイニー
ムハイヤル	スーズナーク	バスタ・ニカール	
シューリー	ナハーワンド	ナワー・アサル	
サバー	フザーム	ナクリーズ	
ヒジャーズ	スィーカー		
ヒジャーズ・フサイニー	イラーク		
ヒジャーズ・カール・クルド	アウジュ		
	アジャム・ウシャイラーン		
	ジャハールカー		

図7．3では比較のために日本における英語学習の例を併載した。中学から英語を正式に学ぶことを前提として比較すれば、カッドやムワッシャフは中学から高校レベルで学ぶ基礎や基本である。各旋法に典型的な旋律パターンを一節程度のカッドで学び、次にムワッシャフでさらに長い旋律行程の歌を覚える。初歩的レベルであるほど節の特徴は一定しており、教える者の個人的な好みなどが入り込む余地はない。この過程は英文法で言うならば、基本文法を学び、動詞の活用を覚え、単語の意味を確認しながら意味を汲み取るなどの学習ステップである。言語を共有する人々が了解している基本ルールを学ぶのである。この段階に習熟すると中級、上級への道のりが開け表現の幅が広がり、上級レベルでは単語のニュアンスや文体の差異などにも注目できるようになる。

図7．3：習熟度レベルに関する図解

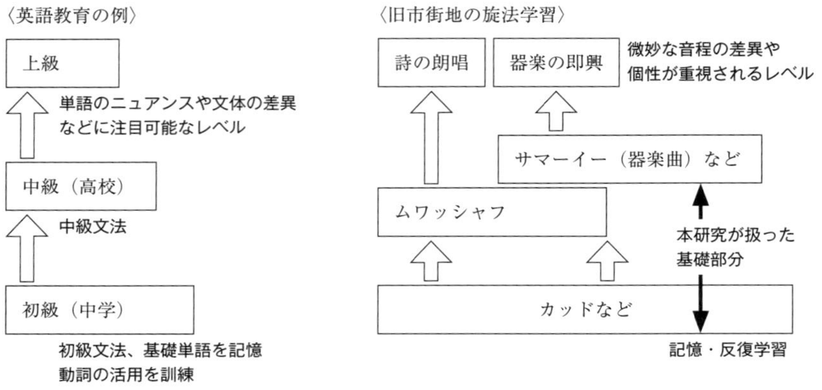

アラブ古典音楽の場合においても、こうしたニュアンスの違いなどは、カッド・レベルの学習ではほとんど表れない。しかし、ムワッシャフなどのレベルになると、同じ旋律でもテンポの違いは印象を変え、それに微細な音程操作などが加わると聴いたときの旋律の表情はさらに微妙に変化する。器楽による演奏でも同様で、同じ旋法によるタクスィーム（器楽の即興演奏）でも中立音程に微妙な操作を加えると、旋律の色合いや雰囲気が変わり、趣の違う即興となる。こうし

た細かな違いに気づき、理解し、味わうことができるのは、習熟度においてさらに上級レベルに達している人々であり、詩の朗唱や器楽の即興はそのような人々にとっての真骨頂なのである。このレベルに達した実践者は、喩(たと)えるならば『歌謡の書』に登場した、ハールーン・ラシードの楽師であるイスハーク・マウスィリーの祖父のように自由自在に旋律を紡ぎだすようになり、聴き手としては玄人はだしの聴き手、アラブ音楽のキーワードで言うならばサンミーアの一人となる。

筆者はこれまでのアラブ古典音楽の「マカーム」を中心にした研究の盲点の一つが、この習熟度レベルの問題を看過してきた点にあると考える。先行研究はもっぱら上級レベルにあたる即興演奏などの分析を重視し、それ以前の段階としての諸旋律様式に関する説明などは必ずしも十分ではなかった。その理由はいくつかあるだろう。本研究で指摘しているように、旋法名称の減少などにより旋律様式体系の全体性が損なわれたために論理的な説明が難しくなったことの弊害は大きい。また、民族音楽学的な研究ではウードの即興分析などに見るように高度な技や芸術性を重視することが多く、初級者の歌う簡易な歌などは研究の対象外であったことも一因であろう。本研究はこのように研究上、手薄であった基礎的な部分を考察・説明した。十分とは言い切れないまでも、この成果によって古典音楽の聴き方の基礎が整い、次の段階への道のりが若干は開けてきたのではないかと思う。

「旋法」の数をめぐる問題：専門性、地域性・歴史性、認識の変容など

本論文巻末の基本旋法リストには、第2部で扱った15程度に13の旋法を加えて全部で28旋法が掲載されている。先に述べたように、これらはカッドおよびムワッシャフで使用されている旋法であり、今日、演奏される器楽曲で使用されているものを加えると旋法の総数は30から40程度になるだろう。さて、旋法数に関しては、歴史的には1933年に出版された『アラブ音楽会議の書』[Kitāb 1933] には95の旋法が掲載されている。しかし、この95という数字は、先に述べたような実際に使用されている旋法の数とはかけ離れている。それゆえここでアレッポの伝統を例として、基本的かつ中核的旋法群以外のより使用頻度が低い旋法の位置付けに関して、これまでの議論を振り返りながら補足説明したい。議

論の争点となるのは、専門性、地域性や歴史性、そして認識の変容の三点である。

第一の専門性は、先に述べた学習レベルや実践者の技量との関連が深い。微細な音程操作もありうるアラブ音楽では、専門性が高まるにつれ音程の微妙な差異を重視する傾向があり、それは声楽よりも器楽に強く表れる。他方、カッドなど素人レベルの歌や歌う集団の専門性がさほど高くないときはそのような一種の玄人芸は問題にされないため、使用される旋法数は少なくなる。このような違いに関しては、本研究では扱わなかった中・上級レベルの旋法についてのさらなる研究が必要であろう。

第二の点は地域性や歴史性である。序章で「マカーム」という単語の意味の多様性に関して言及したが、実際、アラビア語のマカームという単語を語源とした音楽用語は東アラブ地域だけでなくトルコ、そしてイランから中央アジアに至るまで広範な地域で使用されている。すなわち、空間的な広がりや地域性があると言ってよい。また、時間的な広がり、すなわち歴史性もある。これはマカームという単語だけでなく、名称群にも当てはまる。本論で扱った中でも名称フザームおよびスィーカーの事例は、このような地域性や歴史性の問題を代表していると言える。特定の旋律様式をいかなる名称で呼ぶかは、純然たる地域性の問題であろう。他方、歴史性にかかわる問題点を考えるならば、重要なのはオスマン帝国の音楽の伝統との歴史的な関係である。現在、古典音楽の器楽曲の多くがオスマン系音楽起源であるように、オスマン帝国、特にイスタンブールなどで高度に洗練された音楽文化の影響は見逃すことができない。

こうした東地中海世界の中で伝えられてきた伝統では、微妙な音程差から生じる色合いの違い、さらには情緒感の違いなどへのこだわりは、技ある専門家の執着とも考えられる。その一方で、音程を固定化した近代西洋音楽と、旋律の構成音を合理的に音階で示すことを可能とした近代音楽学との出会いの「音程」や「音階」への影響も見過ごせない。先ほど『会議の書』には 95 旋法が納められていると指摘したが、中には現実にはその存在の疑わしいものも少なからずある。また、音階（マカーム）を小音階（ジンス）の単なる組み合わせと考える者にとってはその組み合わせは無数にあり、そのような見解を議論する研究者の数は決して少なくない [Āghā Qal'a 2002, 113]。序章では、「音階」の導入が旋法の名称数の減少ないしは簡素化を引き起こしたことを指摘したが、その逆も起こっているのは興味深い現象である。このような諸要因と旋法数の関係を敢えて図解すると、**図７．４**のように解釈できる。同図は、アレッポをモデルとして空間と時間の広がりが「マカーム」定義の基準を増やすとともに、旋法の数もまた増大させた状況を説明したものである。

図７．４：「旋法」の数をめぐる諸要素、アレッポをモデルとした図解

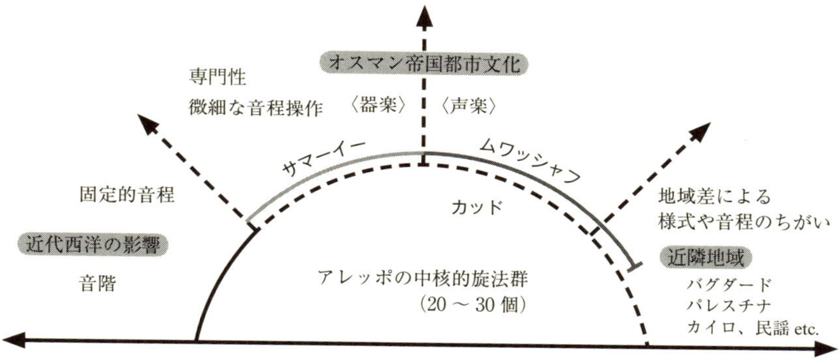

※中核から離れるほど旋法数が累加される

こうした地域性や歴史性、そして認識の変容などの諸要因は、単独で、そして多くの場合、様々な組み合わせでこの地域の旋法体系に影響し多様な結果を生じる。複数の要素がかくも入り乱れているときに我々に可能なのは、数学者が理念系の世界で理論を構築しているように、理念系とまではいかなくとも現実にある影響や変化などの可変性を可能な限り小さくし、議論の道筋を明瞭にする努力であろう。複数の名称が同一の旋律様式を示したり、逆に一つの名称が異なる旋律様式を示したりすることがあったりしても、また、音階分類が主流であったりしても、東アラブ地域の伝統に根差した旋法音楽である限り、本研究が採用した名称の記号作用と旋律様式の理論的分析手法は有効であり、アレッポの伝統に基づく本研究はモデルケースあるいは分析手法の参照軸となりうると筆者は考えている。

命名と分類は密接にかかわりあい、記号の体系を創出する

さてここで、本論で重要であった二つの認識の問題に戻りたい。それは、感性に基づくナガム分類の土台となっている文化内在的な認識と、旋律形成を音の機能などによって分析する音楽学の理論に基づく認識についての問題である。上述のように、旋法分類や旋法の数などに関する問題は、様々な要素が関わっており一筋縄ではいかない。そこで本研究では時間も空間もできる限り限定し、アレッポの旧市街の伝統をモデルとした。そこでは、あたかも言語を習得するかのように、子供たちが最も単純な旋法から覚え始め、旋律的特徴の捉え方を一つまた一つと無理なく学習し全体像を獲得してゆく。聴いたときの印象が重視され、人の感性がナガムの分類を構築する。これは、人が主体の認識形態であると言えよう。他方、音楽学の理論では、旋律分類の判断は聴いたときの印象などよりも使用音階や支配音や基音など、客観的な情報が分類の基準となり、理論的思考が中心の客観性に基づく認識形態が前提となっている。全く異なるかのように見えるものの、旋律様式の特徴に注目するこの二つの認識様式は相互参照的であり、一つの対象を異なる性質の鏡で映した鏡像なのである（図7．5参照）。非常に対照的ではあるが、にもかかわらず、この二つの認識体系は一つの手段において共通点がある。それは現象を「分類」して体系化している点である。それぞれの認識体系にとって重要な音的情報に命名をするが、その命名の仕組み、すなわち記号の設定は、それぞれの認識の土台に基づき異なっているのである。

認識様式の違いは人を混乱させる。ウンベルト・エーコの『カントとカモノハシ』［エーコ 2003］の冒頭には、アルゼンチンの小説家ボルヘスの物語にある古代中国の百科事典が話題に上るが、そこに登場する物のリストは、読者を当惑させるようなおおよそ見当のつかない分類がなされており、物の分類に関して思い巡らさざるをえなくなる。また、同書では18世紀末にヨーロッパ人に知られるようになったカモノハシが議論されるが、当初は鳥として分類すべきか、それとも魚なのかもわからなかった。アラブ音楽の「マカーム」分類に関する筆者の疑問も当初は似たようなものだった。ダラールについて歌を習い進めるにつれ、アレッポに残る旧来の旋法分類を筆者はまず音楽学的に理解した。しかし研究を進めるうちに、名称はそれ自体が名称ごとの旋律的固有性を伴って筆者の記憶の中で響き始め、分類の手掛かりとなり、次に音階という理論上のツールがこの文化

に新しいことが明らかになってくると、音楽学的概念を用いることなくこの音的現象がどのように分類されてきたのかに関心を抱くようになったのである。その手掛かりは、彼らの音に対する感性を掘り起こし、音的現象と指し示す言葉の間にある仕組みを読み解くこと、すなわち音楽学とは異なる分類体系やその土台となる認識を問うことであった。本研究が示したように、命名と分類基準は密接にかかわりあう記号の体系であり、その命名の仕組みを解き明かすには音楽学ではなく言葉に関する方法論、記号論が必要であったのである。

図7．5：旋法に関する文化内在的領域と音楽学的領域

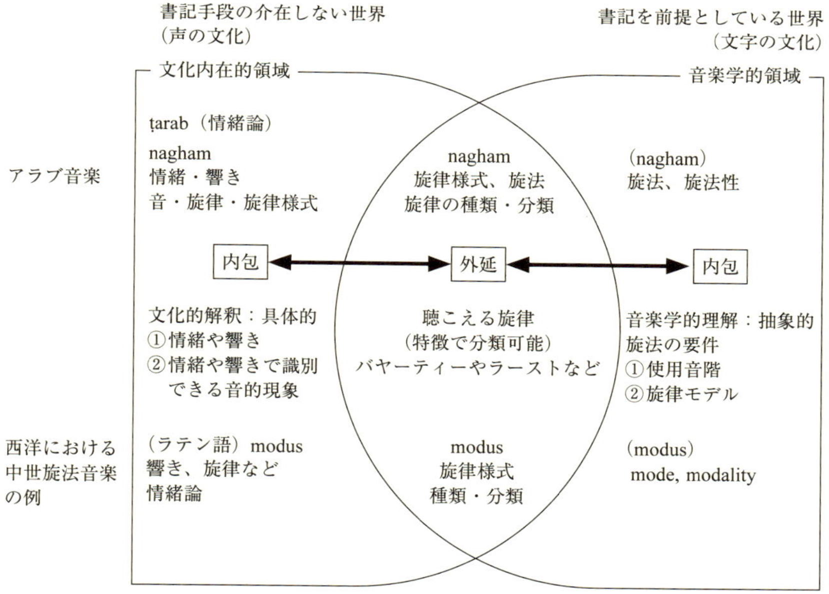

具体例を伴う音声言語文化（文化内在的認識）と書記的抽象概念（音楽学）の狭間(はざま)で

しかし、この過程でもう一つのことも明らかになった。認識様式の変化・変容によって、音楽や音的現象に関する一つの単語の意味ないしは指し示す外延が変

化することである。辞書には単語の意味が記載されている。そして我々はそれを参照する。しかしながら、時代の変化と認識の変容によって、ある単語の指し示す対象は変転してゆく。これは、現在、旋法を示すとみなされているナガムやマカームにも当てはまる。音的響きを指し示すナガムは旋律様式をも指し示し、それに取って代わったマカームは、音階という関連しはするものの実態のない抽象的概念も意味するようになった。これは一つの単語をめぐる歴史的な（通時的な）意味の変遷とも解せるし、旋法という意味と音階という意味が並存している状況下では共時的な意味の階層性としても理解できるだろう。しかし、その際には、指示内容の変化に伴う認識の変容にも注目すべきである。

ナガムという単語の意味を、再度、繙（ひもと）いてみよう。これは音楽学的には旋法、狭旋律（小音階）、楽音でありうるが、そもそもこの単語は、言葉の響きや調子、人を魅了する旋律の麗しさを示す。このような意味はそれぞれ個別に無関係なのではなく、状況や文脈に合わせて変化しながらも、互いにゆるくつながり連続性がある。現在、音楽用語として主流になっているマカームも、20世紀に様々な意味づけが行われながらも、結果としてはナガムの文化的概念を受け継ぎ、同様の意味を指し示す傾向がある。しかし、一点異なるのは、音階という意味が発生したことである。ナガムとマカームを連続的に捉えると、ナガムはある意味で原初的な響きのある音的現象を主に指すが、近代起源のマカームが最も得意とする指示内容である音階は書き記されることが前提の抽象概念であり、この二つの意味の連続性は必ずしも明瞭でなく、明らかに共時的な意味の階層性から外れる認識上の飛躍がある。

旋法に当たる単語に響きという意味と音階という意味があり、その間の意味の連続性が必ずしも明瞭でないという特徴は、西洋音楽におけるラテン語起源のmodeや歴史的にさかのぼればラテン語のモードゥスmodus自体にも当てはまる。音楽分野においてモードゥスは、主に旋律の種類や音階の種類に関する用語としての役割を担ってきた言葉であった［H. Powers & Wiering 2001, 775-6］。その一方で、モードゥスとは音的現象に限定しなければさらに広い意味を持ち、声の調子や響きや旋律などと類似した音的現象を示し、かつ分類に関する用語でもあるゆえに様式などの意味にもなる［Oxford Latin Dictionary 1976, (V)1124-5］（図7．5参照）。ここでは音的現象に指示内容を限定するが、「音階」は明らかに他の指示内容とは性質が異なるのである。これをやはり歴史的な意味の変遷ととることも可能であるが、ラテン語とアラビア語のどちらの例でも、音声言語を中心とし具体的に思考する領域から、書記を前提とし抽象的に思考する領域へと移る際に何らかの認識の変容や断絶があり、音階という概念が生じていると言えるのではないか。声の文化と文字の文化の間の認識の差異に注目したのはオングであるが、マカームという言葉をめぐる指示内容の揺れは、まさしく異なる認識間で共通して使用される言語の記号操作の難しさを示す一例なのである。

さらに、この二つの違いは、使用する言語表現によっても推し量ることができる。声の文化に生きる実践者たちは自らの音楽を身近な単語や物との対比・類似で説明するが、文字の文化では専門用語を駆使した抽象的概念で音的現象を説明したりするだろう（図7.5参照）。フーコーは認識の変容に関する鋭い洞察をいくつかの著作で残しているが、『言葉と物』［フーコー 1974］では、認識の土台エピステーメーが変わることによって、同じ事象に対する分類の仕方や叙述の内容が変化し視点が変容する様が論じられている。旋法音楽に関して使われる上述のような言葉の差異や変化は、認識土台の変化によって生じていると言えるのではないのだろうか。

声の文化と文字の文化に基づく二つの認識領域での分析を横断的かつ相互補完的に活用できたことは、本研究の大きな成果であった。文化内在的な認識に関しては試行錯誤が続いたため非常に骨の折れる作業であったが、名称が構築している体系の仕組みを探求することにより、逆説的に臨床医学とも言いうる立場にある音楽学的な理解も増し、さらには文化的感性を音楽学が裏書きする役目も果たしえた利点は大きい。名称体系の記号論的解釈と音楽学的分析の併用は、どちらか一方のみでは理解の難しい体系を多元的に見つめることを可能にし、さらには記号論的体系のみでは理解しづらい現象を音楽学的言い換えによってより正確に読者に伝えることを可能としたのである。

音楽学とは異なる認識土台を基盤とする旋法の名称体系は、第一に、音に対する感性とそれを記号に転換するための連想システムによって成立していた。連想、それは文化的な創造性の源泉の一つである想像と結びつく。第１章第３節で紹介したように、19世紀末に活躍したムンシドのアキールとルシュディー・パシャのエピソードにある「アイン（目）とアイン（アインの文字）」は、単なる語呂合わせと判断されがちである。しかし、この事例は、言葉と物（対象）に対する彼らの心性の、音や言葉の響きとの強固な結びつきを垣間見せていたとも受け取れるだろう。「アレッポ（ハラブ）のタラブ al-ṭarab fī Ḥalab」（「タラブはアレッポにあり」とも解釈可能）という言い回しも同様である。単に耳に心地よいリズムと脚韻による語呂合わせと聞こえるものの、そこから生じる心象連想は話者の意識下でアレッポとタラブの親和性を強めているのである。

音とともに広がるイメージの連鎖はタラブ的感性の土台でもある。何か美しさを感じさせる体験は、喜びであっても悲しみであっても、心を揺るがすタラブとして経験される。麗しい旋律も憂いを帯びた響きも、心象連想として聴き手の心に刻まれる。慣れ親しんだ旋律様式が溢（あふ）れている旧市街の生活では、旋律的響きの特徴は情緒的体験と一体となり記憶される。幼少時からこうした響きを友とした者の中でも感性鋭い少年たちは、やがて良き聴き手、さらには良き歌い手、弾き手となるのである。音楽の書記手段も五線譜の概念もない世界において、実際に響いている音とその分類を名称という手段を用いて詳しく教えてくれる師匠の下で、音に対するタラブ的感性を研ぎ澄ませ、ナガム分類を正確に聴き取る聴覚的能力を育む。

旋法の名称体系とその役割は今や明瞭である。口伝の伝統は文字を知らない民の迷信でもなければ、その研究は単なる尚古趣味として脇に追いやれば済むことでもない。「ナガム体系」にはナガム体系の論理があり、五線譜に書かれた音階などを重視する異なる体系が入り込まなかった共同体においては、この体系の土台となる感性は、記憶と実践を基に師匠から弟子へと伝えられ体得され続け、長く受け継がれてきたのだ。

旋律形成時の音の機能を聴き分け理論の精緻さを追求する音楽学者の認識下では、視覚を駆使する五線譜や一語一義という厳密な世界が構築する論理性が意味体系を成している。他方、アラブ古典音楽の伝統の実践者たちにとっては、音声言語と結びついた連想そしてそれを起点とする想像の広がりがナガム分類の土台となる感性を構築している。この感性による認識土台を基にした匠（たくみ）の技の総体が、旋法の名称体系なのである。

用語集

用語は意味や使用分野に基づき、理論、歌謡、楽器、文化の四つに分類しているが、あくまで目安であり、厳密な分類ではない。

アクド　**理論** ‘aqd, pl. ‘uqūd：三音、四音、五音からなる小音階。アラビア語で「結ばれているもの」などを意味する。ジンスとほぼ同じ意味で用いられる。小音階を参照。

アザーン　**文化** adhān：イスラームにおいて、一日五回の礼拝の直前にモスクから流れる礼拝への参加のよびかけ。アラブ音楽の旋法規則に従った節が付いていることが多いが、その出来は実践者によって異なる。かつてはモスクに付属のミナレット（尖塔（せんとう））から肉声で行われていたが、20世紀半ば以降、拡声器の使用が容認されている。

イーカー　**理論** īqā‘：アラブ音楽に用いられるリズム様式。3拍、7拍、11拍…40拍など、決められた拍周期の中で一定のリズム・パターンが定められている。拍周期の長いものや複雑なものはムワッシャフに用いられる。ワズンともいう。

イフサース　**文化** iḥsās：感性、情緒。動詞（Ⅳ型）「aḥassa 感じる」の名詞形。

ウード　**楽器** ‘ūd：ヨーロッパのリュートに似た、棹（さお）が短くフレットのない撥弦楽器。近代以降のものは、5コース（二弦で1コース）ないしは6コース（6コース目は一弦）が標準的。

カーヌーン　**楽器** qānūn：日本の箏と同じ原理で音を出す、台形の台に弦を張った撥弦楽器、26コース（三弦で1コース）が一般的。音程微調整のための小さな駒（ウルバ ‘urba）が付いている。

核音　**理論** 旋律形成時に他の構成音に影響して一種の核となる音。他の構成音よりも重力があり、旋律の要となるとも喩えうる。各旋法の使用音階中では、基音と支配音は核音であり、他にはこれら二つの核音との関係に基づき存在する。

カスィーダ　歌謡 qaṣīda：①文学的には二句一行の対句形式による古典語の韻律詩で、単一韻律、単一押韻。②歌唱形式としては、韻律詩カスィーダをテキスト（歌詞）とした即興歌唱。③ 20 世紀中ごろ以降は、二句一行の対句形式のテキストを基に作曲された歌も意味する。

カッド　歌謡 qadd, pl. qudūd：一節（ひとふし）程度の短い旋律の伝承歌、アレッポに多い。短いゆえに各旋法に最も特徴的な旋律的響きを備えていることが多い。

カフラ　歌謡 qafla：アラビア語で「錠」などの意。①ムワッシャフの形式において、終止へと至る部分の旋律を示す。②即興演奏において、終止へと至る部分の旋律を示す。カデンツ。

カラール　理論 qarār：基音、英語で tonic。アラビア語で「底」の意。一般に使用音階の基盤となり、第一音として説明されることが多い。一曲が終わる際には旋律はこの音に収束する。最終的に旋律が戻る音という意味では終止音に同じ。

ガンマーズ　理論 ghammāz：支配音。旋律の開始部に出現する核音で、各旋法に特徴的な旋律的響きを創出する。名称旋律の中核となる音。同語根のアラビア語 ghamza は「目配せ、ウインク」を意味する。

基音　理論 カラールに同じ。

ギター　歌謡 ghiṭā'：アラビア語で「蓋」の意。ムワッシャフの形式において、終止へと至る部分の旋律を示す。カフラに同じ。

狭旋律　理論 小音階に基づく狭い音域で形成される旋律。厳密には、小音階とそれに属する核音を中心に形成される。

ザーウィヤ　文化 zāwiya：①スーフィーの修行場。②シャイフを中心としたスーフィー教団自体を指すこともある。

サイル　理論 sayr：masār などとも呼ぶ。アラビア語で「道」「道程」などの意。本研究では旋律行程としている。所与の旋法において、まず開始部でどのような旋律が出現し、次にその旋律がどのように展開し、最終的に収束するかに関する概念。旋律の単位を小音階で説明する場合は、小音階で形成される旋律から次の小音階の旋律への道行きとして示されることもある。また、具体例によって示されることもある。ムワッシャフのAABA形式はサイルを歌の形式に置き換えて説明していると解釈できる。

サフラ　文化 sahra：夕方から晩にかけて行われる集まりで、食事が供され、歌や音楽が演奏されることもある。公式なものよりも私的なものを示すことが多い。マジュリスとほぼ同義であるが、マジュリスが比較的文語であるのに対して、サフラは会話等で普通に用いられる言葉である。アラビア語の動詞 sahira「夜、寝ずに過ごす」の名詞形。

支配音　理論 英語で dominant。ガンマーズに同じ。

支配的音域　理論 本研究に独自の用語。基音と支配音を中心とした音域で、各旋法に特徴的な旋律的響きを創出して旋律開始部に出現し、名称旋律を形成する。

小音階　理論 三音音階、四音音階、五音音階の総称。英語ではテトラコード。アラビア語でジンス jins やアクド ʻaqd という。本論では音楽学上は小音階の両端（最低音と最高音）は核音と定義しているが、伝統的解釈とは若干のずれがある場合もある。

ジンス　理論 jins, pl. ajnās：「種類」を意味するアラビア語。①数種類ある小音階、②音楽実践においてはその小音階を中心に形成される狭旋律を示す。

ズィクル　歌謡 dhikr：神の名を唱えることを主眼とするスーフィーの儀礼。歌および身体動作を伴うことが多く、打楽器も使用されることがある。アラビア語で「唱えること」の意。

スーフィー　歌謡 sūfī：一般にイスラーム神秘主義を実践する者を指す。広義ではズィクルの集団歌唱に参加するだけでもスーフィーである。

旋法　理論 英語で mode：アラブ音楽における旋法とは、音楽学的には使用音階と旋律モデルの二要件で説明される旋律様式を指す。

旋律行程	理論 アラビア語のサイルに相当する。サイルを参照。
旋律の開始部	理論 旋法に基づく旋律の出だし部分で、各旋法に特徴的な旋律的響きを伴う旋律（名称旋律）が出現する部分。ムワッシャフの歌謡形式ではダウルに当たる部分。
旋律モデル	理論 ある旋法がどのような旋律になるかを示す概念。具体例の形を取ることが多い。サイルを参照。
ダウル	歌謡 dawr：アラビア語で「順番」などの意。①ムワッシャフの歌謡形式論に使用される用語、歌の最初に出現する旋律やその旋律を中心にした部分を示す。ゆえに名称旋律が提示される部分のことでもある。②近代歌謡の一形式、19 世紀から 20 世紀前半のカイロに多い。
タクスィーム	器楽 taqsīm：器楽の即興演奏。アラビア語の動詞（Ⅱ型）qassama「分割する」の名詞形。
タラブ	歌謡・文化 ṭarab：音楽など美的な現象に心理的に影響されることが中核概念にあり、そこから派生する様々な現象を示す。①音楽に影響されること、されている状態。喜びや悲しみなどの感情を伴う。この状態は音楽との一体感を伴うことが多い。②そういった状態を引き起こす音楽、ジャンルは問わない。古典音楽、古典歌謡、新古典的大衆歌謡も指しうる。
テトラコード	理論 tetrachord：英語。① tetra という「四」を表す接頭辞から明らかなように、元々は四音音階を示すが、②三音音階 trichord, 五音音階 pentachord を含めた小音階の総称としても使用される。
ナーイ	楽器 nāy：葦笛。
ナガム	理論 nagham, pl. anghām/ naghama, naghma, pl. naghamāt など：①現代の音楽用語としては、ナガマやナグマは音（楽音）を示すが、②旋律、③旋法や旋律様式の意味もある。
ハーナ	歌謡 khāna：伝承歌謡ムワッシャフの歌謡形式に使用される用語。開始部の旋律ダウルの次に出現し、終止部の旋律カフラやギターの前に展開する旋律部分を示す。

ハウシュ	文化 ḥawsh：アラビア語古典語。口語でホシュ。①中東に多い中庭式住宅。②中庭式住宅の中庭部分。
ファスル	歌謡 faṣl：歌や器楽演奏を組み合わせた組曲形式を指す。アラブ歌謡においては宗教系の組曲を指すことが多い。アラビア語の動詞 faṣala「分ける」の名詞形。
ホシュ	文化 アラビア語口語。古典語ハウシュに同じ。
マウワール	歌謡 mawwāl：①文学的には口語詩。②歌唱形式としては口語詩マウワールによる即興歌唱。
マカーム	理論 maqām, pl. maqāmāt：①基本的には「旋法」を意味するが、次のような意味でも使用される。近代においては、②音階や、③アラブの旋法を使用した芸術的即興演奏を示すこともある。古典的文献においては④音階概念中の音高も意味した。アラビア語の基本的な意味は「(立つ) 場所」や「位置」である。
マジュリス	文化 majlis：アラビア語古典語、サフラに同じ。基本的には「座る場所」の意味し、人が集まる場所や会合を意味する。
ムアッズィン	文化 mu'adhdhin：アザーンを行う人。
ムクリウ	文化 muqri'：クルアーン朗誦を行う人。
ムトリブ	歌謡・文化 muṭrib：一般に世俗歌手を指すが、本来は動詞（Ⅳ型）aṭraba の能動分詞でタラブを人に感じさせる人を意味している。
ムワッシャフ	歌謡 muwashshaḥ, pl. muwashshaḥāt：①文学的にはアンダルシア起源の詩形式、およびマグリブ地域ではそれに基づく歌の形式。②東アラブ地域の歌謡形式としては、既成旋律を持つ歌謡ジャンルの一つ。各ムワッシャフはイーカーないしはワズンと呼ばれるリズム様式と旋法が指定されている。カッドよりも長く、開始部の旋律ダウル、それに続く旋律ハーナ、終止部へと至る旋律カフラないしはギターから構成される。ダウルとカフラ・ギターは類似した旋律であることが多く、ダウル A、ハーナ B とすると AABA 形式による旋律構造をしていることが多いが、これは必須条件ではない。

ムンシド	歌謡 munshid：一般に宗教歌手を指す。動詞（Ⅳ型）anshada「唱える、歌う」の能動分詞。
名称旋律	理論 本研究に独自の用語。旋律の開始部に出現し、その旋法に独特の旋律的特徴を持ち、その旋法の名称が付与されていると考えられる旋律。音楽学的には支配音と基音の間および付近の音域で支配音を中心にして形成される旋律。
ライイス	文化 rayyis：アラビア語口語。古典語ではライース ra'īs。歌を伴うズィクルにおいて、歌唱部分を統率し、独唱パートを受け持つ歌手。
リック	楽器 riqq：タンバリンに似た、丸い木枠に皮を張った小型の打楽器（枠太鼓）。ミニシンバルが付いていることが多い。ミニシンバルの付いていない簡素なものはダッフ daff とも呼び、ズィクルなどで使用される。
ワスラ	歌謡 waṣla, pl. waṣlāt：歌と器楽による組曲。世俗的な内容のものを指す傾向がある。アラビア語 waṣala「つなぐ」の名詞形。
ワズン	理論 wazn：アラブ音楽におけるリズム様式。イーカーに同じ。

基本旋法リスト
——基本的な旋法の使用音階と旋律的特徴に関する音楽学的説明

本リストの使い方：

アラブ古典音楽における旋法は、音楽学的には使用音階と旋律モデルの二要件で説明される。本リストは、①各旋法の使用音階に、②旋律開始部で各旋法にとり最も特徴的な旋律的響きを形成する支配音等の情報を付加したもので、これらの情報には旋律モデルを説明するための必須要素が含まれている。下記の注意事項だけでなく、本書の、特に第二部および終章の議論を熟読の上、ご参照願いたい。また、本リストはあくまで本研究で明らかになった知見に基づき、更なる考察が必要な部分や当然ながら他の研究とは見解が異なる部分もある点をご承知おき頂きたい。

1）使用音階について

各旋法の使用音階は、基音から上昇し、小音階構成を伴うオクターブで示されている。基音からオクターブ上方以降は基本的には基音からオクターブの音階と同じと考えるが、これに準じない場合（サバー旋法など）はさらに上方も記譜してある。また、使用音階が複数ある場合は、主たる使用音階の後にもう一つ追加した。♭と𝄳が併記されている音は、どの核音が旋律の中心となっているかに応じて変化する。そのような場合、一般に、上昇型では𝄳、下降型では♭とみなされているが、その度合いは旋法や旋律形成によって異なる。

2）基音、支配音、小音階などについて

基音と支配音に関しては矢印が付してある。支配音が旋法名と連動する場合は、支配音に音名も付してある。小音階と旋法名が連動する場合は、小音階名に二重線を付してある。各旋法に特徴的な響きを創出する小音階には下線を付してあるが、高音部がそれに当てはまる例では小音階を特定していない場合がある。

3）各旋法の支配的音域について

各旋法に特徴的な音域（支配的音域）に関して、音階の下にひし形を基にして必要に応じて変化を加えた図形を付した。この図形の形および面積は、使用音階中の音の重要度と対応している。なお、これはあくまで視覚化による理解度の向上を目指すための試みであり、おおよその尺度を示しているに過ぎない。

4）掲載旋法の数について

本表には28個の旋法が掲載されている。カッドおよびムワッシャフで使用されるもので、器楽曲での使用が主なものは掲載していない[1]。

5）旋法名称について

主たる旋法名がカッコ書きとなっているものは、名称が必ずしも一般的でないことを示す。

1．ウッシャーク・トゥルキー旋法 ‘ushshāq turkī

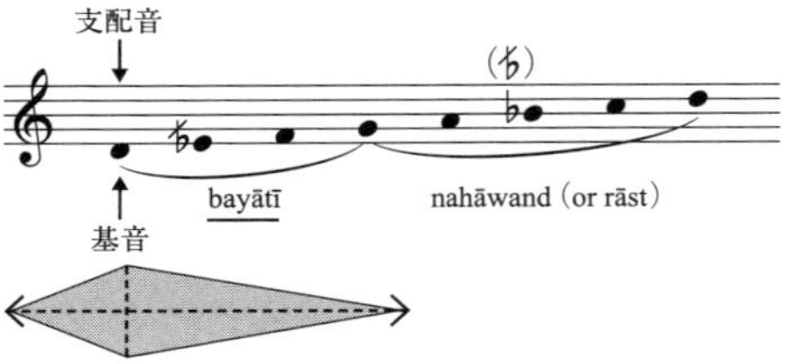

2．バヤーティー旋法 bayātī（ないしはバイヤーティー bayyātī/ バイヤート bayyāt/ バヤート bayāt）

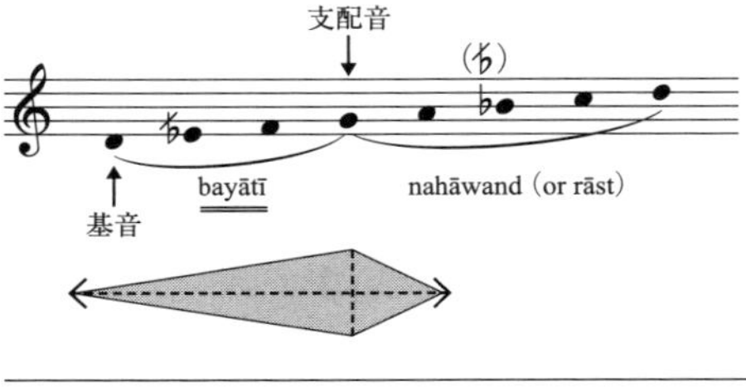

1 詳しくは終章252-7頁を参照。

3．フサイニー旋法 ḥusaynī

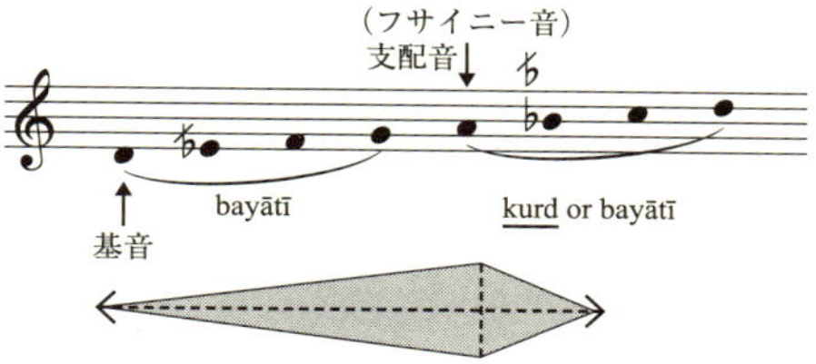

4．ムハイヤル旋法 muḥayyar

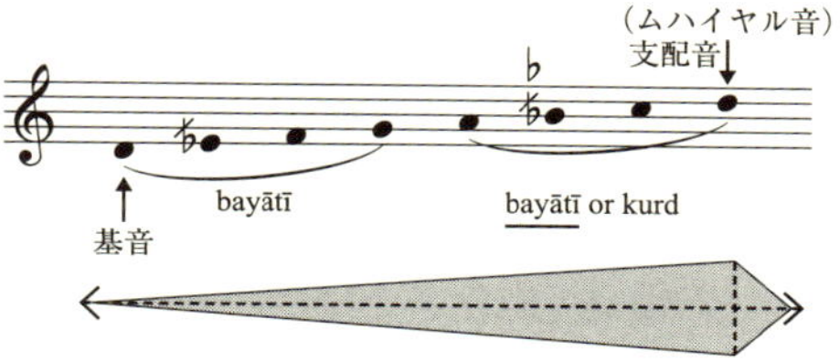

5．シューリー旋法 shūrī（カールジガール旋法 qārjighār）

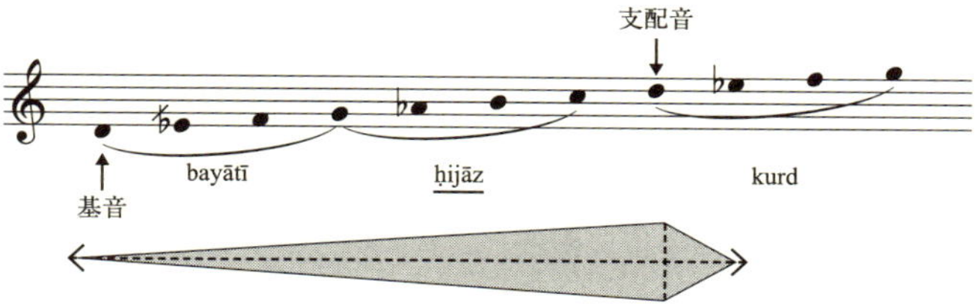

6．サバー旋法 ṣabā

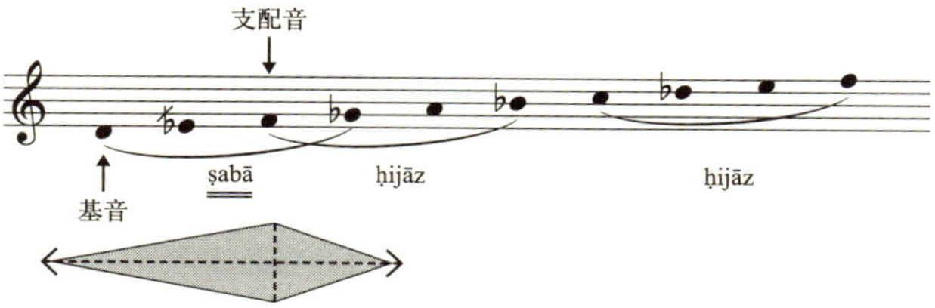

7．ヒジャーズ旋法 ḥijāz（ミ音〔E〕が ♭ の場合もある）

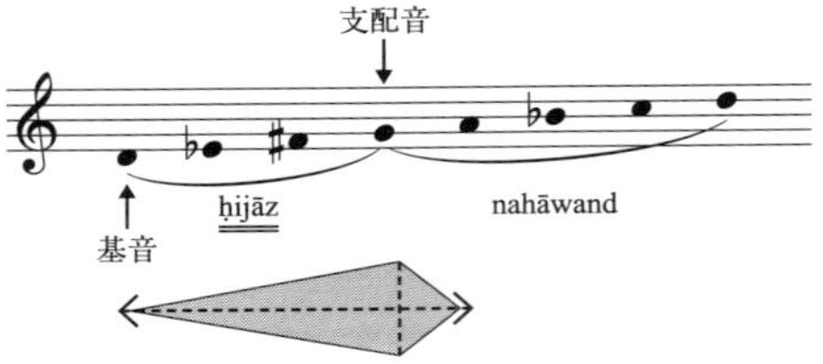

8．（ヒジャーズ・フサイニー旋法 ḥijāz ḥusaynī）（ミ音〔E〕が ♭ の場合もある）

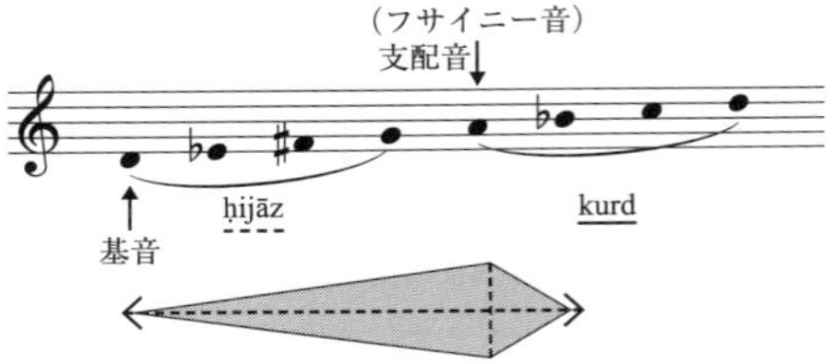

9．ザンカラー旋法 zankalā（ザンジャラーン旋法 zanjalān）

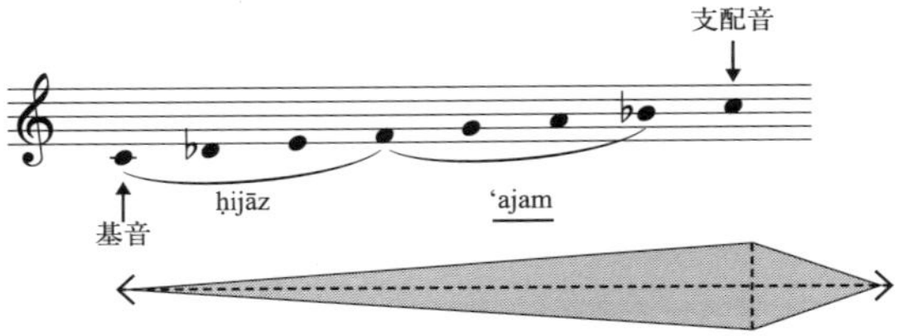

10．ヒジャーズ・カール旋法 ḥijāz kār

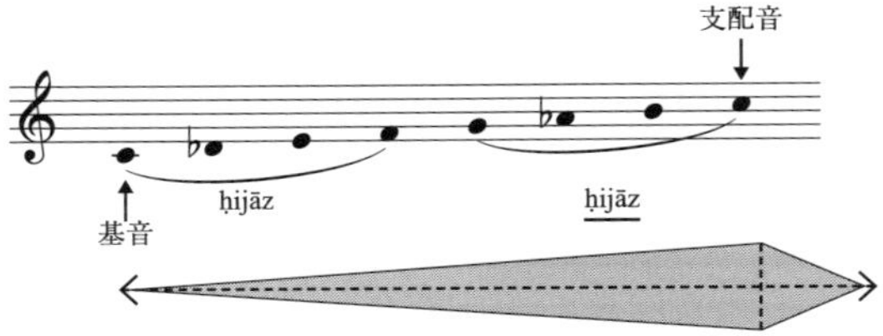

11. ヒジャーズ・カール・クルド旋法 ḥijāz kār kurd

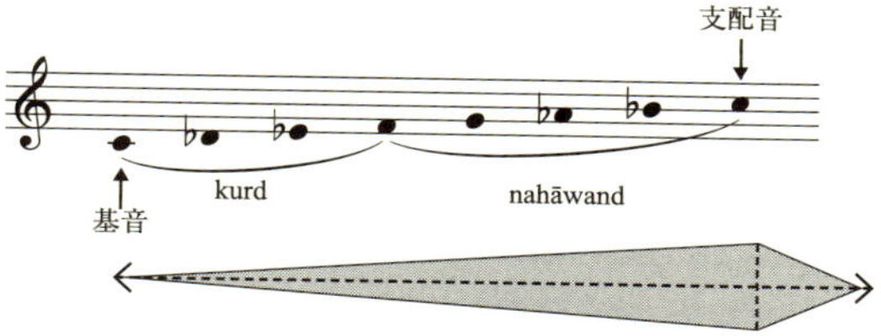

12. クルド旋法 kurd

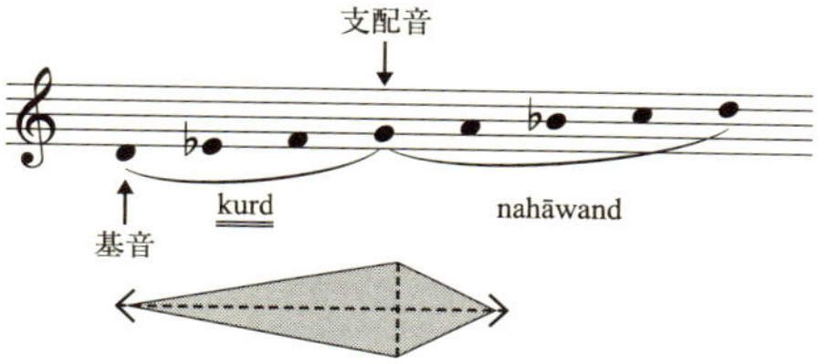

13. （クルド・フサイニー旋法 kurd ḥusaynī ）

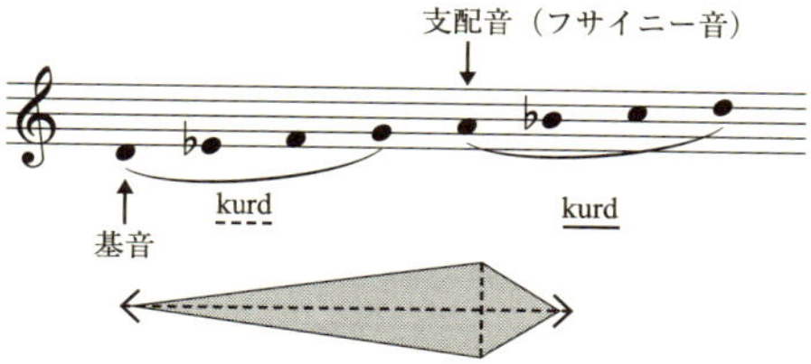

14. ラースト旋法 rāst

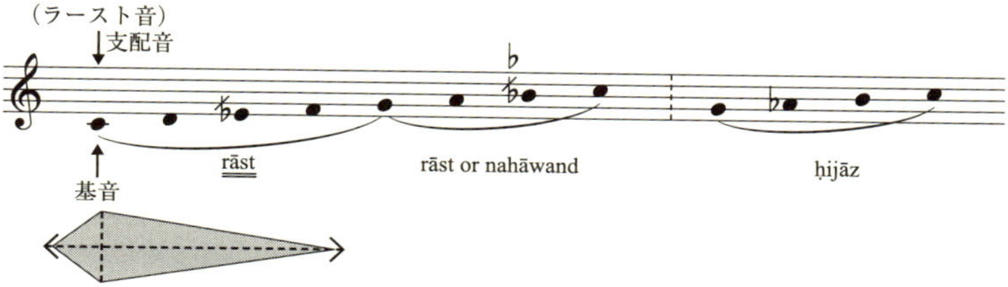

15. ラースト・カビール旋法 rāst kabīr

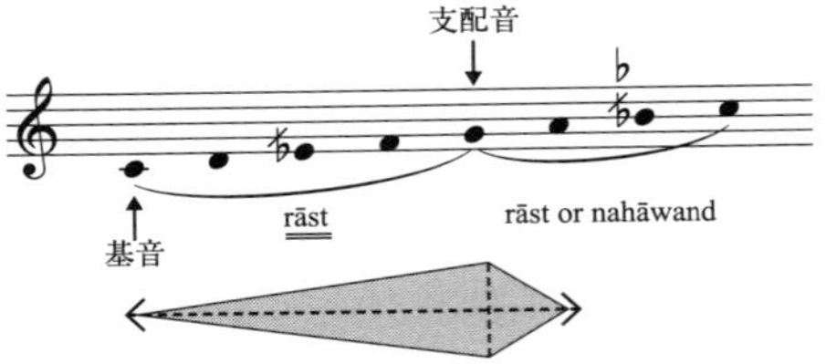

16. マーフール旋法 māhūr

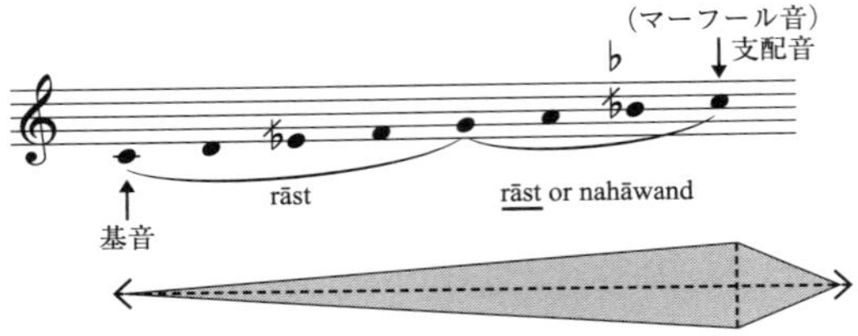

17. スーズナーク旋法 sūznāk

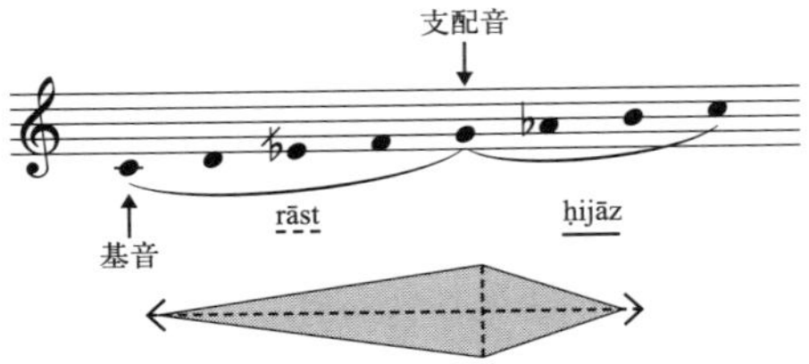

18. ナハーワンド旋法 nahāwand

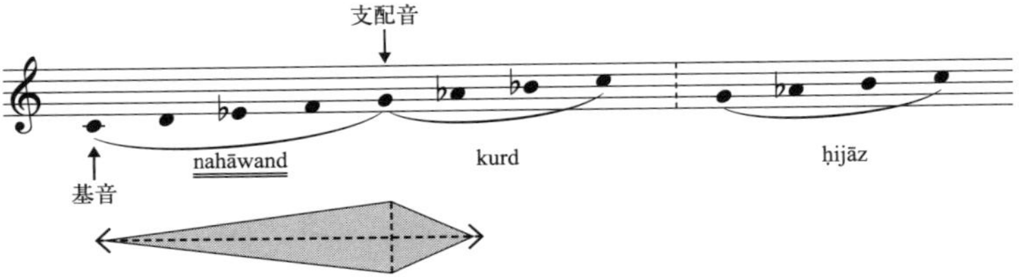

19. スィーカー旋法 sīkā

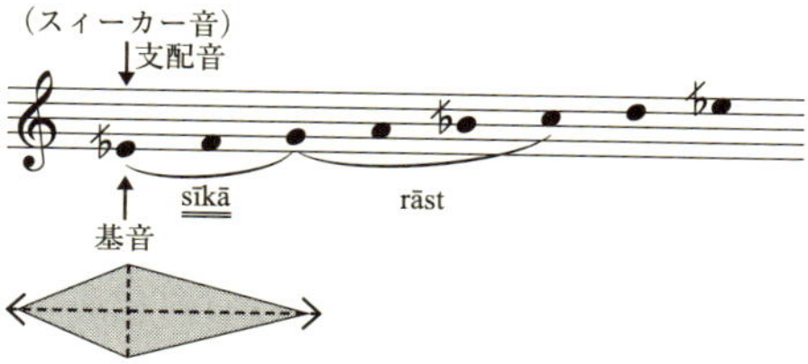

20. フザーム旋法 huzām

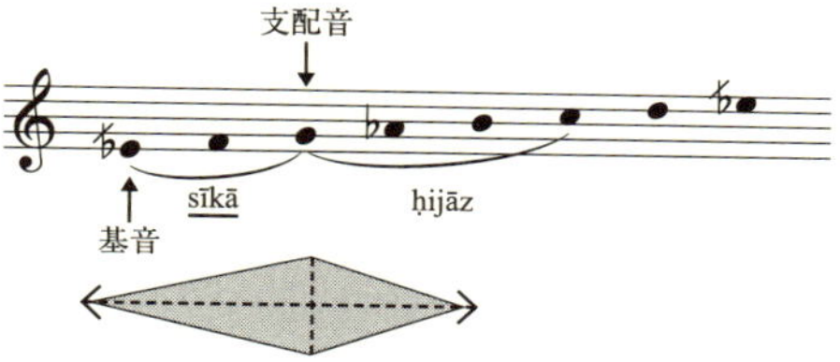

21. ラーハ・アルワーフ旋法 rāḥat al-arwāḥ

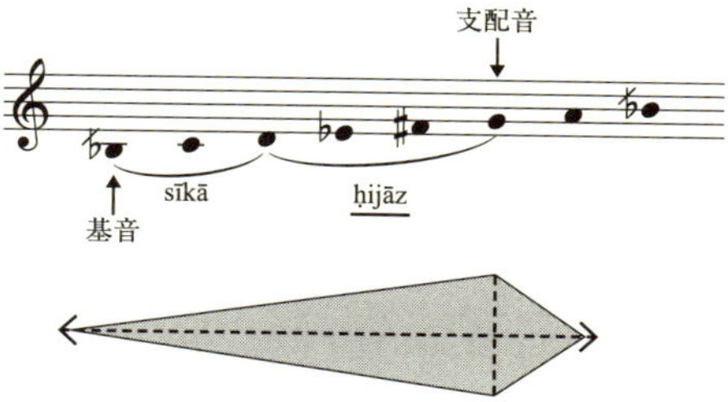

22. バスタ・ニカール旋法 basta nikār

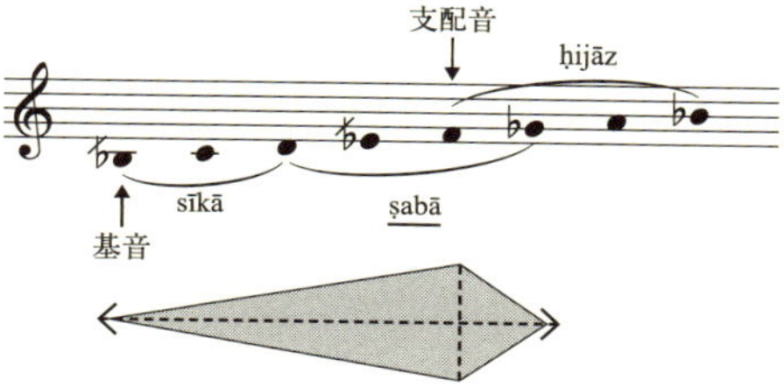

23. イラーク旋法 ‘irāq

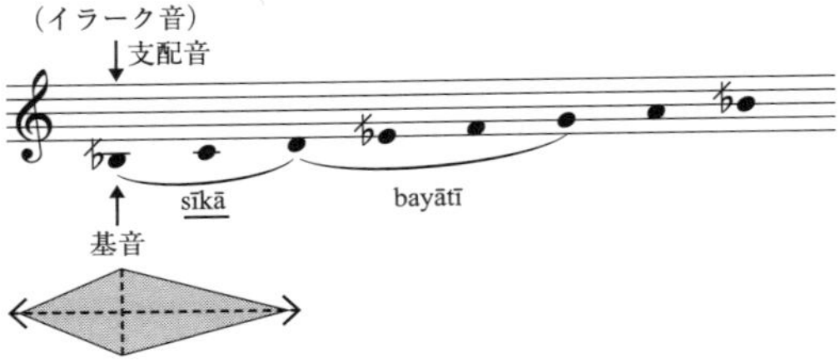

24. アウジュ旋法 awj

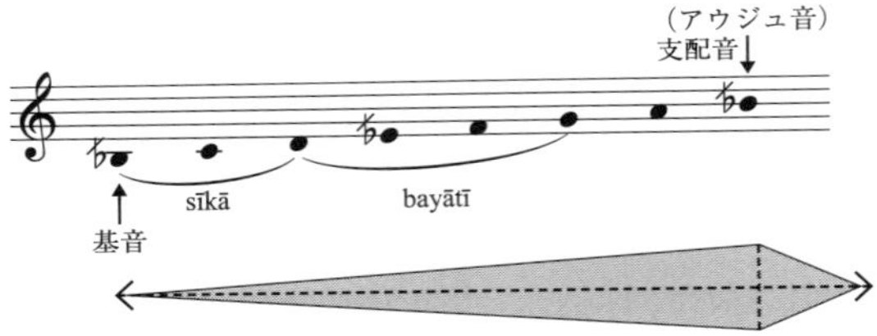

25. アジャム・ウシャイラーン旋法 ‘ajam ‘ushayrān

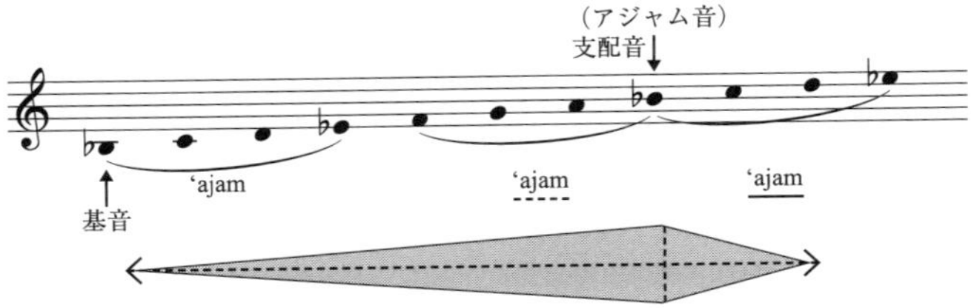

26. ジャハールカー旋法 jahārkā

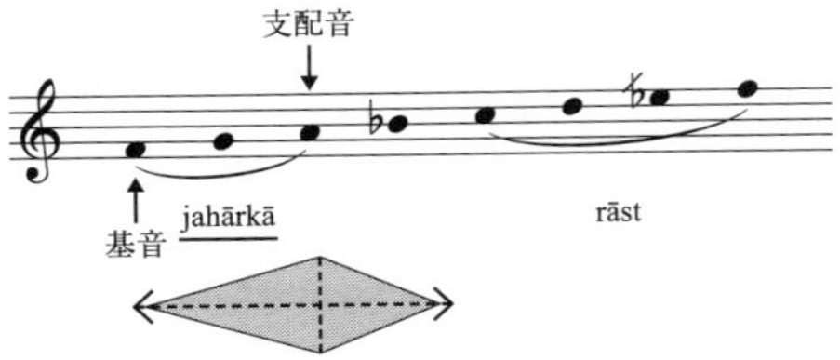

27. ナワー・アサル旋法 nawā athar

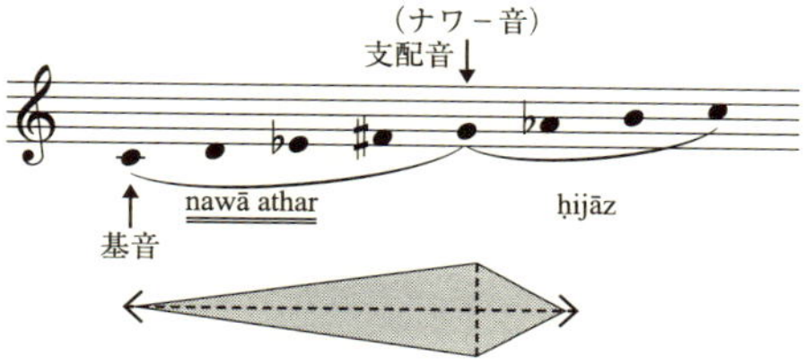

28. ナクリーズ旋法 nakrīz

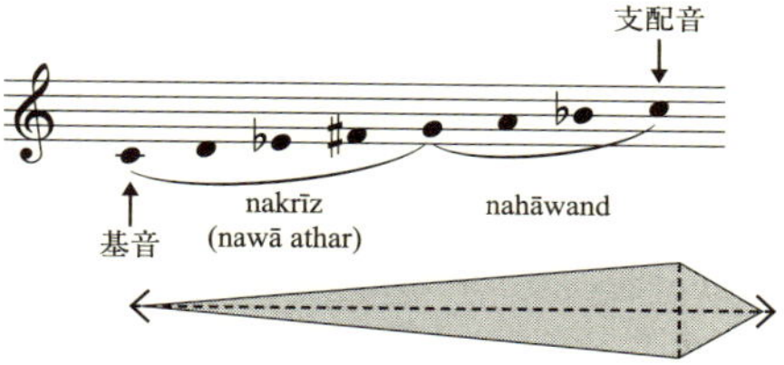

参考文献

Ⅰ. 英語、フランス語、ドイツ語文献

1. 書籍および論文

Abu-Haidar, Farida. 1988. "The Poetic Content of the Iraqi Maqām". *Journal of Arabic Literature* 19 (2): 128-141.

Abou Mrad, Nidaa. 2007. "Clés musicologiques pour l'approche du legs de Mīhā'īl Maššāqa (1800-1888)". *La revue des traditions musicales des mondes arabe et méditerranéen* 1: 115-180.

——. 2004. "Formes vocales et instrumentales de la tradition musicale savante: issue de la Renaissance de l'Orient arabe". *Cahiers de musiques traditionnelles* 17: 183-215.

Abou Mrad, Nidaa, et Bouchra Béchéalany. 2010. "La transmission musicale traditionnelle en contexte arabe oriental face à la partition et à l'archive sonore". *La revue des traditions musicales des mondes arabe et méditerranéen* 4: 25-42.

Al Faruqi, Lois Ibsen. 1987. "The Cantillation of the Qur'ān". *Asian Music* 19(1):1-25.

——. 1985a. "Music, Musicians and Muslim Law". *Asian Music* 17(1): 3-36.

——. 1985b. "The Suite in Islamic History and Culture". *The World of Music* 27(3): 46-64.

——. 1981. *An Annotated Glossary of Arabic Musical Terms*. Westport, Conn.: Greenwood Press.

——. 1980. "The Status of Music in Muslim Nations: Evidence from the Arab World". *Asian Music* 12(1): 56-85.

——. 1978. "Ornamentation in Arabian Improvisational Music: A Study of Interrelatedness in the Arts". *The World of Music* 20(1): 17-32.

——. 1975. "Muwashshah: A Vocal Form in Islamic Culture". *Ethnomusicology* 19(1): 1-29.

Ball, Warwick. 1998. *Syria: A Historical and Architectural Guide*. New York: Interlink Books.

Barker, John. 1973. *Syria and Egypt under the Last Five Sultans of Turkey*, edited by Edward B. B. Barker. New York: Arno Press.

Bates, Eliot. 2011. *Music in Turkey: Experiencing Music, Expressing Culture*, (accompanying audio CD). New York: Oxford University Press.

Baurain, Paul. 1930. *Alep, autrefois, aujourd'hui: Alep à travers l'histoire, population et cultures, la ville, les ressources, la vie publique, la vie privée*. Alep: Libraire Castoun.

Beeston, A. F. L. 1970. *The Arabic Language Today*. London: Hutchinson.

Behar. Cem. 2001. "The Technical Modernization of Turkish Sufi Music: The Case of the Durak", in Anders Hammarlund, Tord Olsson, and Elisabeth Özdalga eds., *Sufism, Music and Society in Turkey and the Middle East*, pp.86-99. Istanbul: Swedish Research Institute in Istanbul.

Behrens-Abouseif, Doris. 1998. *Beauty in Arabic Culture*. Princeton, NJ: Markus Wiener.

Bektaş, Tolga. 2005. "Relationships between Prosodic and Musical Meters in the Beste Form of Classical Turkish Music". *Asian Music* 36(1): 1-26.

Berner, Alfred. 1937. *Studien zur arabischen Musik auf Grund der gegenwärtigen Theorie und Praxis in Ägypten*. Leipzig: F. Kistner & C. F. W. Siegel.

Blum, Stephen, Philip V. Bohlman, and Daniel M. Neuman, eds. 1991. *Ethnomusicology and Modern Music History*. Urbana: University of Illinois Press.

Bohlman, Philip. 2001. "Ethnomusicology III", in Stanley Sadie ed., *The New Grove Dictionary of Music and Musicians* VIII, pp.378-386. London: Macmillan.

——. 1987. "The European Discovery of Music in the Islamic World and the "Non-Western" in 19th-Century Music History". *Journal of Musicology* 5(2): 147-163.

——. 1986. "R. G. Kiesewetter's "Die Musik Der Araber": A Pioneering Ethnomusicological Study of Arabic Writings on Music". *Asian Music* 18(1): 164-196.

Chabrier, Jean-Claude. 2007. "Une identité musicologique interethnique en <Assyrie- Haute-Mésopotamie- Kurdistan>". *Cahiers d'ethnomusicologie* 20: 209-227.

——. 1978. ''New Developments in Arabian Instrumental Music". *The World of Music* 20(1): 94-109.

Chandler, Daniel. 2007. *Semiotics: the Basics (the second edition)*. London & New York: Routledge.

Clifford, James. 1980. "The Translation of Cultures: Maurice Leenhardt's Evangelism, New Caledonia 1902-1926". *The Journal of Pacific History* 15: 2-20.

Cohen, Dalia, & Ruth Katz. 2006. *Palestinian Arab Music: A Maqām Tradition in Practice*. Chicago: University of Chicago Press.

Collangette, Maurice. 1906. "Etude sur la musique arabe". *Journal Asiatique* 10(8): 149-190.

——. 1904. "Etude sur la musique arabe". *Journal Asiatique* 10(4): 365-422.

Commins, David. 1996. *Historical Dictionary of Syria.* Lanham, Md.: Scarecrow Press.

Cook, Nicholas. 1998. *Music: A Very Short Introduction.* Oxford: Oxford University Press.

Currey, Nancy. 2002. "History in Contemporary Practice: Syria's Music Canon". *MESA Bulletin* 36 (1): 9-19.

Danielson, Virginia. 2002. "Snapshot: Opening Night for a Star Performance—Umm Kulthūm and Intá 'Umrī," in Virginia Danielson et al. eds., *The Garland Encyclopedia of World Music: The Middle East*, pp.603-605. New York: Routledge.

——. 1997. *The Voice of Egypt: Umm Kulthūm, Arabic Song, and Egyptian Society in the Twentieth Century.* Chicago: University of Chicago Press.

Danielson, Virginia, Scott Marcus, and Dwight Reynolds, eds. 2002. *The Garland Encyclopedia of World Music: The Middle East*, (accompanying sound CD) . New York: Routledge.

David, Jean-Claude. 1997. "Le café à Alep au temps des Ottomans: entre le souk et le quartier", in Hélène Desmet-Grégoire et François Georgeon eds., *Café d'Orient revisités*, pp. 113-126. Paris: CNRS éditions.

——. 1996. "Les territoires des groupes à Alep à l'époque ottomane: Cohésion urbaine et formes d'exclusion". *Revue du monde musulman et de la Méditerranée* 79: 225-254.

——. 1994. "Le patrimoine, architectures et espaces, pratiques et comportements: Les souks et les khans d'Alep". *Revue du monde musulman et de la Méditerranée* 73: 189-205.

——. 1991. "Domaines et limites de l'architecture d'empire dans une capitale provinciale". *Revue du monde musulman et de la Méditerranée* 62: 169-194.

Davis, Ruth. 2004. *Ma'luf: Reflections on the Arab Andalusian Music of Tunisia.* Lanham, Md.: Scarecrow Press.

——. 2002. "Baron Rodolphe d'Erlanger", in Virginia Danielson et al. eds., *The Garland Encyclopedia of World Music: The Middle East*, pp.501-503. New York: Routledge.

——. 1997. "Traditional Arab Music Ensemble in Tunis: Modernizing Al-Turāth in the Shadow of Egypt". *Asian Music* 28(2): 73-108.

——. 1996. "Arab-Andalusian Music in Tunisia". *Early Music* 24(3): 423-438.

——. 1996. "The Art/Popular Music Paradigm and the Tunisian Ma'lūf". *Popular Music* 15(3): 313-323.

——. 1993. "Tunisia and the Cairo Congress of Arab Music, 1932". *The Maghreb Review* 18(1-2): 135-144.

Deguilhem, Randi. 1997. "Les cafés à Damas (XIXe-XXe siècles)", in Hélène Desmet-Grégoire et François Georgeon eds., *Café d'Orient revisités*, pp.127-139. Paris: CNRS éditions.

Drabkin, William. 2002. "Diatonic", in Stanley Sadie ed., *The New Grove Dictionary of Music and Musicians* VII, p.295. London: Macmillan.

Dweck, Poopa, and Michael J. Cohen. 2007. *Aroma of Aleppo: The Legendary Cuisine of Syrian Jews*. New York: Ecco.

Eickelman, Dale. F. 1992. "The Art of Memory: Islamic Education and its Social Reproduction", in Juan R. I. Cole ed., *Comparing Muslim Societies: Knowledge and the State in a World Civilization*, pp.97-132. Ann Arbor: University of Michigan Press.

Eldem, Edhem, Daniel Goffman, and Bruce Masters, eds. 1999. *The Ottoman City between East and West: Aleppo, Izmir, and Istanbul*. Cambridge: Cambridge University Press.

Elder, E. E. 1950. *Arabic Grammar: Inductive Method*. Cairo: American University at Cairo.

El-Shawan, Salwa. 1980. "The Socio-Political Context of Al-Mūsīḳā al-'Arabiyyah in Cairo, Egypt: Policies, Patronage, Institutions, and Musical Change (1927-77)". *Asian Music* 12(1): 86-128.

El-Shawan Castelo-Branco, Salwa. 2002. "Performance of Arab Music in Twentieth-Century Egypt: Reconciling Authenticity and Contemporaneity", in Virginia Danielson et al. eds., *The Garland Encyclopedia of World Music: The Middle East*, pp.557-561. New York: Routledge.

d'Erlanger, Rodolphe. 1959. *La Musique Arabe Tome 6: Essai de codification des règles de la musique arabe moderne. Le système rythmique. Les diverses formes de composition artistique*. Paris: P. Geuthner.

——. 1949. *La Musique Arabe Tome 5: Essai de codification des règles usuelles de la musique arabe moderne, Echelle générale des sons, système modal*. Paris: P. Geuthner.

Farmer, Henry G. 1994. *A History of Arabian Music to the XIIIth Century*. London: Luzac Oriental.

Faroqhi, Suraiya. 2000. *Subjects of the Sultan: Culture and Daily Life in the Ottoman Empire*. London: I.B. Tauris.

Feldman, Walter. 2002. "Ottoman Turkish Music: Genre and Form", in Virginia Danielson et al. eds., *The Garland Encyclopedia of World Music: The Middle East*, pp.113-128. New York: Routledge.

Feki, Soufiane. 2007. "Problèmes de typologie et de terminologie inhérents à l'approche musicologique des pratiques et répertoires musicaux arabes". *La revue des traditions musicales des mondes arabe et méditerranéen* 1: 77–92.

Frishkopf, Michael. 2002a. "Snapshot: Shaykh Yāsīn al-Tuhāmī in the Public Ḥaḍra: A Typical Layla Performance", in Virginia Danielson et al. eds., *The Garland Encyclopedia of World Music: The Middle East*, pp.147–151. New York: Routledge.

——. 2002b. "Islamic Hymnody in Egypt: Al-Inshād al-Dīnī", in Virginia Danielson et al. eds., *The Garland Encyclopedia of World Music: The Middle East*, pp.165–175. New York: Routledge.

Gangler, Anette, and Heinz Gaube. 1991. "A Quarter of Aleppo in the 19th and 20th Centuries: Some socio-economical and architectural aspects". *Revue du monde musulman et de la Méditerranée* 62: 159–168.

Gelvin, James. 2011. *The Modern Middle East: A History, (3rd edition)*. New York: Oxford University Press.

——. 1998. *Divided Loyalties: Nationalism and Mass Politics in Syria at the Close of Empire*. Berkeley: University of California Press.

Gerson-Kiwi, Edith. 1967. "Maqam", in Hugo Riemann ed., *Riemann Musik Lexikon Sachteil*, pp.544–546. Mainz: B. Schott's Söhne.

Ghrab, Anas. 2005. "The Western Study of Intervals in "Arabic Music" from the Eighteenth Century to the Cairo Congress". *The World of Music* 47(3): 55–79.

Habib, Mustafa. 1968. *Cultural Life in the United Arab Republic*. Cairo: U. A. R. National Commission for UNESCO.

Hole, Edwyn. 1956. *Syrian Harvest*. London: R. Hale.

Ibn al-Fāriḍ, Guiseppe Scattolin ed. 2004. *The Dīwān of Ibn al-Fāriḍ: Readings of its Text throughout History*. Le Caire: Institute Français d'Archéologie Orientale.

Ibn al-Fāriḍ. 1956. *The Mystical Poems of Ibn al-Fāriḍ*, translated and annotated by A. J. Arberry. Dublin: Emery Walker.

Iino, Lisa. 2009. "Inheriting the Ghammāz-oriented Tradition: D'Erlanger and Aleppine Maqām Practice Observed", *Ethnomusicology Forum* 18(2): 261–280.

Ikhlassi, Walid. 2004. *Whatever Happened to Antara and Other Syrian Stories*, translated by Asmahan Sallah and Chris Ellery. Austin, Tex.: Center for Middle Eastern Studies, University of Texas at Austin.

Jargy, Simon. 2001/1971. "Notes", in the recording *Irak: L'art du 'ûd Munir Bashir*. Paris: Ocora Radio France.

——. 1971. *La Musique Arabe*. Paris: Presses Universitaires de France.

Katz, Israel J. 2015. *Henry George Farmer and the First International Congress of Arab Music (Cairo 1932)*, Leiden: Brill.

Katz, Ruth. 2003. *"The Lachmann Problem": An Unsung Chapter in Comparative Musicology including Unpublished Letters and Lectures of Robert Lachmann, (accompanying sound disc)*. Jerusalem: The Hebrew University Magnes Press.

Kiesewetter. Raphael G. 1983. *Die Musik der Araber*. Schaan, Liechtenstein: Sändig Reprint.

Lambert, J. 2000. "Ṭarab", in H.A.R. Gibb et al. eds., *The Encyclopaedia of Islam X*, p.210-211. Leiden: Brill.

Lane, Edward William. 1986. *An Account of Manners and Customs of the Modern Egyptians Written in Egypt during the Years 1833-1835*. London: Darf Publishers.

Lavergne, Marc. 1991. "L'urbanisation contemporaine de la Syrie du nord". *Revue du monde musulman et de la Méditerranée* 62: 195-208.

Liu, Benjamin, & James Monroe. 1989. *Ten Hispano-Arabic Strophic Songs in the Modern Oral Tradition: Music and Texts*. Berkeley: University of California Press.

Maalouf, Shireen. 2003. "Mīkhā'īl Mishāqā: Virtual Founder of the Twenty-four Equal Quartertone Scale". *Journal of the American Oriental Society* 123(4): 835-840.

——. 2002. *History of Arabic Music Theory: Change and Continuity in the Tone Systems, Genres, and Scales*,(accompanying sound CD). Kaslik, Lebanon: Université Saint-Esprit de Kaslik.

Macdonald, Duncan B. 1902. "Emotional Religion in Islam as Affected by Music and Singing: Being a Translation of a Book of the Iḥyā' 'Ulūm al-Dīn of al-Ghazzālī with Analysis, Annotation, and Appendices". *Journal of the Royal Asiatic Society*, pp.1-28.

——. 1901. "Emotional Religion in Islam as Affected by Music and Singing: Being a Translation of a Book of the Iḥyā' 'Ulūm al-Dīn of al-Ghazzālī with Analysis, Annotation, and Appendices". *Journal of the Royal Asiatic Society*, pp.195-252, 705-748.

Maghraoui, Abdeslam M. 2006. *Liberalism without Democracy: Nationhood and Citizenship in Egypt, 1922-1936*. Durham: Duke University Press.

Mardam Bey, Salma. 1994. *Syria's Quest for Independence*. Reading: Ithaca Press.

Marcus, Abraham. 1989. *The Middle East on the Eve of Modernity: Aleppo in the Eighteenth Century*. New York: Columbia University Press.

Marcus, Scott L. 2007. *Music in Egypt: Experiencing Music, Expressing Culture*, (accompanying audio CD). New York: Oxford University Press.

——. 2002a. "The Eastern Arab System of Melodic Modes in Theory and Practice: A Case Study of Maqām Bayyātī", in Virginia Danielson et al. eds., *The Garland Encyclopedia of World Music: The Middle East*, pp.33–44. New York: Routledge.

——. 2002b. "Rhythmic Modes in Middle Eastern Music", in Virginia Danielson et al. eds., *The Garland Encyclopedia of World Music: The Middle East*, pp.89–92. New York: Routledge.

——. 2002c. "Music in Performance: 'Ud Lessons with George Michel", in Virginia Danielson et al. eds., *The Garland Encyclopedia of World Music: The Middle East*, pp.45–46. New York: Routledge.

——. 2002d. "Music in Performance: A Rehearsal with Firqat al-Mūsīqā al-'Arabiyya", in Virginia Danielson et al. eds., *The Garland Encyclopedia of World Music: The Middle East*, pp.317–319. New York: Routledge.

——. 2002e. "The Muslim Call to Prayer", in Virginia Danielson et al. eds., *The Garland Encyclopedia of World Music: The Middle East*, pp.153–155. New York: Routledge.

——. 1992. "Modulation in Arab Music: Documenting Oral Concepts, Performance Rules and Strategies". *Ethnomusicology* 36(2): 171–195.

——. 1989a. *Arab Music Theory in the Modern Period*. Ph.D. dissertation, University of California, Los Angeles.

——. 1989b. "The Periodization of Modern Arab Music Theory: Continuity and Change in the Definition of the Maqāmāt". *Pacific Review of Ethnomusicology* 5: 33–48.

Masters, Bruce. 2001. *Christians and Jews in the Ottoman Arab World: the Roots of Sectarianism*. Cambridge: Cambridge University Press.

——. 1999. "Aleppo", in Edhem Eldem et al. eds., *The Ottoman City between East and West: Aleppo, Izmir, and Istanbul*, pp.17–78. Cambridge: Cambridge University Press.

——. 1991. "Power and Society in Aleppo in the 18th and 19th Centuries". *Revue du monde musulman et de la Méditerranée* 62: 151–158.

——. 1988. *The Origins of Western Economic Dominance in the Middle East: Merchantilism and the Islamic Economy in Aleppo, 1600–1750*. New York: New York University Press.

Meriwether, Margaret L. 1999. *The Kin Who Count: Family and Society in Ottoman Aleppo, 1770–1840*. Austin: University of Texas Press.

Mitchell, Timothy. 1988. *Colonising Egypt*. Cambridge: Cambridge University Press.

Monroe, James. 2004. *Hispano-Arabic Poetry: A Student Anthology*. Piscataway, N. J.: Gorgias Press.

Moreh, Shmuel. 1976. *Modern Arabic Poetry 1800–1970: The Development of its Forms and Themes under the Influence of Western Literature*. Leiden: Brill.

Moussali, Bernard. 1994. CD note for *L'art sublime du Ghazal – Volume I: Poèmes d'amour au Bîmâristân d'Alep* par Adib Dayikh. Nanterre: Al Sur.

Moustapha, Ibrahim Bey. 1888. "La valeur des intervalles dans la musique arabe". *Bulletin de l'Institut Egyptien* 2(8): 247–259.

Nasr, Seyyed Hossein. 1997. "Islam and Music: The Legal and the Spiritual Dimensions", Lawrence Sullivan ed., *Enchanting Powers: Music in the World's Religions*, pp.219–235, Cambridge, Mass.: Harvard University Press.

Neale, Frederick A. 2005. *Eight Years in Syria, Palestine, and Asian Minor from 1842–1850* (in 2 volumes, reprint of 1851 edition). London: Colburn and Co.

Nelson, Kristina. 1985. *The Art of Reciting the Qur'an*. Austin: University of Texas Press.

Nelson Davies, Kristina. 2002. "The Qur'ān Recited", in Virginia Danielson et al. eds., *The Garland Encyclopedia of World Music: The Middle East*, pp.157–163. New York: Routledge.

Nettl, Bruno. 2005. *The Study of Ethnomusicology: Thirty-one Issues and Concepts*. Urbana: University of Illinois Press.

——, 1986. "Maqam", in Don Michael Randel & Willi Apel eds, *The New Harvard Dictionary of Music*, p.468. Cambridge, MA: The Belknap Press of Harvard University Press.

Nettl, Bruno, & Ronald Riddle. 1998. "Taqsim Nahawand Revisited: The Musicianship of Jihad Racy", in Bruno Nettl with Melinda Russell ed., *In the Course of Performance: Studies in the World of Musical Improvisation*, pp.369–393. Chicago: University of Chicago Press.

Neubauer, Eckhard. 1989. "Musique arabe en France 1630–1830", in Institut du monde arabe ed., *Le monde arabe dans la vie intellectuelle et culturelle en France*, pp.132–140. Paris: Institut du monde arabe.

Nielson, Lisa. 2012. "Gender and the Politics of Music in the Early Islamic Courts," *Early Music History* 31: 235-261.

Owen, Roger. 1981. *The Middle East in the World Economy 1800-1914*. London: Methuen.

Paton, Andrew A. 2005. *The Modern Syrians or Native Society in Damascus, Aleppo and the Mountains of the Druses from Notes Made in Those Parts during the Years 1841-2-3*, (reprint of 1844 edition). London: Longman, Brown, Green, and Longmans.

Pinto, Paulo. 2002. *Mystical Bodies: Ritual, Experience and the Embodiment of Sufism in Syria*. Ph.D. dissertation, Boston University.

Poché, Christian. 2005. *Dictionnaire des musiques et danses traditionnelles de la Méditerranée*. Paris: Fayard.

——. 2002a. "Musical Life in Aleppo, Syria", in Virginia Danielson et al. eds., *The Garland Encyclopedia of World Music: The Middle East*, pp. 565-571. New York: Routledge.

——. 2002b. "Snapshot: Munir Bashir", in Virginia Danielson et al. eds., *The Garland Encyclopedia of World Music: The Middle East*, pp.593-595. New York: Routledge.

——. 2001. "Munir Bashir", in Stanley Sadie ed., *The New Grove Dictionary of Music and Musicians* II, pp.835-836. London: Macmillan.

——. 1996. *Musiques du monde arabe: Ecoute et découverte* (Edition revue et augmentée), (accompanying audio disc). Paris: Istutitute du Monde Arabe.

——. 1995. *La musique arabo-andalouse*. Arles :Actes Sud.

——. 1994. "De l'homme parfait à l'expressivité musicale: courants esthétiques arabes au XXe siècle". *Cahiers de musiques traditionnelles* 7: 59-74.

——. 1989. "La musique arabe vue de France", in Institut du monde arabe ed., *Le monde arabe dans la vie intellectuelle et culturelle en France*, pp.121-131. Paris: Institut du monde arabe.

——. 1978. "Zikr and Musicology". *The World of Music* 20(1): 59-73.

Powers, Cameron. 2005. *Arabic Musical Scales: Basic Maqam Teachings*. Boulder, Co: G. L. Design.

Powers, Harold, and Frans Wiering. 2001. "Mode I-III", in Stanley Sadie ed., *The New Grove Dictionary of Music and Musicians* XVI, pp.775-823. London: Macmillan.

Qureshi, Regula Burckhardt. 1988. "Lois Lamya Ibsen al-Faruqi(1927-1986)". *Ethnomusicology* 32 (2): 93-96.

Racy, Ali Jihad. 2003. *Making Music in the Arab World: the Culture and Artistry of Ṭarab*. Cambridge: Cambridge University Press.

——. 2002a. "Overview of Music in the Mashriq", in Virginia Danielson et al. eds., *The Garland Encyclopedia of World Music: The Middle East*, pp.535–556. New York: Routledge.

——. 2002b. "Snapshot: Ṣabāḥ Fakhrī", in Virginia Danielson et al. eds., *The Garland Encyclopedia of World Music: The Middle East*, pp.563–564. New York: Routledge.

——. 1991. "Historical Worldviews of Early Ethnomusicologists: An East-West Encounter in Cairo, 1932", in Stephen Blum et al. eds., *Ethnomusicology and Modern Music History*, pp.68–91. Urbana: University of Illinois Press.

——. 1983. "The Waslah: A Compound Form Principle in Egyptian Music". *Arab Studies Quarterly* 5: 396–403.

——. 1977. *Musical Change and Commercial Recording in Egypt, 1904–1932*. Ph.D. dissertation, University of Illinois at Urbana-Champaign.

Rasmussen, Anne K. 2009. "The Arab World", in Jeff Todd Titon & Timothy J. Cooley eds., *Worlds of Music: An Introduction to the Music of the World's Peoples* (accompanying 4 sound discs), pp.473–532. Belmont, CA: Schirmer Cengage Learning.

Reynolds, Dwight. 2000. "Music", in Maria Rosa Menocal, Raymond P. Scheindlin and Michael Sells eds., *The Literature of al-Andalus*, pp.60–82. Cambridge: Cambridge University Press.

——. 1995. *Heroic Poets, Poetic Heroes: the Ethnography of Performance in an Arabic Oral Epic Tradition*. Ithaca, N.Y.: Cornell University Press.

Rihawi, Abudlqader. 1977. *Damascus, Its History, Development and Artistic Heritage*. Damascus: Dar al-Bashar.

Ringer, Alexnder. 2001. "Melody", in Stanley Sadie ed., *The New Grove Dictionary of Music and Musicians* XVI, pp.363–373, London: Macmillan.

Roded, Ruth. 1990. "Great Mosques, Zawiyas and Neighborhood Mosques: Popular Beneficiaries of Waqf Endowments in Eighteenth- and Nineteenth-Century Aleppo". *The Journal of American Oriental Society* 110(1): 32–38.

Russell, Alexander. 1969. *The Natural History of Aleppo*, 2 volumes, reprint, originally published in 1794. Farnborough: Gregg International.

——. 1794. *The Natural History of Aleppo: Containing a Description of the City, and the Principal Natural Productions in its Neighbourhood: Together with an Account of the Climate, Inhabitants, and Diseases; Particularly of the Plague*, 2nd ed., revised, enlarged, and illustrated with notes by Patrick Russell, 2 volumes. London: G.G. and J. Robinson.

Salamandra, Christa. 2004. *A New Old Damascus: Authenticity and Distinction in Urban Syria.* Bloomington: Indiana University Press.

Sauvaget, Jean. 1941. *Alep: essai sur le développement d'une grande ville syrienne, des origines au milieu du XIXe siècle*, Tomes 1 et 2. Paris: P. Geuthner.

Sawa, George Dimitri. 2002. "The Kitāb al-Aghānī", in Virginia Danielson et al. eds., *The Garland Encyclopedia of World Music: The Middle East*, pp. 351-356. New York: Routledge.

——. 1989. *Music Performance Practice in the Early 'Abbāsid Era 132-320 AH/750-932 AD.* Toronto: Pontifical Institute of Mediaeval Studies.

Signell. Karl. 2002. "Contemporary Turkish Makam Practice", in Virginia Danielson et al. eds., *The Garland Encyclopedia of World Music: The Middle East*, pp.47-58. New York: Routledge.

Sinnema, Peter W. 1998. *Dynamics of the Pictured Page: Representing the Nation in Illustrated London News.* Aldershot, U.K.: Ashgate.

Shannon, Jonathan. 2006. *Among the Jasmine Trees: Music and Modernity in Contemporary Syria.* Middletown, Conn.: Wesleyan University Press.

——. 2004. "The Aesthetics of Spiritual Practice and the Creation of Moral and Musical Subjectivities in Aleppo, Syria". *Ethnology* 43(4): 381-391.

——. 2003a. "al-Muwashshahāt and al-Qudūd al-Halabiyya: Two Genres in the Aleppine Wasla". *MESA Bulletin* 37(1): 82-101.

——. 2003b. "Sultans of Spin: Syrian Sacred Music on the World Stage". *American Anthropologist* 105(2): 266-277.

Shelemay, Kay Kaufmann. 1998. *Let Jasmine Rain Down: Song and Remembrance among Syrian Jews*, (accompanying sound CD). Chicago: University of Chicago Press.

Shiloah, Amnon. 1995. *Music in the World of Islam: A Socio-cultural Study.* Aldershot: Scolar Press.

——. 1979. *The Theory of Music in Arabic Writings (c. 900-1900): Descriptive Catalogue of Manuscripts in Libraries of Europe and the U.S.A.* München: G. Henle Verlag.

Smith, Eli, and Mikhâil Meshâkah. 1847. "A Treatise on Arab Music, Chiefly from a Work by Mikhâil Meshâkah of Damascus". *The Journal of American Oriental Society* 1(3): 171-217.

Starkey, Janet C.M. 2002. "No Myopic Mirage: Alexander and Patrick Russell in Aleppo". *History and Anthropology* 13(4): 257-273.

Stokes, Martin. 2001. "Ethnomusicology IV", in Stanley Sadie ed., *The New Grove Dictionary of*

Music and Musicians VIII, pp.386-395. London: Macmillan.

Sutton, Joseph A.D. 1988. *Aleppo Chronicles: the Story of the Unique Sephardeem of the Ancient Near-East in Their Own Words*. New York: Thayer-Jacoby.

——. 1979. *Magic Carpet: Aleppo-in-Flatbush: the Story of A Unique Ethnic Jewish Community*. New York: Thayer-Jacoby.

Tahhan, Samir. 2004. *Folktales from Syria*, translated by Andrea Rugh. Austin, Tex.: Center for Middle Eastern Studies, University of Texas at Austin.

Tergeman, Siham. 1994. *Daughter of Damascus: taken from Ya Mal al-Sham*, translated by Andrea Rugh. Austin, Tex.: Center for Middle Eastern Studies, University of Texas at Austin.

Thomas, Anne Elise. 2006. *Developing Arab Music: Institutions, Individuals and Discourses of Progress in Cairo, 1932-2005*. Ph.D. dissertation, Brown University.

Thompson, Elizabeth. 2000. *Colonial Citizens: Republican Rights, Paternal Privilege, and Gender in French Syria and Lebanon*. New York: Columbia University Press.

Touma, Habib Hassan. 1996. *The Music of the Arabs*. Portland: Amadeus Press.

——. 1980. *Maqam Bayati in the Arabian Taqsim: A Study in the Phenomenology of the Maqam*. distributed by Das Arabische Buch in Berlin.

——. 1976a. "Relations between Aesthetics and Improvisation in Arab Music". *The World of Music* 18(2): 33-36.

——. 1976b. *Der Maqam Bayati im Arabischen Taqsim*. Hamburg: Karl Dieter Wagner.

——. 1971. "The Maqam Phenomenon: An Improvisation Technique in the Music of the Middle East". *Ethnomusicology* 15(1): 38-48.

Tsuge, Gen'ichi. 1970. "Rhythmic Aspects of the Āvāz in Persian Music". *Ethnomusicology* 14(2): 205-227.

Villoteau, Guillaume. 1826. *Description de l'Egypte: ou, recueil des observations et de recherches qui on été faites en Égypte pendant l'expédition de l'armée francaise*, tome 14. Paris: C. L. F. Panckoucke.

Watenpaugh, Heghnar Zeitlian. 2005. "Deviant Dervishes: Space, Gender, and the Construction of Antinomian Piety in Ottoman Aleppo". *International Journal of Middle Eastern Studies* 37(4): 535-565.

——. 2004. *The Image of an Ottoman City: Imperial Architecture and Urban Experience in Aleppo in the 16th and 17th Centuries*. Leiden: Brill.

Watenpaugh, Keith D. 2006. *Being Modern in the Middle East: Revolution, Nationalism, Colonialism, and the Arab Middle Class*. Princeton: Princeton University Press.

Waugh, Earle H. 1989. *The Munshidīn of Egypt: Their World and Their Song*. Columbia, S.C.: University of South Carolina Press.

Weil, Gotthold. 1960. "'Arūḍ I", in H.A.R. Gibb et al. eds., *The Encyclopaedia of Islam* I, pp.667–677. Leiden: Brill.

Wiering, Frans. 2001. *The Language of the Modes: Studies in the History of Polyphonic Modality*. New York: Routledge.

——. 1998. "Internal and External Views of the Modes", in Cristle Collins Judd ed., *Tonal Structures in Early Music*, pp.87–107. New York: Garland Publishing, Inc.

Wright, Owen. 2000. "Under the Influence? Preliminary Reflections on Arab Music during the Ottoman Period", in Çiğdem Balım-Harding and Colin Imber eds., *The Balance of Truth: Essays in Honour of Professor Geoffrey Lewis*, pp.407–429. Istanbul: The Isis Press.

——. 1996. "Middle Eastern Song-Text Collections". *Early Music* 24(3): 454–470.

——. 1992. "Music in Muslim Spain", in Salma Khadra Jayyusi & Manuela Marin eds., *The Legacy of Muslim Spain*, pp.555–579. Leiden: Brill.

——. 1983. "Music and Verse", in A. F. Beeston, et al. eds., *Arabic Literature to the End of the Umayyad Period*, pp.433–459. Cambridge: Cambridge University Press.

Zarcone, Thierry. 2000. "Un cas métissage entre Qâdiriyya et Khalwatiyya Dhikr et Khalwa dans la Zâwiyya al-Hillâliyya". *Journal of the History of Sufism* 1-2: 443–455.

2. 辞書および事典類

A Dictionary of Modern Written Arabic (Arabic-English) 2nd printing. 1980. Hans Wehr, edited by J. Milton Cowan. Beirut: Librairie du Liban.

Arabic-English Lexicon.1984. E.W. Lane. Cambridge: Islamic Texts Society.

The New Grove Dictionary of Music and Musicians. 2001. Edited by Stanley Sadie. London: Macmillan Publishers.

The New Harvard Dictionary of Music. 1986. Edited by Don Michael Randel. Cambridge, Mass.: Belknap Press of Harvard University Press.

Oxford Latin Dictionary. II-1971, V-1976, VII-1980. Edited by P.G.W. Glare. Oxford: Clarendon Press.

3. 雑誌

Illustrated London News. 1862.

4. インターネット・ホームページ

Arabic Maqam World. http://www.maqamworld.com/.（2015 年 5 月 22 日現在）

II. アラビア語文献

1. 書籍および論文

Āghā al-Qal‘a, Sa‘d Allāh. 2002. “naẓariyyat al-ajnās al-mutadākhila”. *al-baḥth al-mūsīqī* 2(1): 105-118.

Āl al-Jundī, Adham. 1954. *a‘lām al-adab wa al-fann*. Dimashq: Maṭba‘at Majallat Ṣawt Sūriyya.

‘Alī Bāshā, al-amīr Muḥammad. 2002. *al-riḥla al-shāmiyya 1910*. Abū Ẓaby: Dār al-Suwaydī.

‘Arafa, ‘Abd al-Mun‘im, & Ṣafar ‘Alī. 1954. *kitāb dirāsat al-‘ūd*. al-Qāhira: [n.p.].

al-Asadī, Khayr al-Dīn. *mawsū‘at Ḥalab al-muqārana*, c. 1981-8; I-1987, II-c. 1981-8, III-c. 1981-8, IV-1984, V-c. 1981-8, VI-c. 1981-8, VII-1988. Ḥalab: Jāmi‘at Ḥalab.

‘Ayntābī, Muḥammad Fu’ād, & Najwā ‘Uthmān. 1993. *Ḥalab fī mi’at ‘āmm 1850-1950*. Ḥalab: Ma‘had al-Turāth al-‘Ilmī al-‘Arabī.

al-Bārūdī, Fakhrī. 1999. *awrāq wa mudhakkirāt Fakhrī al-Bārūdī, 1887-1966: khamsūn ‘āmman min ḥayāt al-waṭan*. Dimashq: Wizārat al-Thaqāfa.

al-Baṣrī, Ḥamīd. 1993. “wāqi‘ salālim al-mūsīqā al-‘arabiyya wa āfāquhā al-mustaqbaliyya”. *majallat al-ḥayā al-mūsīqiyya* 2: 94-116.

Dalāl, Muḥammad Qadrī. 2006a. *shaykh al-muṭribīn Ṣabrī Mudallal wa athar Ḥalab fī ghinā’ihi wa alḥānihi: dirāsa taḥlīliyya mūsīqiyya li-turāth Ḥalab al-ghinā’ī*. Dimashq: Wizārat al-Thaqāfa.

——. 2006b. *al-qudūd al-dīniyya: baḥth tārīkhī wa mūsīqī fī al-qudūd al-ḥalabiyya*. Dimashq: Wizārat al-Thaqāfa.

al-Darwīsh, Muṣṭafā ‘Alī. 2001. *al-shaykh ‘Alī al-Darwīsh: ḥayātuhu wa a‘māluhu 1884-1952*. Ḥalab: Dār‘Abd al-Mun‘im.

al-Darwīsh, Nadīm, & Fu'ād al-Rajā'ī. c. 1956. *min kunūzinā: al-muwashshaḥāt al-andalusiyya.* Ḥalab: [n.p.].

Fākhūrī, Kifāḥ. 2008. "al-ta'līm al-mūsīqī fī al-'ālam al-'arabī : a huwa fī taqaddum am fī tarāju'". *al-baḥth al-mūsīqī* 7(1): 125-136.

Fandayk, Kurnīliyūs. 1853. *kitāb al-mir'ā al-waḍiyya fī al-kura al-arḍiyya.* Bayrūt: [n.p.].

al-Ghazālī, Abū Ḥāmid Muḥammad. [n.d.]. *iḥyā' 'ulūm al-dīn*, Vol. II. Bayrūt: Dār al-Ma'arifa.

al-Ghazzī, Kāmil. 1999. *kitāb nahr al-dhahab fī tārīkh Ḥalab* (in two volumes). Ḥalab: Dār al-Qalam al-'Arabī bi-Ḥalab.

——. 1925. "al-mūsīqā wa al-mūsīqāriyyūn fī Ḥalab". *majallat al-majma' al-'ilmī al-'arabī bi-Dimashq* 5: 476-482.

al-Ghawthānī, Yaḥyā. 2003. *taysīr aḥkām al-tajwīd al-mustawā al-awwal.* Dimashq: Maktabat Dār al-Ghawthānī.

Ḥallāq, 'Abd Allāh Yūrkī. 1983. *Ḥalabiyyāt.* Ḥalab: Majallat al-Ḍād.

Ḥarītānī, Maḥmūd. 2005. *aḥyā' Ḥalab al-qadīma: tanāghum al-dhākira wa al-hajr wa al-insān.* Ḥalab: Shu'ā' lil-Nashr wa al-'Ulūm.

Ḥulw, Salīm. 1972. *al-mūsīqā al-naẓariyya: yataḍammanu uṣūl al-mūsīqā al-'arabiyya wa qawā'idahā al-'āmma.* Bayrūt: Dār Maktabat al-Ḥayā.

——. 1965. *al-muwashshaḥāt al-andalusiyya: nash'atuhā wa taṭawwuruhā.* Bayrūt: Dār Maktabat al-Ḥayā.

al-Ḥifnī, Maḥmūd. c. 1946. *al-mūsīqā al-naẓariyya.* al-Qāhira: Maktabat al-Nahḍa al-Miṣriyya.

al-Ḥimṣī, Qustākī. 1925. *udabā' Ḥalab fī al-qarn al-tāsi' 'ashar: dhawū al-athar.* Ḥalab: al-Maṭba'a al-Mārūniyya.

al-Iṣbahānī, Abū al-Faraj. 1992. *kitāb al-aghānī* V. al-Qāhira: al-Hay'a al-Miṣriyya al-'Āmma lil-Kitāb.

al-Jabaqjī, 'Abd al-Raḥmān. 1970?. *al-fulklūr al-'arabī wa al-qudūd al-ḥalabiyya.* Ḥalab: [n.p.].

Kāmil, Maḥmūd. 1979. *tadhawwuq al-mūsīqā al-'arabiyya.* al-Qāhira: Muḥammad al-Amīn.

al-Khula'ī, Kāmil. 2000. *kitāb al-mūsīqā al-sharqī.* al-Qāhira: Maktabat Madbūlī.

kitāb mu'tamar al-mūsīqā al-'arabiyya. (Kitāb). 1933. al-Qāhira: al-Maṭba'a al-Amīriyya bil-Qāhira.

Kurd 'Alī, Muḥammad. 1983. *kitāb khiṭaṭ al-shām* (I-VI). Dimashq: Maktabat al-Nūrī.

Mahannā, Nūr. c. 1998. *ahl al-ṭarab fī Ḥalab wa bilād al-'arab.* Dimashq: Dār al-Ṣaḥrā'.

Mahmalāt, 'Uthmān. 1994. *Ḥalab al-turāth.* Ḥalab: Dār al-Qalam al-'Arabī bi-Ḥalab.

Qal'ajī, 'Abd al-Fattāḥ, & Muḥammad Qadrī Dalāl. c. 2003. *'Umar al-Baṭsh amīr al-muwashshaḥāt wa raqṣ al-samāḥ*. Dimashq: Wizārat al-I'lām.

Qaṭṭāṭ, Maḥmūd. 2008. "raṣd ahdāf al-mu'tamar wa malāmiḥihi wa natā'ijihi". *al-baḥth al-mūsīqī* 7 (1): 9-52.

——. 2003. "naẓariyyat takwīn al-salālim al-mūsīqiyya wa al-niẓām al-mūsīqī al-'arabī". *al-baḥth al-mūsīqī* 2(1): 9-60.

Qarī'a, Muḥammad al-As'ad. 2007. "tadrīs māddat al-maqāmāt wa al-īqā'āt". *al-baḥth al-mūsīqī*. 6 (1) : 57-79.

Rizq, Qustandī. c. 1940. *al-mūsīqā al-sharqiyya wa al-ghinā' al-'arabī*. al-Qāhira: [n.p.].

al-Ṣabbāgh, Tawfīq. 1950. *al-dalīl al-mūsīqī al-'āmm fī aṭrab al-anghām*. Ḥalab: Maṭba'at al-Iḥsān.

Saḥḥāb, Fiktūr. 2001. *al-sab'a al-kibār fī al-mūsīqā al-'arabiyya al-mu'āṣira*. Bayrūt: Dār al-'Ilm lil-Malāyīn.

——. 1997. *mu'tamar al-mūsīqā al-'arabiyya al-awwal: al-Qāhira 1932*. Bayrūt: al-Sharika al-'Ālamiyya lil-Kitāb.

al-Sharīf, Ṣamīm. 1991. *al-mūsīqā fī sūrīyya: a'lām wa tārīkh*. Dimashq: Wizārat al-Thaqāfa.

al-Shawwā, Sāmī. c. 1946. *al-qawā'id al-fanniyya: al-mūsīqā al-sharqiyya wa al-gharbiyya*. al-Qāhira: Maṭba'at Jabrā'īl.

al-Shidyāq, Aḥmad Fāris. 2004. *al-wāsiṭa fī ma'rifat aḥwāl mālta: wa kashf al-mukhabbā' 'an funūn ūrubba 1834-1857*. Abū Ẓaby: Dār al-Suwaydī.

al-Ṭannūs, al-Ab Yūsuf. 2007. "ta'līm al-mūsīqā al-'arabiyya: wāqi' wa mashākil wa ḥulūl". *al-baḥth al-mūsīqī* 6 (1): 34-56.

2．雑誌

Majallat al-Ḍād. 1951.

3．辞書類

Ba'lbakkī, Rūḥī. 1988. *al-mawrid: qāmūs 'arabī-inkilīzī*. Bayrūt: Dār al-'Ilm lil-Malāyīn.

al-Bustānī, Buṭrus. 1987. *muḥīṭ al-muḥīṭ: qāmūs muṭawwal lil-lugha al-'arabiyya*. Bayrūt: Maktabat Lubnān Nāshirūn.

Ibn Manẓūr. 2004. *lisān al-'arab*. Bayrūt: Dār Ṣādir.

4．インターネット・ホームページ

アラビア語アカデミー（シリア）http://www.arabacademy.gov.sy/（2012年5月29日閲覧）

Ⅲ．日本語文献

1．書籍と論文

赤澤威．2000．『ネアンデルタール・ミッション：発掘から復活へフィールドからの挑戦』．東京：岩波書店．

赤堀雅幸．2002．「シャイフ」、大塚和夫（他）編『岩波イスラーム辞典』、446頁．東京：岩波書店．

秋山龍英編．1980．『民族音楽学リーディングス』．東京：音楽之友社．

――．1980．「民族音楽学とはどんな学問か：解説にかえて」、秋山龍英編『民族音楽学リーディングス』、222-263頁．東京：音楽之友社．

新井裕子．2015．『イスラムと音楽：イスラムは音楽を忌避しているのか』．国分寺：スタイルノート．

――．2010．「中世イスラームの哲学者たちが語る音楽論」、西尾哲夫・堀内正樹・水野信男編『アラブの音文化：グローバル・コミュニケーションへのいざない』、50-67頁．国分寺：スタイルノート．

――．1989．「アラブの音楽」、江波戸昭・徳丸吉彦編『手引と資料Ⅱ』（岩波講座日本の音楽・アジアの音楽別巻Ⅱ）、217-226頁．東京：岩波書店．

新井勇治．2002．「ダマスクス：歴史の積層する都市」、陣内秀信・新井勇治編『イスラーム世界の都市空間』、170-283頁．東京：法政大学出版局．

粟倉宏子．1996．「マウリドの音とかたち」、民博「音楽」共同研究編『「音」のフィールドワーク』、336-345頁．東京：東京書籍．

――．1991．「イスラームのまちの音色」、第5回「大学と科学」公開シンポジウム組織委員会編『都市文明イスラームの世界：シルクロードから民族紛争まで』、93-103頁．東京：クバプロ．

――．1990．「シリア正教会聖歌の音組織：ウルファの伝統にみられる八種の旋律：聖餐式の場合」、水野信男責任編集『儀礼と音楽Ⅰ　世界宗教・民族宗教編』（民族音楽叢書4）、175-206頁．東京：東京書籍．

——. 1987a.「アレッポのマカームにみられる中間音程：カーヌーンのウルバと関連して」.『中京大学教養論叢』27(4)、839-860 頁.

——. 1987b.「宗教共同体における音楽文化の構成：アレッポのシリア正教会ウルファグループに関する一考察」.『中京大学教養論叢』28(1)：73-93 頁.

——. 1986.「シリア正教会：聖餐式の音組織」、小泉文夫先生追悼論文集編集委員会編『諸民族の音：小泉文夫先生追悼論文集』、661-685 頁. 東京：音楽之友社.

飯野りさ. 2015.「『タラブ』と『ナガム』の文化内在的構造：アラブ文化における音楽と情緒の関係に着目して」、『イスラム世界』82：1-25 頁.

——. 2014.「アレッポにおける歌謡の伝統の社会文化的構造：旧市街のムンシドと名士の関係に注目して」、『日本中東学会年報』29(2)：37-65 頁.

——. 2013.「シリアの古典音楽：タラブの母アレッポの伝統」、黒木英充編『シリア・レバノンを知るための 64 章』、395-399 頁. 東京：明石書店.

——. 2010a.「アレッポの伝統に基づく東アラブの古典的マカーム現象入門」、西尾哲夫・堀内正樹・水野信男編『アラブの音文化：グローバル・コミュニケーションへのいざない』、68-81 頁. 国分寺：スタイルノート.

——. 2010b.「共有されるマカーム美意識：アレッポの事例」、西尾哲夫・堀内正樹・水野信男編『アラブの音文化：グローバル・コミュニケーションへのいざない』、134-149 頁. 国分寺：スタイルノート.

生田久美子. 1987.『「わざ」から知る』. 東京：東京大学出版会.

池田修. 1986.「イスラム世界の教育」、板垣雄三編『イスラム・価値と象徴』（講座イスラム 4）、115-139 頁. 東京：筑摩書房.

伊藤香織. 2003.「ダマスクスの建物分布に隠された秩序」、浅見泰司編『トルコ・イスラーム都市の空間文化』、163-175 頁. 東京：山川出版社.

今村仁司、栗原仁. 1999.『人と思想フーコー』. 東京：清水書院.

大崎滋生. 2002.『音楽史の形成とメディア』. 東京：平凡社.

太田敬子. 1990.「アレッポ・バーナクーサー地区の歴史」.『イスラム世界』33：73-97.

大塚和夫. 2000.『近代・イスラームの人類学』. 東京：東京大学出版会.

岡田暁生. 2009.『音楽の聴き方：聴く型と趣味を語る言葉』. 東京：中央公論新社.

岡田真紀. 1995.『世界を聴いた男：小泉文夫と民族音楽』. 東京：平凡社.

小方厚. 2007.『音律と音階の科学：ドレミ…はどのようにして生まれたか』. 東京：講談社.

小田淳一. 2010.「アンダルシア音楽を計量する」、西尾哲夫・堀内正樹・水野信男編『アラブの音文化：グローバル・コミュニケーションへのいざない』、230-244 頁. 国分寺：スタイルノート.

笠原潔. 2007.「3：西洋の音律」、笠原潔・徳丸吉彦『音楽理論の基礎』、40-60 頁. 東京：放送大学教育振興会.

笠原潔、徳丸吉彦. 2007.『音楽理論の基礎』. 東京：放送大学教育振興会.

春日真人. 2011.『100 年の難問はなぜ解けたのか：天才数学者の光と影』. 東京：新潮社.

蒲生郷昭、柴田南雄編. 1988.『概念の形成』(岩波講座日本の音楽・アジアの音楽　第 1 巻). 東京：岩波書店.

蒲生郷昭. 1988.「日本音楽の用語」、蒲生郷昭・柴田南雄編『概念の形成』(岩波講座日本の音楽・アジアの音楽　第 1 巻)、255-272 頁. 東京：岩波書店.

川田順造. 2010.『文化を交叉させる：人類学者の眼』. 東京：青土社.

——. 2004a.『コトバ・言葉・ことば：文字と日本語を考える』. 東京：青土社.

——. 2004b.「第五章　イスラーム音文化の地域的展開」、『人類学的認識論のために』、161-192 頁. 東京：岩波書店.

——. 2000.「音文化の地域的展開を探る：イスラームを手がかりに：序にかえて」、『民族学研究』65 (1)：1-8 頁。

——. 1988a.『サバンナの音の世界』. 東京：白水社.

——. 1988b.『聲』. 東京：筑摩書房.

——. 1988c.「文化人類学と音楽」、蒲生郷昭・柴田南雄編『概念の形成』(岩波講座日本の音楽・アジアの音楽　第 1 巻)、143-159 頁. 東京：岩波書店.

岸辺成雄. 1952.『音楽の西流：サラセンよりヨーロッパへ』. 東京：音楽之友社.

北川純子. 1993.『音のうち・そと』. 東京：勁草書房.

吉川英史. 1975.「『音楽』という用語とその周辺」.『東京芸術大学音楽学部年誌』2：37-61.

木村伸子. 2015.「サフィー・アッディーンの音楽理論書における音組織：十七不等分音階と協和音程」.『史観』173：50-70.

九鬼周造 (著)・大久保喬樹編. 2011.『九鬼周造「いきの構造」』. 東京：角川学芸出版.

九鬼周造 (著)・藤田正勝 (全注釈). 2003.『「いき」の構造』. 東京：講談社.

黒木英充. 2007.「一：歴史的シリア」、大塚和夫責任編集『世界の食文化 10：アラブ』、48-87 頁. 東京：農山漁村文化協会.

――――. 1993a.「オスマン期アレッポにおけるヨーロッパ諸国領事通訳」.『一橋論叢』110（4）: 556-568.

――――. 1993b.「中東の地域システムとアイデンティティ：ある東方キリスト教徒の軌跡を通して」、溝口雄三・佐藤幸男編『地域システム』、189-234 頁. 東京：東京大学出版会.

黒田美代子. 1995.『商人たちの共和国：世界最古のスーク、アレッポ』. 東京：藤原書店.

小泉文夫. 1994.『日本の音：世界のなかの日本音楽』. 東京：平凡社.

――――. 1985.『小泉文夫民族音楽の世界』. 東京：日本放送出版会.

――――. 1974.「理論篇」、国立劇場事業部宣伝課編『日本の音楽：歴史と理論』、65-93 頁. 東京：国立劇場事業部.

――――. 1958.『民謡研究の方法と音階の基本構造』. 東京：音楽之友社.

国立劇場事業部宣伝課編. 1974.『日本の音楽：歴史と理論』. 東京：国立劇場事業部.

小杉麻李亜. 2010.「声が運ぶ聖典クルアーン」、西尾哲夫・堀内正樹・水野信男編『アラブの音文化：グローバル・コミュニケーションへのいざない』、150-163 頁. 国分寺：スタイルノート.

小杉泰. 2009.『クルアーン：語りかけるイスラーム』. 東京：岩波書店.

――――. 2002.「イジュティハード」、大塚和夫（他）編『岩波イスラーム辞典』、110-111 頁. 東京：岩波書店.

小杉泰、林佳世子編. 2014.『イスラーム　書物の歴史』. 名古屋：名古屋大学出版会.

桜井哲夫. 2003.『フーコー：知と権力』. 東京：講談社.

櫻井哲男. 1997.『アジア音楽の世界』. 京都：世界思想社.

――――責任編. 1990.『民族とリズム』（民族音楽叢書 8）. 東京：東京書籍.

佐藤次高. 2009.『イスラーム：知の営み』. 東京：山川出版社.

柴田純子. 1988.「言語学と日本・アジアの音楽」、蒲生郷昭・柴田南雄編『概念の形成』（岩波講座日本の音楽・アジアの音楽　第 1 巻）、177-202 頁. 東京：岩波書店.

柴田南雄. 1978.『音楽の骸骨のはなし：日本民謡と 12 音音楽の理論』. 東京：音楽之友社.

陣内秀信、新井勇治編. 2002.『イスラーム世界の都市空間』. 東京：法政大学出版局.

陣内秀信. 2002.「住宅と住宅地」、陣内秀信・新井勇治編『イスラーム世界の都市空間』、115-148 頁. 東京：法政大学出版局.

杉本悠子. 2008.「アレッポにおける地方名士の繁栄と現在」.『史滴』30：267-257.

鷹木恵子. 2000.「イスラームにおける二つの『知』の在り方と音文化」『民族学研究』65（1）: 9-24.

高倉浩樹. 2009.「民族誌の書き方―作法を学ぶ（4）」、日本文化人類学会編『文化人類学事典』、720--725 頁. 東京：丸善.

高田三郎、渡鏡子、大浜清. 1982.「旋律」、岸辺成雄（他）編『音楽大事典』、(Ⅲ) 1346-1347 頁. 東京：平凡社.

谷正人. 2007.『イラン音楽：声の文化と即興』. 東京：青土社.

田村和紀夫. 2012.『音楽とは何か：ミューズの扉を開く七つの鍵』. 東京：講談社.

柘植元一. 1996.「第五章 西アジア」、柘植元一・植村幸生編『アジア音楽史』、141-185 頁. 東京：音楽之友社.

――. 1992.『シルクロード楽器の旅』. 東京：音楽之友社.

――. 1991.『世界音楽への招待：民族音楽学入門』. 東京：音楽之友社.

――. 1990.「ペルシア音楽におけるアーヴァーズのリズム」、『民族とリズム』（民族音楽叢書 8）櫻井哲男責任編集、143-172 頁. 東京：東京書籍.

寺阪昭信. 2003.「イスタンブルとアレッポのバザール」、浅見泰司編『トルコ・イスラーム都市の空間文化』、152-162 頁. 東京：山川出版社.

東長靖. 2013.『イスラームとスーフィズム：神秘主義・聖者信仰・道徳』. 名古屋：名古屋大学出版会.

徳丸吉彦. 2007a.「6：旋律の動かし方」、笠原潔・徳丸吉彦『音楽理論の基礎』、東京：放送大学教育振興会、87-96 頁.

――. 2007b.「10：リズムと時間構造」、笠原潔・徳丸吉彦『音楽理論の基礎』、東京：放送大学教育振興会、135-46 頁.

――. 1996.『民族音楽学理論』. 東京：放送大学教育振興会.

――. 1988.「音楽記号学とアジア・日本音楽」、蒲生郷昭・柴田南雄編『概念の形成』（岩波講座日本の音楽・アジアの音楽　第 1 巻)、85-116 頁. 東京：岩波書店.

中野さやか. 2012.「アブー・ファラジュ・イスファハーニー著『歌書』に見られる歌手達の分析：ウマイヤ朝・アッバース朝宮廷との関わりを中心に」.『日本中東学会年報』28（1）: 59-98.

中村廣治郎. 1982.『ガザーリーの祈禱論：イスラム神秘主義における修行』. 東京：大明堂.

中山元. 2004.『はじめて読むフーコー』. 東京：洋泉社.

——. 1996.『フーコー入門』. 東京：筑摩書房.

西尾哲夫、堀内正樹、水野信男編. 2010.『アラブの音文化：グローバル・コミュニケーションへのいざない』、国分寺：スタイルノート.

西尾哲夫. 2009.「『コーラン（クルアーン）』とイスラム共同体（ウンマ）」笹原亮二編『口頭伝承と文字文化：文字の民俗学　声の歴史学』、357-379 頁. 京都：思文閣出版.

藤井知昭編. 1992.『民族音楽概論』. 東京：東京書籍.

藤枝守. 2007.『響きの考古学：音律の世界史からの冒険』（増補）. 東京：平凡社.

藤田正勝. 2003.「解説－『「いき」の構造』をめぐって」、九鬼周造著・藤田正勝全注釈『「いき」の構造』、169-187 頁、東京：講談社.

古市徹雄. 2004.『風・光・水・地・神のデザイン：世界の風土に叡知を求めて』. 東京：彰国社.

堀内勝. 1990.「イスラームの儀礼：アザーンについて」、水野信男責任編集『儀礼と音楽Ⅰ　世界宗教・民族宗教編』（民族音楽叢書 4）、15-56 頁. 東京：東京書籍.

——. 1971.「Qira'ah（コーランの読誦）に関するノート」、『アジア・アフリカ言語文化研究』4：189-231.

本田孝一、師岡カリーマ・エルサムニー. 2006.『アラビア文字を書いてみよう読んでみよう』. 東京：白水社.

桝屋友子. 1993.「イスラム美術」、青柳正規他編『ベルリン美術館 3：古代文明と民族の遺産』、82-99 頁. 東京：角川書店.

松下眞一. 1988.「現代の作曲：音感・音階的な観点に重心をおいて」、蒲生郷昭・柴田南雄編『概念の形成』（岩波講座日本の音楽・アジアの音楽　第 1 巻）、211-220 頁. 東京：岩波書店.

松田嘉子. 2008.「第一章アラブ音楽の見取り図：古典音楽」、関口義人編『アラブ・ミュージック：その深遠なる魅力に迫る』、12-32 頁. 東京：東京堂出版.

松本奈穂子. 2006.「音楽と舞踊：オスマン帝国の歌舞音曲展望」、小杉泰・江川ひかり編『イスラーム：社会生活・思想・歴史』、193-201 頁. 東京：新曜社.

丸山真男、加藤周一. 1998.『翻訳と日本の近代』. 東京：岩波書店.

三浦徹. 1997.『イスラームの都市世界』. 東京：山川出版社.

——. 1994.「第三章　ヤクザが生きる町－ダマスクス」、佐藤次高（他）共著『イスラム社会のヤクザ：歴史を生きる任侠と無頼』、117-174 頁. 東京：第三書館.

水谷周. 2010.『アラビア語の歴史』. 東京：国書刊行会.

水野信男. 2008.『中東・北アフリカの音を聴く：民族音楽学者のフィールドノート』. 国分寺：スタイルノート.
——. 2005.『風と音のかよう道：新・地球音楽紀行』. 東京：音楽之友社.
——. 2004.『音楽のアラベスク：ウンム・クルスームの歌のかたち』. 京都：世界思想社.
——. 2002.「民族音楽学の課題と方法」、水野信男編『民族音楽学の課題と方法：音楽研究の未来をさぐる』、5-19頁. 京都：世界思想社.
——. 1998.『地球音楽紀行：音の風景』. 東京：音楽之友社.
——. 1992.「地域編：第5章西アジアの音楽」、藤井知昭編『民族音楽概論』、189-213頁. 東京：東京書籍.
——. 1988.「西アジア音楽における口伝と書伝」、平野健次・蒲生郷昭編『伝承と記録』（岩波講座日本の音楽・アジアの音楽　第4巻）、265-285頁. 東京：岩波書店.
三村太郎. 2010.『天文学の誕生：イスラーム文化の役割』. 東京：岩波書店.
宮下遼. 2005.「批評と紹介　ハリル・イナルジュク著『詩人とパトロン：家産国家と芸術についての社会学的研究』」、『東洋学報』87（1）：150-144.
宮森庸輔. 2008.「ウマイヤ・モスクのアザーンと礼拝前作法の次第について」、『東洋音楽研究』74：123-139.
矢島洋一. 2002.「マカーム」、大塚和夫（他）編『岩波イスラーム辞典』、905-906頁. 東京：岩波書店.
柳父章. 1982.『翻訳語成立事情』. 東京：岩波書店.
山口修.　1988.「付論　サバンナをこえて：比較音楽学的試論」、川田順造著『サバンナの音の世界』、189-200頁. 東京：白水社.
山本達也、山本香織. 2004.「シリア通信第4回：イスラームの教えとともに」、『暮しの手帖』、2月号：64-69頁.
——. 2003c.「シリア通信第3回：食卓から見るシリアの暮し」、『暮しの手帖』、12月号：62-67頁.
——. 2003b.「シリア通信第2回：シリアの買い物事情」、『暮しの手帖』、10月号：56-61頁.
——. 2003a.「シリア通信第1回：アレッポの夕暮れ」、『暮しの手帖』、8月号：58-63頁.
屋山久美子. 2012.「シリア・アレッポ系ユダヤ人の祈りの旋律：イスラエル：ミズラヒームの音楽」、『季刊アラブ』、140：20-21頁.
——. 2004.「ミズラハ系ユダヤ人コミュニティのヘブライ宗教歌における世俗歌の旋律使用」、

『東洋音楽研究』、69：51-74 頁.

湯浅譲二、川田順造. 2012.『人間にとっての音⇔ことば⇔文化：対論湯浅譲二×川田順造』. 名古屋：洪水企画.

湯川武. 2009.『イスラーム社会の知の伝達』. 東京：山川出版社.

若尾裕. 2000.『奏でることの力』. 東京：春秋社.

アイケルマン、D・F. 1988.『中東：人類学的考察』. 大塚和夫訳. 東京：岩波書店.

アッバース、ハッサーン. 2010.「アラブ都市の変容：ダマスカスの場合」、『季刊アラブ』、135：17-19 頁.

アドルノ、Th. W. 1999.『音楽社会学序説』. 高辻知義・渡辺健訳. 東京：平凡社.

アル・マハディ、サラーフ. 1998.『アラブ音楽：構造・歴史・楽器学』. 松田嘉子訳. 東京：パストラルサウンド.

イブン＝ハルドゥーン. 2001.『歴史序説』（全 4 巻)、森本公誠訳. 東京：岩波書店.

ウェーバー、ウィリアム. 1983.『音楽と中産階級：演奏会の社会史』. 城戸朋子訳. 東京：法政大学出版局.

エーコ、ウンベルト. 2003.『カントとカモノハシ』（上・下). 和田忠彦監訳・柱本元彦（他）訳. 東京：岩波書店.

――.（エコ、ウンベルト). 1997.『記号論入門：記号概念の歴史と分析』. 谷口伊兵衛訳. 東京：而立書房.

――（エコ、ウンベルト). 1993.『テクストの概念：記号論・意味論・テクスト論への序説』. 谷口勇訳. 東京：而立書房.

――. 1990.『薔薇の名前』（上・下). 河島英昭訳. 東京：東京創元社.

エスポジト、ジョン・L. 2009.『イスラーム世界の基礎知識：今知りたい 94 章』. 井上廣美訳. 東京：原書房.

エリス、A. J. 1951.『諸民族の音階：比較音楽論』. 門馬直美訳. 東京：音楽之友社.

エルディーン、ハムザ. 1990.『ナイルの流れのように』. 中村とうよう訳. 東京：筑摩書房.

オング、W. J. 1991.『声の文化と文字の文化』. 桜井直文・林正寛・糟谷啓介訳. 東京：藤原書店.

ギアーツ、C. 1973.『二つのイスラーム社会：モロッコとインドネシア』. 林武訳. 東京：岩波書店.

ギデンズ、アンソニー．1993.『社会学』（改訂新版）．松尾精文他訳．東京：而立書房．

ギブ、ハミルトン・A・R. 1991.『アラビア人文学』．井筒豊子訳．東京：講談社．

クック、ニコラス．1992.『音楽・想像・文化』．足立美比古訳．東京：春秋社．

クリフォード、ジェイムズ．2003.『文化の窮状：二十世紀の民族誌、文学、芸術』．太田好信（他）訳．京都：人文書院．

クロッカー、リチャード・L. 2006.『グレゴリオ聖歌の世界』．吉川文訳．東京：音楽之友社．

サイード、エドワード・W. 1998/2001.『文化と帝国主義』（上・下）．大橋洋一訳．東京：みすず書房．

——. 1995.『音楽のエラボレーション』．大橋洋一訳．東京：みすず書房．

——. 1986.『オリエンタリズム』．今沢紀子訳．東京：平凡社．

ザックス、クルト．1979.『リズムとテンポ』．岸辺成雄監訳．東京：音楽之友社．

——. 1969.『音楽の起源：東西古代世界における音楽の生成』．皆川達夫・柿木吾郎訳．東京：音楽之友社．

——. 1966.『比較音楽学』．野村良雄・岸辺成雄訳．東京：全音楽譜出版社．

シドファル．1983.『アンダルシア文学史』．谷口勇訳．東京：芸立出版．

シュトゥンプ、カルル．1995.『音楽のはじめ』．結城錦一訳．東京：法政大学出版局．

シン、サイモン．2006.『フェルマーの最終定理』．青木薫訳．東京：新潮社．

ド・ヴァロワ、ジャン．1999.『グレゴリオ聖歌』．水嶋良雄訳．東京：白水社．

ネトル、ブルーノ．1989.『世界音楽の時代』．細川周平訳．東京：勁草書房．

ハキーム、ベシーム・S. 1990.『イスラーム都市：アラブのまちづくりの原理』．佐藤次高監訳．東京：第三書館．

ハトックス、ラルフ・S. 1993.『コーヒーとコーヒーハウス：中世中東における社交飲料の起源』．斎藤富美子・田村愛理訳．東京：同文舘出版．

バレンボイム、ダニエル、エドワード・W. サイード（著）、A. グゼリミアン（編）．2004.『音楽と社会』．中野真紀子訳．東京：みすず書房．

ヒッティ、フィリップ・K. 1982/1983.『アラブの歴史』（上・下）．岩永博訳．東京：講談社．

——. 1972.『レバノンの歴史』．小玉新次郎訳．東京：山本書店．

——. 1963.『シリア：東西文明の十字路』．小玉新次郎訳．東京：紀伊国屋書店．

フーコー、ミシェル．1995.『知の考古学』（改訳版新装）．中村雄二郎訳．東京：河出書房新社．

——. 1977.『監獄の誕生：監視と処罰』．田村俶訳．東京：新潮社．

——. 1974.『言葉と物：人文科学の考古学』. 渡辺一民・佐々木明訳. 東京：新潮社.

ベハール、ジェム. 1994.『トルコ音楽にみる伝統と近代』. 新井政美訳. 東京：東海大学出版会.

ベル、ガートルード. 1994/1995.『シリア縦断紀行』(全2巻). 田隅恒生訳. 東京：平凡社.

ホーラーニー、アルバート. 2003.『アラブの人々の歴史』. 阿久津正幸訳. 東京：第三書館.

ボール、フィリップ. 2011.『音楽の科学：音楽の何に魅せられるのか？』. 夏目大訳. 東京：河出書房新社.

ボールマン、フィリップ・V. 2006.『ワールドミュージック：世界音楽入門』. 柘植元一訳. 東京：音楽之友社.

ボワレス、シャルル、ジャン＝ジャック・ナティエ. 1980.「民族音楽学に関する批判的小史」(福田素子訳)、秋山龍英編『民族音楽学リーディングス』、62-90頁. 東京：音楽之友社.

マクルーハン、マーシャル. 1986.『グーテンベルクの銀河系：活字人間の形成』. 森常治訳. 東京：みすず書房.

マニュエル、ピーター. 1992.『非西欧世界のポピュラー音楽』. 中村とうよう訳. 東京：ミュージック・マガジン.

マルム、W・P. 1971.『東洋民族の音楽』. 松前紀男・村井範子訳. 東京：東海大学出版会.

ミッチェル、ティモシー. 2014.『エジプトを植民地化する：博覧会世界と規律訓練的権力』. 大塚和夫・赤堀雅幸訳. 東京：法政大学出版局.

ライト、W. 1987.『アラビア語文典』(上・下). 後藤三男訳. 東京：ごとう書房.

ラッハマン、ロベルト. 1960.『東洋の音楽：比較音楽的研究』. 岸辺成雄訳. 東京：音楽之友社.

ルイス、バーナード. 2003.『イスラム世界はなぜ没落したか？：西洋近代と中東』. 今松泰・福田義昭訳. 東京：日本評論社.

——. 2001.『イスラーム世界の二千年：文明の十字路中東全史』. 白須英子訳. 東京：草思社.

ルリヤ、(アレクサンドル). 1976.『認識の史的発達』. 森岡修一訳. 東京：明治図書出版.

レイン、ウィリアム. 1964.『エジプトの生活：古代と近代の奇妙な混淆』. 大場正史訳. 東京：桃源社.

2．雑誌

『季刊 iichiko』. 1993. 26号(「特集・ダマスクスの文化学」).

3．辞書と事典類

『イスラム事典』. 1982. 日本イスラム協会監修. 東京：平凡社.

『岩波イスラーム辞典』. 2002. 大塚和夫（他）編. 東京：岩波書店.

『英語語源辞典』. 1997. 寺澤芳雄編集主幹. 東京：研究社.

『音楽大事典』. 1981-1983. 岸辺成雄（他）編. 東京：平凡社.

『新ペルシア語大辞典』. 2002. 黒柳恒男著、東京：大学書林.

『大辞林』（第三版）. 2006. 村松明編. 東京：三省堂.

『哲学・論理用語辞典』（新版）. 1995. 思想の科学研究会編、東京：三一書房.

『日本語トルコ語辞典』. 2000. 竹内和夫著、東京：大学書林.

『文化人類学事典』. 2009. 日本文化人類学会編. 東京：丸善.

『文化人類学事典』. 1987. 石川栄吉（他）編. 東京：弘文堂.

4．インターネット・ホーム・ページ

『デジタル大辞泉』. http://kotobank.jp/dictionary/daijisen/.（2015 年 5 月 22 日現在）

参考録音資料（DVD を含む）

1．海外で生産されている録音資料

注：演奏者・著作者の氏名には、資料にある表記ないしは商業的に広く使用されているラテン文字綴りを採用している。タイトルは原綴りのまま記載している。

Abou Mrad, Nidaa, & son ensemble de musique classique arabe. 2002. *Concert dans le style de la Nahda*. Beirut: Byblos Records.

Bachir, Munir. 2001. *L'art du ûd*. Paris: Ocora/Radio-France.

———. 1993. *Maqamat*. Paris: Maison des Cultures du Monde.

———. 1988a. *Recital: Solo de luth-oud*. Paris: Les Artistes Arabes Associés.

———. 1988b. *En concert à Paris*. Paris: Maison des Cultures du Monde.

Dalal, Muhammad Qadri. 2002. *Syrie: Maqāmāt insolites*. Paris: Maison des Cultures du Monde.

Dâwûd, Suleyman, & ses fils. 1995. *Chants d'extase en Syrie : Suite sacrée(Nawba) de la Grande Mosquée des Omeyyades à Damas*. Nanterre, France: Al Sur.

al-Dâyikh, Adîb. 2002. *L'amour courtois*. Paris: Institut du Monde Arabe.

———. 1994. *L'art sublime du Ghazal I & II: Poèmes d'amour au Bîmâristân d'Alep*. Nanterre, France: Al Sur.

Ensemble al-Kindi. 2006. *Parfums ottomans: Musique de cour Arabo-turque:*. Arles, France: Le Chant du Monde.

———. 2003. *Transe soufie d'Alep*. Arles, France: Le Chant du Monde.

———. 2001. *Les croisades sous le regard de l'Orient*. Arles, France: Le Chant du Monde.

———. 1999. *Les derviches tourneurs de Damas*. Paris: Le Chant du Monde.

———. 1998. *Le salon du musique d'Alep*. Paris: Le Chant du Monde.

Fakhri, Sabah. 2006. *Master of Andelusian Folklore*. Glendale, CA: Hollywood Music Center.

———. c. 1998. *mihrajānāt bayt al-dīn I & II*. Beirut: Cairo Beirut Audio.

———. 1995. *Sabah Fakhri au palais des congres*. Paris: Les Artistes Arabes Associés.

Joubi, Jalal, & Ensemble. 2006. *The Music of Syria.* Glendale, CA: Hollywood Music Center.

Moudallal, Sabri. 2001. *Wasla d'Alep: chants traditionnels de Syrie.* Paris: Maison des Cultures du Monde.

——. 1999. *Chants d'Alep: Sabri Moudallal.* Paris: Institut du Monde Arabe.

Om Kolthoum. 2005a. *El Atlaal.* [?]: Sono Cairo, distributed by Voice for Music Production, USA.

——. 2005b. *Enta Omri.* [?]: Sono Cairo, distributed by Voice for Music Production, USA.

al-Safi, Wadi', Sabah Fakhri, and Simon Shaheen. 2000. *The Two Tenors and Qantara.* Sherman Oaks, USA: Ark21 Records.

Shakkûr, Shaykh Hamza, et l'Ensemble al-Kindî. 1994. *Musique des derviches tourneurs de Damas.* France: Auvidis.

——. 1994. *Takasim & Sufi Chants from Damaskus.* Frankfurt: Network Medien.

Shams el-Din, Adel. c. 2002. *Quarante rythmes du Moyen-Orient.* Paris: Buda Records.

Zāwiya Hilaliya. 2002. *Chant soufi de Syrie: Dhikr Qâdirî Khâlwatî de la Zâwiya Hilaliya, Alep.* Paris: Maison des Cultures du Monde.

コンピレーションCD：複数の団体によるなどの理由により、著作者が特定できないもの

Mélodies Judéo-Arabes d'autrefois: Maghreb & Moyen Orient. 1997. Paris: Blue Silver.

Premier Festival des musiques maqâmiennes. 2001. Beirut: Byblos Records.

Islamic Ritual Zikr in Aleppo. 1989. Ivry-sur-Seine, France: Auvidis.

２．日本国内で生産されている録音資料

粟倉宏子. c. 1992a.『アッラーへの祈り：クルアーン朗誦と東アラブの歌』.［東京］：日本ビクター.

——. c. 1992b.『東方の響き：シリア正教会の聖歌』.［東京］：日本ビクター.

エジプト国立アラブ音楽アンサンブル. 1999.『エジプトの音楽：ナイルの調べ』. 東京：Seven Seas.

水野信男. c. 1992.『ナイルの響き：エジプト音楽の諸相』.［東京］：日本ビクター.

コンピレーション CD：複数の団体によるなどの理由により、著作者が特定できないもの

『オリエントの民族音楽：３人の日本青年によるインド・西アジアでのステレオ録音集』. 1996. ［東京］：日本コロムビア.

『シリアのマカーム』. 1998. ［東京］：Argo.

『西アジアの音楽』. 1998. ［東京］：Argo.

３．映像資料（DVD）

Goldman, Michael, et al. 2006. *Umm Kulthum: A Voice like Egypt.* Seattle: Arab Film Distribution.

Vila, Norma, y Michel Gasco. 2009. *Aires del Desierto: Un viaje a través de Siria y sus músicas (Desert Breath: A Journey across Syria and its Music)*, Spain: [n.p.].

索　引

あ

アクド　*45–6, 184–5*

アザーン　*71, 74–5, 77, 81–3, 186, 210–1*

い

イーカー　*75, 135–6, 142*

イフサース　*142–4*

う

ウード　*35, 39, 62, 64, 92, 134–5, 190, 220–1, 255*

ウンム＝クルスーム　*25, 32, 41, 61, 80, 106, 116–8, 202, 239–40, 244–5*

え

エーコ、ウンベルト　*59–60, 258*

か

カーヌーン　*135, 147–8*

核音　*46–8, 51–2, 66, 183, 185–92, 194–6, 198–200, 203–4, 209–10, 212, 215, 220, 227, 231, 233, 240–1, 246, 252*

カスィーダ　*76–8, 92, 133, 225–6, 240*

カッド　*63, 77, 100, 133–4, 144, 154, 156, 158–9, 165, 176–80, 183–4, 186, 191, 201–5, 207, 211, 213–4, 232, 250, 253–7*

カフラ　*157, 221, 225*

カラール　*45–6, 170, 172* ➡**基音**

ガンマーズ　*45–6, 170–3, 181–2* ➡**支配音**

き

基音　*46, 155–6, 170, 172–6, 181, 183, 185–8, 195–6, 201–3, 210, 220–1, 227, 231, 233–5, 238–9, 241, 244, 246–7, 252, 258*

ギター　*157, 221, 225–7, 229, 231, 233*

狭旋律　*163, 167–8, 183–4, 189, 191, 194, 196, 208, 215, 217–8, 220–1, 227, 229–31, 246–7, 251–2, 260*

く

クルアーン　*75–6, 85, 89, 99, 132*

　～の朗誦　*57, 74–7, 82–3, 86, 131–2, 186*

クルディー、バクリー　*38, 106, 142–4*

こ

小泉文夫　*46, 189–90*

さ

ザーウィヤ　*81, 83–4, 132–3, 137–8, 140*

サイル　*45–6, 51–2, 219–22, 226–7, 229–30, 247* ➡**旋律行程**

　～の概念　*52, 220*

サッバーグ、タウフィーク *124, 135, 142–4, 146–8, 154, 156, 207*
サフラ *37, 85–6, 89, 91, 95–6, 98, 105–6, 207, 250*

し

支配音 *45–6, 48, 52, 169–87, 189–92, 194–7, 199–206, 208–10, 212, 214–8, 226–7, 231, 233–5, 238–9, 244, 246–7, 250–2, 258*
　～の概念 *66, 162, 169–71, 246*
　～の定義 *183*
支配的音域 *226, 231–2, 239*
支配的(な)響き *156–8, 199, 205–6, 214–5, 227, 230–1, 233–4, 238, 240–1, 243–4, 246, 252*
シャウワー、サーミー *106, 141, 143*
シャノン、ジョナサン *42, 46, 89, 103, 115, 118–9, 126, 223, 230*
小音階 ➡**ジンス**
　～の概念 *48, 185*
　～の定義 *51*
ジンス *45–6, 48, 51–2, 155, 163, 169–70, 172, 182–5, 187–9, 191–206, 208–10, 212, 214–5, 217–8, 220, 226–7, 229, 231, 233, 235, 238–42, 244, 246, 250, 256*
　～の定義 *187*

す

ズィクル *33, 64, 81–6, 132–4, 137, 140, 245, 253*
スーフィー *33–4, 64, 75, 78, 81–3, 92, 113, 132, 134, 137–8, 140, 146, 223*
スンバーティー、リヤード *240, 245*

せ

旋法
　～情緒 *196–7, 199, 234, 238, 240–1*
　～の音楽学的定義 *183*
旋律行程 *45–6, 51, 66, 144, 154, 163, 172–4, 218–23, 226–7, 229–31, 234, 247, 252, 254* ➡**サイル**
旋律モデル *22, 28, 45–52, 55, 57, 142, 156, 163, 166, 172, 176, 184, 208, 218–20, 235, 249–50, 259*

た

ダウル *157–8, 219, 221–2, 225–7, 229–31, 233–4, 241, 244, 247*
タクスィーム *48, 106, 165, 174, 179, 254*
ダラール、ムハンマド・カドリー *38, 50, 62–5, 73, 78, 82, 106, 114, 142–4, 147–8, 152, 166, 177, 186, 202, 206–7, 210, 214, 253, 258*
タラブ *24–5, 42–3, 53, 59, 65–6, 73, 103–18, 120, 123, 125–7, 129, 142, 148, 158–60, 162, 224, 249–50, 262*

〜(の)概念 *59, 66, 104, 106, 115–7, 125, 127, 142, 159, 162*
ダルウィーシュ、アリー *33–4, 48, 62, 71, 75, 100, 102, 133–4, 137–8, 140–1, 164–5, 171, 173–4, 208*

て

テトラコード *155, 191*
〜型 *198, 201, 209*
デルランジェ、ロドルフ *48–9, 52, 164–5, 169–75, 177–81, 184–6, 193, 195*

と

トゥーマー、ハビーブ・ハサン *37, 39–40, 50–1, 124, 152, 185–6, 189, 220, 222*
トニック **➡基音**
ドミナント *170, 172, 175* **➡支配音**

な

ナーイ *100, 134, 140–1*
ナガム（ナガマ）*25, 27, 37–8, 49, 59, 65–6, 100, 103, 105, 120–7, 129, 135–6, 142–6, 149, 151–2, 154, 156, 158–60, 162–3, 166, 168, 207, 249–50, 258, 260, 262*
〜(の) 概念 *66, 121–2, 129, 159*
〜の定義 *143*

は

ハーナ *157, 219, 221–2, 225–7, 229–31, 233, 241, 247*
ハウシュ *86, 89–90* **➡ホシュ**
バトシュ、ウマル *62, 71, 73, 84, 100, 112–3, 122, 133–4, 136, 140–2, 171, 207, 214, 226*

ひ

ヒフニー、マフムード *34–5, 38, 50*

ほ

ポシェ、クリスチャン *32–3, 43, 50, 86, 220, 224*
ホシュ *86, 89–91, 93, 95–6, 250*

ま

マーカス、A. *87–8, 130, 136–7*
マーカス、S.（スコット）*34, 37, 39, 43–4, 50–1, 53–4, 83, 177, 189, 193, 198, 220, 222, 238*
マウワール *76–7, 79, 100*
マカーム *25–29, 33–4, 34, 36–41, 43, 49–51, 53, 57, 59, 66, 105, 120, 126, 135, 146, 160, 164, 171–2, 177, 202, 207, 214–5, 222, 238, 249, 255–8, 260–1*
〜委員会 *33, 49, 172–4*
〜（音階）*36, 38, 171, 202, 215, 238, 256*

〜門 *70, 84, 131*

マジュリス *37, 91–2, 95, 207*

む

ムアッズィン *81–3, 132, 138*

ムダッラル、サブリー *62, 79, 84–5, 165*

ムトリブ *24, 79, 108, 165*

ムワッシャフ *24, 61–3, 70, 75–8, 86, 100, 106, 112–3, 122, 133–6, 140, 144, 154, 156–9, 165, 176, 178–80, 183–4, 191, 200–4, 207, 211, 214, 219, 221–31, 247, 250, 253–5, 257*

ムンシド *24, 34, 61–2, 65, 70–1, 74, 76, 79–86, 88–9, 92, 96, 99–102, 106, 128–9, 131–4, 136–40, 142, 154, 171, 181–2, 225, 250, 252, 261*

め

名称旋律 *218–9, 231, 233–5, 237–41, 243–4, 246–7, 252*

ら

ラースィー、アリー・ジハード *39–40, 42–3, 49, 103, 115–6, 118, 125, 148, 159–60, 197, 199, 234*

ライイス *82, 84, 132–3, 138*

ラッハマン、ロベルト *35, 47–8, 185, 187, 190, 206–7*

わ

ワスラ *207, 245*

ワズン *135* ➡イーカー

●著者紹介

飯野りさ（いいの・りさ）

中東地域文化研究（音文化）専攻。東京大学大学院総合文化研究科（博士課程）単位修得満期退学、博士（学術）。外務省専門調査員、東京大学東洋文化研究所特任研究員などを経て、現在、日本学術振興会特別研究員（PD）。アレッポを代表する音楽家ムハンマド・カドリー・ダラール氏に伝承歌謡を師事。趣味はカーヌーンの練習。

主要業績：「『タラブ』と『ナガム』の文化内在的構造：アラブ文化における音楽と情緒の関係に着目して」『イスラム世界』82巻、2015年。"Inheriting the Ghammāz-Oriented Tradition: d'Erlanger and Aleppine Maqām Practice Observed," *Ethnomusicology Forum*, 18 (2), 2009。

アラブ古典音楽の旋法体系

——アレッポの歌謡の伝統に基づく旋法名称の記号論的解釈

発行日● 2017年2月25日　第1刷

著　者●飯野りさ

発行人●池田茂樹

発行所●株式会社スタイルノート

〒185-0021

東京都国分寺市南町 2-17-9 ARTビル5F

電話 042-329-9288

E-Mail books@stylenote.co.jp

URL http://www.stylenote.co.jp/

装　丁● Malpu Design（清水良洋）

印　刷●シナノ印刷株式会社

製　本●シナノ印刷株式会社

ISBN978-4-7998-0158-1 C1073
